教育部人文社会科学重点研究基地成果
中国语言文学国家"双一流"建设学科成果

汉语方言语法研究丛书

顾问　邢福义　张振兴

主编　汪国胜

吉安方言语法研究

裴足华◎著

中国社会科学出版社

图书在版编目（CIP）数据

吉安方言语法研究/裴足华著．—北京：中国社会科学出版社，2023.6
（汉语方言语法研究丛书）
ISBN 978-7-5227-2052-4

Ⅰ.①吉… Ⅱ.①裴… Ⅲ.①赣语—语法—方言研究—吉安 Ⅳ.①H175

中国国家版本馆 CIP 数据核字（2023）第 106640 号

出　版　人	赵剑英
责任编辑	张　林
特约编辑	王文琴
责任校对	季　静
责任印制	戴　宽

出　　版	中国社会科学出版社
社　　址	北京鼓楼西大街甲 158 号
邮　　编	100720
网　　址	http://www.cssp w.cn
发 行 部	010-84083685
门 市 部	010-84029450
经　　销	新华书店及其他书店
印刷装订	北京君升印刷有限公司
版　　次	2023 年 6 月第 1 版
印　　次	2023 年 6 月第 1 次印刷
开　　本	710×1000　1/16
印　　张	19.75
插　　页	2
字　　数	317 千字
定　　价	108.00 元

凡购买中国社会科学出版社图书，如有质量问题请与本社营销中心联系调换
电话：010-84083683
版权所有　侵权必究

总　　序

20世纪80年代以来，随着汉语方言研究的拓展和深化，方言语法的研究越来越受到学界的关注和重视。这一方面是方言语法客观上存在着不同程度的不容小视的差异，另一方面是共同语（普通话）语法和历史语法的深入研究需要方言语法研究的支持。

过去人们一般认为，跟方言语音和词汇比较而言，方言语法的差异很小。这是一种误解，它让人忽略了对方言语法事实的细致观察。实际上，在南方方言，语法上的差异还是不小的，至少不像过去人们想象的那么小。当然，这些差异大多是表现在一些细节上，但就是这样一些细节，从一个侧面鲜明地映射出方言的特点和个性。比如，湖北人冶方言的情意变调，① 青海西宁方言的左向否定，② 南方方言的是非型正反问句，③ 等等，这些方言语法的特异表现，既显示出汉语方言语法的丰富性和复杂性，也可以提升我们对整体汉语语法的全面认识。

共同语语法和方言语法都是对历史语法的继承和发展，它们密切联系，又相互区别。作为整体汉语语法的一个方面，无论是共同语语法还是历史语法，有的问题光从本身来看，可能看不清楚，如果能将视线投向方言，则可从方言中获得启发，找到问题解决的线索和证据。朱德熙和邢福义等先生关于汉语方言语法的许多研究就是明证。④ 由此可见方言语法对于共同语语法和历史语法研究的重要价值。

---

① 汪国胜：《大冶话的情意变调》，《中国语文》1996年第5期。
② 汪国胜：《从语法角度看〈现代汉语方言大词典〉》，《方言》2003年第4期。
③ 江国胜、李聖：《汉语方言的是非型正反问句》，《方言》2019年第1期。
④ 朱德熙：《从历史和方言看状态形容词的名词化》，《方言》1993年第2期；邢福义：《"起去"的普方古检视》，《方言》2002年第2期。

本《丛书》由教育部人文社会科学重点研究基地华中师范大学"语言与语言教育研究中心"筹划实施并组织编纂，主要收录两方面的成果：一是单点方言语法的专题研究（甲类），如《武汉方言语法研究》；二是方言语法的专题比较研究（乙类），如《汉语方言疑问范畴比较研究》。其中有的是国家或教育部社科基金项目的结项成果，有的是作者多年潜心研究的学术结晶，有的是博士学位论文。就两类成果而言，应该说，当前更需要的是甲类成果。只有把单点方言语法研究的工作做扎实了，调查的方言点足够多了，考察足够深了，有了更多的甲类成果的积累，才能更好地开展广泛的方言语法的比较研究，才能逐步揭示汉语方言语法及整体汉语语法的基本面貌。

　　出版本《丛书》，一方面是想较为集中地反映汉语方言语法的研究成果，助推方言语法研究；另一方面是想为将来汉语方言语法的系统描写做点基础性的工作。《丛书》能够顺利面世，得力于中国社会科学出版社张林编辑的全心支持，在此表示衷心的感谢。《丛书》难免存在这样或那样的问题，盼能得到读者朋友的批评指正。

汪国胜
2021 年 5 月 1 日

目　　录

第1章　绪论 ……………………………………………… (1)
  1.1　选题缘由 …………………………………………… (1)
    1.1.1　关于吉安方言语法 …………………………… (1)
    1.1.2　关于本书九个专题 …………………………… (2)
  1.2　吉安及吉安方言 …………………………………… (3)
    1.2.1　吉安概况 ……………………………………… (3)
    1.2.2　吉安方言 ……………………………………… (10)
  1.3　研究现状 …………………………………………… (12)
    1.3.1　关于汉语方言语法研究 ……………………… (12)
    1.3.2　关于客赣方言语法研究 ……………………… (16)
    1.3.3　关于吉安方言语法研究 ……………………… (37)
  1.4　研究内容与理论方法 ……………………………… (38)
    1.4.1　研究内容 ……………………………………… (38)
    1.4.2　理论方法 ……………………………………… (38)
  1.5　本书框架 …………………………………………… (40)
  1.6　语料来源与体例说明 ……………………………… (41)
    1.6.1　语料来源 ……………………………………… (41)
    1.6.2　体例说明 ……………………………………… (43)

第2章　语缀 …………………………………………… (45)
  2.1　前缀 ………………………………………………… (47)
    2.1.1　典型前缀 ……………………………………… (47)
    2.1.2　类前缀 ………………………………………… (49)
  2.2　中缀 ………………………………………………… (51)

2.3 后缀 ……………………………………………………… (51)
　2.3.1 典型后缀 ……………………………………………… (51)
　2.3.2 类后缀 ………………………………………………… (54)
2.4 小结 ……………………………………………………… (58)

第3章　指代 …………………………………………………… (60)
3.1 人称代词 ………………………………………………… (60)
　3.1.1 人称代词的形式 ……………………………………… (60)
　3.1.2 人称代词的功能 ……………………………………… (61)
　3.1.3 人称代词的变通用法 ………………………………… (67)
3.2 指示代词 ………………………………………………… (69)
　3.2.1 指示代词的形式 ……………………………………… (70)
　3.2.2 指示代词的功能 ……………………………………… (71)
　3.2.3 指示代词的变通用法 ………………………………… (83)
3.3 疑问代词 ………………………………………………… (84)
　3.3.1 疑问代词的形式 ……………………………………… (84)
　3.3.2 疑问代词的功能 ……………………………………… (85)
　3.3.3 疑问代词的变通用法 ………………………………… (92)
3.4 小结 ……………………………………………………… (93)

第4章　性状 …………………………………………………… (95)
4.1 性质形容词 ……………………………………………… (95)
　4.1.1 单音节性质形容词 …………………………………… (95)
　4.1.2 双音节性质形容词 …………………………………… (99)
4.2 状态形容词 ……………………………………………… (100)
　4.2.1 加缀式 ………………………………………………… (101)
　4.2.2 重叠式 ………………………………………………… (109)
　4.2.3 错综式 ………………………………………………… (112)
　4.2.4 四字式 ………………………………………………… (114)
4.3 小结 ……………………………………………………… (114)

第5章　体貌 …………………………………………………… (115)
5.1 体貌概说 ………………………………………………… (115)
　5.1.1 关于体貌的名称 ……………………………………… (115)

5.1.2　关于体貌的定义 …………………………（117）
　　5.1.3　关于体貌的研究 …………………………（118）
5.2　体貌系统 …………………………………………（125）
　　5.2.1　完成体 ……………………………………（125）
　　5.2.2　进行体 ……………………………………（136）
　　5.2.3　持续体 ……………………………………（140）
　　5.2.4　经历体 ……………………………………（146）
　　5.2.5　将行体 ……………………………………（149）
　　5.2.6　起始体 ……………………………………（155）
　　5.2.7　继续体 ……………………………………（157）
　　5.2.8　已然体 ……………………………………（159）
　　5.2.9　反复貌 ……………………………………（160）
　　5.2.10　短时貌 …………………………………（165）
　　5.2.11　尝试貌 …………………………………（166）
　　5.2.12　重行貌 …………………………………（167）
5.3　小结 ………………………………………………（169）

第6章　双宾句 ……………………………………………（170）
6.1　双宾句的结构 ……………………………………（172）
　　6.1.1　典型双宾式 ………………………………（173）
　　6.1.2　介宾补语式 ………………………………（173）
6.2　双宾句的动词 ……………………………………（174）
　　6.2.1　典型双宾式的动词 ………………………（174）
　　6.2.2　介宾补语式的动词 ………………………（179）
　　6.2.3　能进入两式的动词 ………………………（181）
6.3　双宾句的宾语 ……………………………………（182）
　　6.3.1　双宾语的语义关系 ………………………（182）
　　6.3.2　双宾语的基本特征 ………………………（183）
　　6.3.3　双宾语的位移及隐现 ……………………（186）
6.4　双宾句的介引成分 ………………………………（189）
6.5　歧义双宾句和混合双宾句 ………………………（191）
　　6.5.1　歧义双宾句 ………………………………（191）

6.5.2 混合双宾句 …………………………………… （192）
6.6 小结 ……………………………………………… （193）
第7章 处置句 …………………………………………… （194）
7.1 处置句的类型 …………………………………… （195）
7.1.1 "把"字处置句 ……………………………… （196）
7.1.2 "拿"字处置句 ……………………………… （200）
7.1.3 "将"字处置句 ……………………………… （201）
7.1.4 "捉倒"处置句 ……………………………… （202）
7.1.5 混合处置句 ………………………………… （203）
7.2 处置表达的其他形式 …………………………… （204）
7.2.1 受事前置句 ………………………………… （204）
7.2.2 一般动宾句 ………………………………… （205）
7.3 处置句的否定式 ………………………………… （207）
7.3.1 否定词置于处置词前 ……………………… （207）
7.3.2 否定词置于处置词后 ……………………… （208）
7.4 小结 ……………………………………………… （208）
第8章 被动句 …………………………………………… （209）
8.1 有标记被动句 …………………………………… （211）
8.1.1 "把"字被动句 ……………………………… （211）
8.1.2 "把得"被动句 ……………………………… （227）
8.2 无标记被动句 …………………………………… （233）
8.2.1 句法结构 …………………………………… （234）
8.2.2 语义特征 …………………………………… （242）
8.2.3 语用价值 …………………………………… （244）
8.3 小结 ……………………………………………… （245）
第9章 否定句 …………………………………………… （247）
9.1 "不"类否定句 …………………………………… （248）
9.1.1 "不"字否定句 ……………………………… （248）
9.1.2 "不能"否定句 ……………………………… （251）
9.2 "冇"类否定句 …………………………………… （252）
9.2.1 "冇"字否定句 ……………………………… （252）

9.2.2 "冇得"否定句 …………………………………（253）
9.3 否定形式的比较 …………………………………（254）
9.3.1 "不"与"不能、冇、冇得" …………………………（254）
9.3.2 "不能"与"冇、冇得" ………………………………（256）
9.4 小结 …………………………………………………（258）

第10章 疑问句 ……………………………………（259）
10.1 结构类疑问句 ……………………………………（259）
10.1.1 是非问句 ………………………………………（260）
10.1.2 特指问句 ………………………………………（267）
10.1.3 选择问句 ………………………………………（272）
10.1.4 正反问句 ………………………………………（274）
10.2 功能类疑问句 ……………………………………（277）
10.2.1 反问句 …………………………………………（277）
10.2.2 附加问 …………………………………………（281）
10.3 小结 ………………………………………………（282）

第11章 结语 ………………………………………（284）
11.1 本书的基本认识 …………………………………（284）
11.2 有待研究的问题 …………………………………（288）

参考文献 ……………………………………………（290）
后 记 ………………………………………………（303）

第 1 章 绪论

1.1 选题缘由

1.1.1 关于吉安方言语法

贺巍（1991：4）指出"汉语方言的调查研究工作分面的调查和点的调查两个方面。面的调查是要求在短期内对较多的点在语音、词汇等方面作简单的记录；……点的调查是要求用较长的时间对某地的方言作深入的调查，在语音、语法、词汇等方面，作较详细的记录"[①]。同时，该文还指出要从一个具体方言切入研究汉语方言语法，在研究方法上主要有专题研究和系统描写两种。其中，专题研究是就某方言中的某个问题或某些特点进行分析和描写，系统描写则是对某方言的语法现象作全面系统的分析和描写。

项梦冰、曹晖（1992：73）在回顾以往的方言语法研究时又指出"汉语方言语法的研究仍是语言学界的一个薄弱环节"[②]，表现之一是：研究词法的著作多而研究句法的著作少；在传统选题（如代词、形容词、特殊语序等）上做文章的多，挖掘开发新选题的少。今后的研究工作中，一方面要注意传统选题和新选题的全面研究，另一方面也要注意词法研究和句法研究的全面铺开。两位先生还大力提倡语言学工作者对自己母方言的语法进行研究。

此外，第一期中国语言资源保护工程江西省项目共 72 个调查点，

[①] 贺巍：《汉语方言研究的现状与展望》，《语文研究》1991 年第 3 期。
[②] 项梦冰、曹晖：《大陆的汉语方言语法研究》，《云南师范大学学报》（哲学社会科学版）1992 年第 6 期。

其中涉及吉安地区的主要有吉安市（吉州区）、井冈山市、永新县、安福县、永丰县、峡江县、万安县、遂川县、泰和县9个调查点。笔者母方言所在地——吉安县，没有设立调查点。

结合以上方言语法研究的学术大背景和本人母方言的实际研究情况，本书以笔者的母方言（吉安县方言）的语法为研究对象进行专题研究。通过重点描写具有吉安地域特色的几种语法现象，一方面是希望向学界展示吉安方言语法的概貌；另一方面也是响应国家保护语言资源的政策，描写和研究笔者的母方言。

1.1.2 关于本书九个专题

鲍厚星（2003：35）在说明田野调查对于方言语法研究的重要意义时指出，对某一方言点的语法进行调查与研究前必须先有一个框架。鲍先生还从当时已经出版的单点方言语法著作中总结出三种特色鲜明的模式：（1）基本上采用一个参照系，如项梦冰（1997）；（2）立意构建本方言整个的语法系统，如李小凡（1998）；（3）着眼于本方言的特殊语法现象研究，如汪国胜（1994）。经过详细比较上述三种方言语法研究模式，我们选择以第三种模式为指导，对吉安方言具有地域特色的一些语法现象进行专题研究。

至于具体专题的选择，本书主要从以下几个步骤进行：

第一，回顾学界已有的方言语法研究，选定一个框架作为调查指导，大概确定吉安方言有哪些特色语法值得研究。经过多方比较，我们选择以"湖北方言研究丛书"中的语法大纲和语法调查例句为指导。汪国胜先生在该丛书的前言中指出，该大纲"具有相对的系统性，既能显示方言语法的基本格局，又能突出方言语法的主要特点"。

第二，通过一些方言学方面的概论性著作（尤其是赣方言著作）对赣方言特色语法的描写，大概了解赣方言的语法特色。方言学著作如袁家骅（2006：141-143）、詹伯慧（2017：138-140）等，赣方言著作如陈昌仪（1991：350-371、2005：9-39）等，还有各地方言志如肖方远（2008：771-774）、赵国祥（1995：168-169）、魏钢强（1990：135-155）等。这些专著和方言志中提得最多的赣方言特色语法主要表现在语缀、指代、性状、体貌、双宾句、被动句、疑问句等方面。

第三，阅读赣方言专著和论文，了解赣方言已有研究成果。如客赣方言研究系列丛书（2005－2008）、罗昕如（2011：213－340）、陈小荷（2012）、冯桂华和曹保平（2012：59－107）、龙安隆（2013：147－222）、黄晓雪（2014）、曾莉莉和陈小荷（2016：291－379）、曾海清（2016）、李旭平（2018）等。

第四，广泛录取生活中的自然语料并转写，初步感知、思考和归纳吉安方言语法的特色，由下而上进行吉安方言特色语法的总结和提炼。

第五，参考学界已有的方言语法调查问卷等相关资料，如中国社会科学院语言研究所方言组《方言调查词汇表》第31部分"语法"（《方言》1981：201－203）、丁声树《方言调查词汇手册》第18部分（《方言》1989：91－97）以及刘丹青（2017、2019）等，专门调查吉安方言语法以确定选取哪些专题。

经过上述步骤，我们最终选取"语缀、指代、性状、体貌、双宾句、处置句、被动句、否定句、疑问句"九个专题作为本书的研究对象。这九个专题都是具有吉安地域特色的语法现象，其中四个是与词相关的语法现象，五个是与句相关的句法现象，兼顾了词法与句法的平衡。此外，相对赣方言语法已有研究成果而言，本书的九个专题既兼顾了研究得比较多的语缀、指代、体貌、疑问句等，又选取了部分学界暂时研究得比较薄弱的性状、双宾句、处置句、被动句、否定句等。这样既有利于将吉安方言同其他方言相比较，又有利于向学界展示吉安方言的语法特色。当然，由于时间和精力的限制，吉安方言还有一些特色语法现象本书并未纳入，可留待以后继续研究。

1.2　吉安及吉安方言

1.2.1　吉安概况

1.2.1.1　位置和交通

本书所研究的"吉安方言语法"是指吉安县方言的语法。吉安县，隶属于江西省吉安市，位于江西省中部、吉泰盆地中心，赣江中游西岸，东与吉安市吉州区、青原区、吉水县为邻，南连泰和县，西靠永新县、安福县，北接分宜县、峡江县、新余市渝水区。吉安县总面积2117平方公里，下辖2个街道、13个镇、6个乡、307个村委会、32个社区居委会，设有1个国家级新区，户籍总人口约52万人。

吉安县城处于吉泰走廊中心，城域面积约20平方公里，城区人口12万人。县城至吉安市12公里，至南昌225.6公里，至赣州218公里；东距京九铁路3.5公里，距永和赣江航运码头8公里；西至井冈山119公里，是大吉安"一城三片、两江三岸"的重要组成部分，与国家级井冈山经济技术开发区互为依托，基本形成了以"一个机场（井冈山机场距县城约30公里）、一条水道（赣江航道）、两条铁路（京九、吉衡）、四条高速（大广、武吉、泰井、吉莲）"为构架的辐射珠三角、长三角、海峡西岸经济区的6—8小时经济圈。

吉安县地处赣中丘陵区，主要地貌有山地、丘陵和河谷平原，山地与丘陵占总面积72%，地势由四周向中部倾斜，东南、西南和北面三面边境山峰连绵，山岭起伏。北面属武功山南翼，主峰海拔580.3米；西南为罗霄山脉中段，主峰龙山海拔728.7米；东南与武夷山脉零山相接；中部为河流聚汇处，地势较低平，海拔多在56—60米，形成窄长的河谷平原。

吉安县境内有105国道、319国道穿境而过，距井冈山机场约30公里，距永和赣江航运码头8公里。赣粤高速公路、武吉高速公路穿越吉安县并设有出口；京九铁路、京港高速铁路途经吉安境内，设有吉安站、吉安南站（客货两用）、吉安西站三个火车站。

1.2.1.2 政区

目前，吉安县下辖2个街道（高新街道办事处、金鸡湖街道办事处）、13个镇（敦厚镇、永阳镇、天河镇、横江镇、固江镇、万福镇、永和镇、桐坪镇、凤凰镇、油田镇、敖城镇、梅塘镇、浬田镇）、6个乡（北源乡、大冲乡、登龙乡、安塘乡、官田乡、指阳乡）和2个经济开发区（吉安高新技术产业园区、井冈山经济技术开发区）[①]。县政府驻敦厚镇庐陵大道。

高新街道办事处：下辖马甫、长岭、下村社区、行山社区4个居委

---

① 以上信息来源于国家统计局官网：http://www.stats.gov.cn/。

会和梨塘村委会。

金鸡湖街道办事处：下辖龙山社区居委会和南安、西坑、岭上、彭家塘4个村委会。

敦厚镇：位于禾水河下游，是吉安县的城关镇。东接永和镇，南接凤凰镇，西与横江镇和梅塘乡接壤，北隔禾水河与吉州区相望。敦厚镇辖梨山、文山、金家、泉塘、荆岭、房山、高塘七个居委会和敦厚、厚丰、罗家、金家、连山、禾埠、马甫、瑶池、店下、对门、嵊上、社前、南街、仓田、竹山、乌石、廖家、下岭、瑶前19个村委会。全镇总人口13.25万人，总面积89平方公里。

永阳镇：位于吉安县西南部的禾水河之畔，素有吉安县的"南大门"之称，东与敦厚镇、横江镇相连，南与泰和县相邻，西与指阳乡、敖城镇交接，北与安塘乡、登龙乡接壤。禾水河横贯东西。永阳镇辖永阳居委会，龙虎、渡头、赵家、高洲、邓家、荷蒲、车湖、江南、成瓦、东园、水浒、长湖、院背、南楼、下边、新塘、涯湖、蒋坊18个村委会。全镇总人口3.23万人，总面积73平方公里。

天河镇：位于吉安县西南部，西连永新县，北衔安福县，东北接吉安县的安塘、官田两乡。天河镇辖天河、铁林、东区、西区、分路牌五个居委会和白泥、横林、窑棚、天河、田家、东坑、流芳、常林、毛田9个村委会。全镇总人口1.4万人，总面积156平方公里。天河镇约有畲族人口368人。

横江镇：位于县城西南9公里处，横江镇辖横江居委会和横溪、良枧、屋头、范家、仕洲、南窗前、富田寺、大洲、横巷、南陇、老屋下、白沂、彭家、壕漾、冻圳15个村委会。全镇总人口2.2万人，总面积69平方公里。

固江镇：位于吉安县西北部，东北与桐坪镇交界，东南方向与吉州区兴桥镇接壤，南濒泸水与梅塘乡隔江相望，且田土山林相连，西与澧田乡毗连，北面靠大冲乡。现辖固江居委会和芦西、赛塘、古巷、凫潭、南湖、沿江、红星、枫江、东风、田西、井溪、瑞溪、坊下、松山、长水、小富、西源17个村委会。全镇总人口2.2万人，总面积111平方公里。

万福镇：位于吉安县北部，素有吉安县的"北大门"之称，东接吉水县，南邻北源乡，西接安福县，北交新余市。现辖万福和塘东两个居委会以及井头、枧下、余家、麻塘、圳上、万福、白竹、永春、官溪、炯村、麻陂、留田、枧口、梅溪、塘东、雅池、瑶江、许家、岭头、老冈、地前、净坑、谷塘、大杏、逢塘、栗头、鹤洲27个村委会。全镇总人口4.34万人，总面积103平方公里。

永和镇：位于吉安县东部，赣江中游西岸和禾河南岸尽头，东临赣江，南邻凤凰镇，西连敦厚镇。现辖永和居委会和周家、窑背、习家、锦源、林洲、尚书、白沙、南山、永和、超果、永安、五星、张巷、小湖14个村委会。全镇总人口2.63万人，总面积30平方公里。

桐坪镇：位于吉安县北大门，与吉水县的黄桥镇接壤，和吉州区的长塘镇、兴桥镇及本县的大冲乡、北源乡毗邻。现辖桐坪居委会和桐坪、福田、河山、社上、都塘、臻源、金竹、林源、杨山、黄山、陈家、下田、山头、大栗、枫冈、栗背、什香、花溪、黄塘、樟坑、仓边、张家、上溪、合田24个村委会。全镇总人口3.68万人，总面积132平方公里。

凤凰镇：位于吉泰走廊，吉安县南部，105国道和凤七公路交汇处。现辖凤凰居委会和凤凰、屋场、车头、石塘、钱塘、村前、曾家坊、仓下、土洲、九龙、康家、曲塘、龙陂13个村委会。全镇总人口2.25万人，总面积59平方公里。

油田镇：位于九龙山脉南麓，北临新余县、分宜县，东接峡江县、吉水县，西接安福县。现辖油田居委会和油田、大庙前、大园、盐田、屯山、河源、楼下、龙洲、板陂、路西、七里、桥边、青观、隍北、花桥、芳头、江前、丁田、福塘、松江、大江下、安下、院山23个村委会。全镇总人口2.89万人，总面积234平方公里。

敖城镇：位于吉安县南部，现辖敖城居委会和旷家、毓芳、乾上、芳径、版塘、茶园、消洲、功阁、大村、夏径、高车、泸富、流江、湖陂、双江、禾水、上山、礼溪18个村委会。全镇总人口约2万人，总面积232平方公里。

梅塘镇：位于吉安县中部泸水河西岸，东与吉州区兴桥镇、曲濑乡以泸水河为界，南接敦厚镇、登龙乡，西与官田乡毗邻，北靠固江镇、澧田乡。现辖栗塘居委会和栗塘、裴家、土坊、河源、村背、小灌、醪村、中板、固源、琶塘、灵源、西湖、东门、前岸、胆源、谢坊、旧居、敛溪、同睦、梅塘 20 个村委会。全镇总人口 2.76 万人，总面积 130 余平方公里。

浬田镇：位于吉安县西部边境，地跨泸水河两岸，北与安福县接壤，东邻大冲乡，南面与西面分别与固江镇、官田乡毗邻。现辖浬田居委会和浬田、塘下、仙峰、桥东、上湖、沂塘、高峰、高陂、历山、井冈、清水、石南桥、濯田 13 个村委会。全镇总人口 1.9 万人，总面积 137 平方公里。

北源乡：位于吉安县境北部，东邻吉水尚贤，南接桐坪镇，西与大冲乡交界，北和万福镇相连。现辖郭家店、南源、北源、下院、义丰、亭前、官塘、合和、半江、渔塘、峨田、树院、下里家、濠源、南坑、瓜塘 16 个村委会。全乡总人口 1.99 万人，总面积 56 平方公里。

大冲乡：位于吉安县北部，与安福县、澧田乡、固江镇、桐坪镇、北源乡、万福镇接壤。现辖草结桥、森塘、东汶、冻头、性田、下沔、大冲、鹤江、新溪、铺下、大沙、前村 12 个村委会。全乡总人口 1.49 万人，总面积 88 平方公里。

登龙乡：位于吉安县境内的西南部，属丘陵地带，东与敦厚镇、横江镇接壤，南邻永阳镇、泰和县的石山乡，西邻安塘乡、官田乡，北与梅塘乡毗邻。现辖龙冈、田心、泮塘、郭家、庙前、塘边、栋头、巷口、清江、朗石、高源、泗塘、牡塘、黄陂、青山 15 个村委会。全乡总人口 1.89 万人，总面积 69 平方公里。

安塘乡：位于吉安县西南部，现辖安塘居委会和竹垣、赤陂、水西、颜家、塔桥、安塘、早桥、淡江、广化、苎陂 10 个村委会。全乡总人口 1.41 万人，总面积 81 平方公里。

官田乡：位于吉安县西南端，与周边安塘乡、梅塘乡、登龙乡、天河镇、澧田乡交界。现辖官田居委会和官田、田南、观中、同完、林下、夏派、英村、湖霞、平田、濑石、梅花 11 个村委会。全乡总人口 1.54 万人，总面积 148 平方公里。

指阳乡：位于吉安县西南部，现辖指阳居委会和新桥、金田、长丰、介富、水北、湖仙、袁家、顾礼、石下、濑源、石坑、老居、苍前 13 个村委会。全乡总人口 1.22 万人，总面积 105 平方公里。

1.2.1.3 人口及民族

截至 2018 年年末，吉安县户籍人口为 509994 人（不含井开区），其中城镇人口为 204003 人，乡村人口为 305991 人；全县常住人口为 478513 人，其中城镇人口为 238204 人，乡村人口为 240309 人，常住人口中男性人口为 245558 人，女性人口为 232955 人，人口性别比为 105.41%，人口总量保持低速增长[①]。

吉安县有 3 个少数民族行政村，12 个民族村小组，共有畲、苗、壮、蒙古等少数民族人口约 2800 人，占全县总人口 0.56%。

1.2.1.4 历史沿革

吉安县，古称庐陵县，《水经注》说它是因泸水而得名，于始皇二十六年（前 221）秦统一中国、实行郡县制时设立，隶属九江郡，县治在今泰和县西 3 里。

高祖元年（前 206），秦亡，楚汉争霸，英布为九江王，庐陵县属九江王国。

高祖五年（前 202），颖阴侯灌婴渡江平定楚地，分九江郡立豫章郡，领 18 县，庐陵县属豫章郡。新始建国元年（9），改豫章为九江郡，改庐陵为桓亭县。建武元年（25），桓亭县复名庐陵。初平二年（191），分豫章立庐陵郡，县名高昌，属庐陵郡。

三国鼎立时期，吉安县属吴国领地。

晋太康元年（280），司马炎平吴，庐陵郡治迁石阳，县属沿旧。咸康八年（342），庐陵太守孔伦移庐陵治于今吉安市区，石阳县随徙。

南朝梁天监元年（502），武帝灭齐，高昌县并入石阳县，隶属庐陵郡，郡县同治所。

隋开皇十年（590），改庐陵郡为吉州，改石阳县为庐陵县。次年，撤销吉阳（今吉水）、兴平（今永丰）、阳丰（今永丰）三县，并入庐陵县，隶属吉州。大业三年（607），改吉州为庐陵郡，庐陵县隶属不变。

唐武德五年（622），复置吉州，庐陵仍为附廓县。开元二十一年（733），江南道分东西二道，庐陵县属江南西道吉州。天宝元年

[①] 以上数据摘自吉安县人民政府网：http://jianxian.gov.cn。

（742），改吉州庐陵郡为吉州，县属不变。

十国吴天祐六年（909），庐陵县属杨吴领地。南唐保大八年（950），析庐陵水东11乡置吉水县，庐陵县仍为吉州附廓县。

北宋元祐七年（1092），庐陵的同水乡与吉水的顺化乡互易（顺化乡即纯化乡）。

南宋景炎二年（1277），忽必烈设立江西宣慰司，改吉州为吉州路，庐陵县隶属如故。

元贞元年（1295），改吉州路为吉安路，吉安之名始于此，相传意取"吉泰平安"之义，庐陵县仍属之。至正二十二年（1362），朱元璋兵取江西，改吉安路为吉安府，庐陵县属吉安府。

明洪武九年（1376），改江西行省为承宣布政使司，庐陵县属江西布政使司湖西道吉安府。崇祯十六年（1643）十一月，张献忠克吉安，改吉安府为亲安府，改庐陵县为顺民县。次月，复称吉安府庐陵县。

清初沿明制，康熙二十一年（1682），湖西道废，吉安府直属省。雍正九年（1731），庐陵县隶属赣南道吉安府。

民国元年（1912），废府，撤道。民国三年（1914），改庐陵县为吉安县，设庐陵道于宜春，吉安县属江西省庐陵道。民国十五年，废庐陵，吉安县直属江西省。

民国二十一年，江西省划分为13个行政区，吉安县隶属第九行政区。民国二十四年，江西省缩编为8个行政区，吉安县隶属第三行政区。民国三十一年，全省划为9个行政区，吉安县仍属第三行政区。

1949年7月16日吉安县解放。7月28日，奉令析吉安县石阳镇置吉安市，同属吉安分区。1949年9月，吉安分区改为吉安专区。1958年11月，吉安县并入吉安市。次年6月，县、市仍分治。1968年，吉安县专区改名井冈山地区，吉安县属井冈山地区。1979年改井冈山地区为吉安地区，古安县仍属吉安地区。同年11月，县治从吉安市五岳观迁至新县城敦厚镇。1987年将兴桥乡、长塘乡、樟山乡划归吉安市。1988年将盘田乡火气、下村划归吉水县阜田镇。2000年吉安地区改为吉安市，将值夏镇、东固镇、新圩镇、富田乡、文陂乡、云楼乡划归吉安市青原区，曲濑乡划归古安市古州区。

1.2.2 吉安方言

1.2.2.1 吉安方言概况

吉安县境内主要是赣语吉茶片，此外还有一个客家话铜桂片的方言岛①。本书所研究的吉安方言，是指分布于吉安县的赣方言。

吉安县赣方言"根据语音上的差异，分为东南中北四个片，东路片以陂头、值夏音为代表，南路片以永阳音为代表，中路片以敦厚音为代表，北路片以万福音为代表"②。本书主要描写笔者母方言所属的吉安县赣方言中路片的语法概貌。

1.2.2.2 吉安方言单字音系

本书描写的是吉安县梅塘乡土坊村委会白竹山村的吉安县赣方言中路片的方言。笔者是土生土长的梅塘人，笔者的父母一直居住在梅塘乡，本单字音系的主要发音合作人是笔者的父母亲：第一发音合作人，裴圣来，男，60岁，初中文化程度，农民；第二发音合作人，周正莉，女，58岁，小学文化程度，农民。

（1）声调（5个）（表1-1）

表1-1　　　　　　　　声调

阴平34	阳平12	上声42	阴去31	阳去24
方	房	晃	放	福
衣	移	椅	意	一
忧	油	有	幼	肉
诗	时	使	事	是
乌	吴	午	雾	屋
淤	余	雨	誉	入
梯	题	体	替	踢

---

① 中国社会科学院语言研究所：《中国语言地图集（第2版）：汉语方言卷》，商务印书馆2012年版，B2-9。

② 肖方远：《吉安县志》，江西人民出版社2008年版，第723页。

(2) 声母（19个，包括零声母）（表1-2）

表 1-2　　　　　　　　声母

p 波比必笔	pʰ 批皮品票	m 摸磨满面	f 方房访放
t 刀倒到滴	tʰ 梯题体替	n 捏牛女虐	l 拉来楼乱
k 光滚棍刚	kʰ 开葵砍看	x 黑孩好汗	ŋ 安鹅袄案
tɕ 鸡挤寄急	tɕʰ 牵全起去	ɕ 西徐洗迅	
ts 增凿早赞	tsʰ 猜从宠错	s 三时扫送	
Ø 衣移椅意一			

注：
① [n] 与细音相拼，音值为 [ȵ]。
② [t]、[tʰ] 在细音前的发音接近于舌面前音 [ȶ]、[ȶʰ]。
③ 学界关于"黑孩好汗"类，有用 [h] 的，也有用 [x] 的；二者的区别是前者为喉清擦音，后者为舌根清擦音，发音部位不同，吉安县（白竹山村）的发音部位为舌根，故用 [x] 来表示。

(3) 韵母（46个）（表1-3）

表 1-3　　　　　　　　韵母

ɿ 资字师	i 第地耳题	u 故鹿睹母	y 雨虚欲余
a 百家拿白	ia 野借吃席	ua 瓜瓦夸话	
o 河合落木	io 绿药削脚	uo 过郭果窝	
ɛ 色北法舌	iɛ 夹鸭克刻	uɛ 刮国滑挖	
	ie 日热急接		
ø 二割鸽合			yø 雪靴确缺
ai 介大戒外		uai 帅摔衰甩	
ei 直侄倍妹		uei 贵桂推煨	
au 跑保桃烧	iau 条挑小叫		
əu 斗走瘦漏	iəu 狗口呕后		
	iu 丑流收优		
ɔi 海贷台来			
an 胆担贪咸			

续表

on 搬短感暗		uon 宽关碗官	yon 权圆选软
ɛn 盆本邓魂温	iɛn 衔检连廉		
	in 紧林灵心	uən 温捆吞棍	yn 云群晕训
aŋ 生争冷硬	iaŋ 井病醒兄		
oŋ 党桑讲床	ioŋ 娘良奖将	uɔŋ 黄广矿光	
	iẽ 根庚		
əŋ 红东动懂	iəŋ 胸穷琼用	uəŋ 翁	
m̩ 姆	ŋ̍ 五鱼嗯		

1.3 研究现状

1.3.1 关于汉语方言语法研究

1.3.1.1 汉语方言语法研究的历时发展

汉语方言语法研究发端于赵元任的《北京、苏州、常州语助词研究》(1926)，至今已有九十余年。九十余年的汉语方言语法研究经历了由"冷门"向"热门"的转变，具体可分为起步和停滞期、长期滞后期以及飞速发展期三个阶段[①]。

第一阶段，1924年到20世纪80年代，主要表现为方言语法研究的起步和停滞。赵元任先生的《北京、苏州、常州语助词研究》(1926) 标志着汉语方言语法研究的诞生。赵先生在文中写道"希望各处人看了这篇东西过后，也试做一个自己方言中语助词的调查"[②]，但遗憾的是，此后长达30年的时间里，响应赵先生号召的学者寥寥无几，目前可见的成果只有高名凯《汉语句终词的研究》(1947)、王力《中国现代语法》(1943)中简单列举的一点方言语法例句。所以说，这一阶段的汉语方言语法研究虽然已经起步，但始终停滞不前，这也可以从半个多世纪中发表的论文总共不足百篇，专著仅见三部的研究成果中看出。

---

① 这里的历时分期，主要参考李小凡《汉语方言语法研究九十年》(2016)，略有改动。
② 赵元任：《北京、苏州、常州语助词的研究》，《清华大学学报》（自然科学版）1926年第2期。

第二阶段，20世纪80年代到20世纪90年代初期，主要表现在方言语法研究重新得到重视，但长期滞后于语音和词汇的研究。20世纪60年代，重点在语音，也有少量语法调查的方言普查工作完成后，丁声树、詹伯慧、黄家教等学者开始"建议汉语方言进一步的调查研究以词汇、语法为重点（语音方面也还要继续注意）"①，越来越多的学者开始注重对方言语法的调查研究。至此，方言语法研究开始重新得到重视，但由于自身的难度、人们观念上的错误认识以及可供参考的资料匮乏等原因，汉语方言语法研究长期处于滞后状态。方言语法研究相对于方言语音和词汇的研究，一直是方言研究中薄弱的一环。这一阶段的方言语法还处于懵懂探索期，主要研究成果有朱德熙《北京话、广州话、文水话和福州话里的"的"字》（1980）、朱德熙《潮阳话和北京话重叠式象声词的构造——为第十五届国际汉藏语言学会议而作》（1982）、朱德熙《汉语方言里的两种反复问句》（1985）、吕叔湘《丹阳方言的指代词》（1980）、吕叔湘《指示代词的二分法和三分法》（1990）、梅祖麟《汉语方言里的虚词"著"字三种用法的来源》（1989）、余霭芹《汉语方言语法的比较研究》（1988）、贺巍《汉语方言语法研究的几个问题》（1992）、詹伯慧《汉语方言语法研究大有可为——序〈汉语方言语法调查手册〉》（1994）等。这一阶段，学者们不懈探索，有力地冲击了方言语法研究的陈旧局面，打开了生机勃勃的新局面。

第三阶段，20世纪90年代末至今，方言语法研究飞速发展，主要表现在单点方言的系统研究和跨方言跨时代的比较研究齐头并进。一方面，单点方言的系统研究如雨后春笋般不断涌现，出现了一批单点方言语法研究专著、论文集和博士学位论文，专著如何耿镛《客家方言语法研究》（1993）、汪国胜《大冶方言语法研究》（1994）、项梦冰《连城客家话语法研究》（1997）、钱乃荣《上海话语法》（1997）、李小凡《苏州方言语法研究》（1998）等；论文集如张双庆主编的《动词的体》（1996）以及李如龙和张双庆共同主编的《动词谓语句》（1997）、《代词》（1999）、《介词》（2000），胡明扬主编的《汉语方言体貌论文集》

---

① 丁声树：《关于进一步开展汉语方言调查研究的一些意见》，《中国语文》1961年第3期。

(1996)，伍云姬主编的《湖南方言的动态助词》（1996）、《湖南方言的介词》（1998）、《湖南方言的代词》（2000）等；博士学位论文，如吴云霞《万荣方言语法研究》（2002）、彭兰玉《衡阳方言语法研究》（2002）、甘于恩《广东四邑方言语法研究》（2002）、殷相印《微山方言语法研究》（2006）、阮桂君《宁波方言语法研究》（2006）、盛银花《安陆方言语法研究》（2007）、苏俊波《丹江方言语法研究》（2007）、王洪钟《海门方言语法专题研究》（2008）、周洪学《湖南安仁方言语法研究》（2012）等。另一方面，方言语法的比较研究应运而生，主要成果有余霭芹《汉语方言比较语法调查手册》（1993）、黄伯荣《汉语方言语法类编》（1996）、张振兴《现代汉语方言语序问题的考察》（2003）、王健《汉语方言中的两种动态范畴》（2005）、罗自群《现代汉语方言持续标记的比较研究》（2006）、邵敬敏和周娟的《汉语方言正反问的类型学比较》（2008）、黎运汉主编的《汉语方言疑问范畴比较研究》（2010）等。这一阶段的单点方言系统研究不再用普通话语法框架去认同方言语法现象，不再局限于封闭的共时描写，方言语法的比较研究有了更为广阔的范围和更加丰富的角度。此外，这一阶段的方言语法研究还注重吸收西方现代语言学的科学经验，运用西方语言学理论研究汉语方言，如语法化理论、语言类型学、语义地图模型等。

1.3.1.2 汉语方言语法研究的主要内容

汪国胜（2000）指出，"新时期以来的汉语方言语法研究，在认识上，由忽视到重视；内容上，由单一到多元，重视规律研究、系统研究、范畴研究、形态研究和类型研究；方法上，由平面到立体，从单一的平面描写开始转向两个'三角'的动态考察；方式上，由分散到合作，从个人单干开始转向集体协作"[①]。以往对汉语方言语法研究主要是内容的总结，有的简单列举主要语法现象，有的将其分为词层面、句法层面和系统描写三个版块。前者如汪国胜（2000）指出代词、量词、状态词、语气词、语缀、语法成分、重叠式、变音、语序和特殊句式10种语法现象值得研究；邢向东《谈汉语方言语法的调查研究》

[①] 汪国胜：《新时期以来的汉语方言语法研究》，《华中师范大学学报》（人文社会科学版）2000年第3期。

（2008）列出方言语法研究的主要课题有构词法，重叠的方式与功能，代词，特殊的助词、连词、介词及其语法化，体貌系统，时制问题，特殊结构和语序，语气和情态，语法和语音相互关系的研究。后者如郭利霞《九十年代以来汉语方言语法研究述评》（2007）将方言语法的描写内容分为词层面、句法层面和系统描写三个版块。本书参照郭利霞（2007）对方言语法研究主要内容的分类，从词层面和句法层面两方面简单回顾汉语方言语法研究的主要内容。本书不单列"系统描写"版块，是因为本书认为系统描写是研究方法（或称"研究框架"）的总结，而不是方言语法研究的主要内容。

首先，词层面的研究可以分为对某一类词的研究和对构词法的研究。其中，对某一类词的研究可以从实词研究和虚词研究两个方面考量，实词研究中研究成果最多的属对代词的研究，有专著如张惠英《汉语方言代词研究》（2001）、卢小群《湘南土话代词研究》（2004）等，论文如吕叔湘《指示代词的二分法和三分法》（1990）、项梦冰《连城（新泉）方言的疑问代词》（1993）、孙新《关中方言代词概要》（2002）、汪化云《汉语方言指示代词三分现象初探》（2002）等。实词研究中还有对方位词的研究，如郑懿德《福州方言的方位词》（1995）等。对状态形容词的研究，如侯精一《山西平遥方言的状态形容词》（1992）等，对量词的研究如汪国胜《大冶方言的物量词》（1993）等。虚词研究则主要集中在副词、介词、助词、语气词等几个词类：副词研究如汪国胜《大冶方言的程度副词"闷"》（1992），介词研究如施其生《汕头方言表示"在"的介词》（1996），助词研究如邢向东《陕北神木话的助词"得"》（2001），语气词研究如方梅《北京话中句中语气词的功能研究》（1992）等。此外，对动词体貌研究的成果也十分可观，单论文集就有张双庆主编的《动词的体》（1996）、胡明扬主编的《汉语方言体貌论文集》（1996）以及伍云姬主编的《湖南方言的动态助词》（1996）等；论文则更是蔚为大观，主要有戴耀晶《赣语泰和方言语法的完成体（上）、（下）》（1995）、李小凡《苏州方言的体貌系统》（1998）、李小凡《现代汉语体貌系统新探》（2004）、罗自群《现代汉语方言持续标记的类型》（2004）、崔淑慧《山西代县方言的起始体》（2004）、杨凯《湖北蕲春方言的进行体》（2008）、张运玲《开封话的实现体和经历体标记》（2009）、汪化云《黄孝方言的经历体助词》（2015）等。对构词法的研究，主要是对重叠和语缀的研究，前者如刘丹青《苏州方言重叠式研究》（1986）、项梦冰《连城方言的动词重叠》（1998）、石毓智《汉语方言中动词重叠的语法意义和功能的差别》（2007）等，后者如汪国胜《湖北大冶方言的语缀》（1993）、钱曾怡《济南方言词缀研究》（1999）、吴继章《河北方言词缀发展演变的趋势及语义在其中的作用》（2005）等。

其次，句法层面的研究可以分为句类、句式和范畴研究三方面。其中，句类研究主要是对陈述句、疑问句、祈使句和感叹句的研究，如邢向东《呼和浩特方言感叹句的常用句式》（1994）、李如龙和张双庆主编的《动词谓语句》（1997）、张邱林《河南陕县方言表将然的语气助词"呀"构成的祈使句》（2007）、史秀菊《山西方言的特指疑问句（一）、（二）》（2011）等；句式研究主要是对有地域特色的句法格式的研究，如丁崇明《大理方言中与动词"给"相关的句式》（1992）、陈淑梅《汉语方言里一种带虚词的特殊双宾句式》（2001）、沈明《太原话的"给"字句》（2002）、郑敏惠《福州方言"有+VP"句式的语义和语用功能》（2009）等；范畴研究主要集中在对疑问、否定范畴的研究，如黎运汉主编的《汉语方言疑问范畴比较研究》（2010）、蔡瑱《类型学视野下汉语趋向范畴的跨方言比较——基于"起"组趋向词的专题研究》（2014）、陶寰等主编的《汉语方言疑问范畴研究》（2017）、陶寰等主编的《汉语方言领属范畴研究》（2019）等。

1.3.2 关于客赣方言语法研究

1.3.2.1 关于赣方言语法研究

"赣方言主要分布在赣江中下游和抚河流域及鄱阳湖地区，以及湖南东部、西南部，湖北东北部，安徽南部，福建西北部。赣方言可分为昌靖、宜浏、吉茶、抚广、鹰弋、大通、耒资、洞绥、怀岳九个片。"[①]中国社会科学语言研究所《中国语言地图集（第2版）：汉语方言卷》

[①] 邢福义、汪国胜：《现代汉语（第二版）》，华中师范大学出版社2011年版，第15页。

(2012)对赣方言各片的名称及包括的地点进行了微调,原"昌靖片"改为"昌都片",其余各片名称不变。赣方言各片包括的地点具体如下:昌都片全位于江西省境内北部,包括南昌市的东湖区、西湖区、青云谱区、青山湖区、新建区、红谷滩区、南昌县、安义县,九江市的修水县、武宁县、德安县、永修县、星子县、湖口县、都昌县;宜浏片主要位于江西省中西部偏北地区和湖南省的东部,包括宜春市的袁州区、丰城市、樟树市、高安市、万载县、上高县、奉新县、宜丰县、铜鼓县、靖安县,新余市的渝水区和分宜县,吉安市的新干县,浏阳市的城区、东区、南区、西区、北区,株洲市的醴陵市;吉茶片主要位于江西省中西部偏南地区和湖南省株洲市的部分地区,包括吉安市的吉州区、青原区、井冈山市、吉安县、吉水县、峡江县、永丰县、泰和县、遂川县、万安县、安福县、永新县,萍乡市的安源区、湘东区、国家级经济开发区萍乡经济技术开发区、泸溪县、莲花县,株洲市的攸县、茶陵县、炎陵县;抚广片位于江西省东部和福建省西部,包括抚州市的临川区、东乡区、南城县、黎川县、南丰县、崇仁县、乐安县、宜黄县、金溪县、资溪县、广昌县,南昌市的进贤县,福建省三明市的泰宁县和建宁县;鹰弋片位于江西省境内的东北部,包括鹰潭市的月湖区、贵溪市、余江区,上饶市的铅山县、弋阳县、横峰县、万年县、余干县、鄱阳县,九江市的彭泽县,景德镇市的乐平市,此外浮梁县有一个赣方言鹰弋片方言岛;大通片位于湖北省南部、湖南省北部地区,包括湖北省黄石市的黄石港区、西塞山区、下陆区、铁山区、大冶市、阳新县,咸宁市的咸安区、通山县、通城县、嘉鱼县、崇阳县、赤壁市,荆州市的监利县,以及湖南省岳阳市的岳阳楼区、君山区、云溪区、临湘市、岳阳县、平江县、华容县,此外,浏阳市还有一个居于宜浏片之间的大通片方言岛。耒资片位于湖南省境内的东南部,包括衡阳市的耒阳市和常宁市,郴州市的资兴市、永兴县、安仁县。洞绥片位于湖南省的西部,包括洞口县、绥宁县和隆回县;怀岳片位于安徽省境内的西南角,包括池州市的东至县全境和石台县、青阳县、贵池区的部分地区,安庆市的望江县、宿松县、太湖县、潜山市、岳西县、怀宁县。

　　本书所谓的"赣方言语法研究现状"中的"赣方言"是指分布于上述各地区的赣方言,不仅仅是通行于江西省境内的赣方言。

1.3.2.1.1 赣方言语法研究的历时发展

同汉语方言研究一样,赣方言研究之初的重点也是在方言语音方面。通过查阅聂建民、李琦编纂的《汉语方言研究文献目录》(1994)以及张振兴、聂建民、李琦编纂的《中国分省区汉语方言文献目录(稿)》(2014)等文献目录以及检索知网、读秀等网站,我们搜索得到赣方言语法论文共489篇,其中关于赣方言语法的第一篇论文是郑锡祺《宜黄话中的"仔"字》(1956)。结合赣方言语法相关论文发表的情况,我们将63年(1956—2019年)的赣方言语法研究分为三个阶段:起步和缓慢发展期、稳步发展期、高速发展期。将其图示如图1-1:

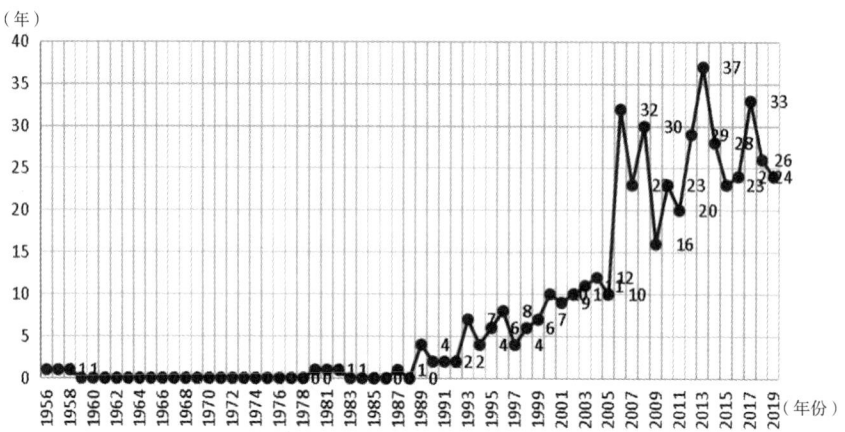

图1-1 赣方言语法论文的历时变化

第一阶段,起步和缓慢发展期(1956—1988年)。这一阶段的特点是刚起步又停滞了21年,之后9年缓慢发展。通过统计我们得知,赣方言语法研究自1956年到1958年,连续三年每年都有一篇论文发表,之后长达21年的时间里,没有一篇关于赣方言语法的论文发表;而自1979年至1988年这9年里,每年论文发表的数量都比较少,也不见明显增长,所以我们将这32年统一归为赣方言语法研究的起步和缓慢发展期。这一阶段,论文发表总量只有7篇,相较其他两个阶段,时间最长,数量最少。这一阶段也基本没有赣方言语法相关著作。

第二阶段,稳步发展期(1989—2005年)。这一阶段的特点主要是论文发表数量稳步增长，逐渐增加，表现出稳步发展的态势。这一阶段虽只有短短 16 年，但论文总量已有 114 篇，远远超过漫长起步期的 7 篇。相关著作有魏钢强《萍乡方言志》(1990)、陈昌仪《赣方言概要》(1991)、张双庆《客赣方言调查报告》(1992)、汪国胜《大冶方言语法研究》(1994)、熊正辉《南昌方言词典》(1995)、陈昌仪《南昌话音档》(1998)、刘纶鑫《客赣方言比较研究》(1999)、陈昌仪《江西省方言志》(2005) 等。

第三阶段，高速发展期 (2006—2019 年)。这一阶段的特点是每年发表的论文数量都比较多，且维持高速发展态势。这一阶段只有 13 年，发表论文总量却多达 368 篇。著作也比较多，其中"赣方言研究系列丛书"有 12 本，此外还有胡松柏《赣东北方言调查研究》(2009)、罗昕如《湘语与赣语比较研究》(2011)、《赣方言研究（第 2 辑）——2009 南昌赣方言国际学术研讨会论文集》(2012)、陈小荷《丰城赣方言语法研究》(2012)、冯桂华和曹保平《赣语都昌方言初探》(2012)、龙安隆《永新方言研究》(2013)、黄晓雪《宿松方言语法研究》(2014)、周洪学《安仁方言语法研究》(2015)、曾莉莉和陈小荷《丰城方言研究》(2016) 等。

通过上述分析，对比汉语方言语法研究的历时发展，我们可以得知赣方言语法的研究与汉语方言语法的研究在历时发展方面具有一致性，大致都经历了起步和缓慢发展期、稳定发展期、高速发展期三个阶段，只是赣方言语法研究在时间上滞后于汉语方言语法研究。另外，赣方言语法研究在内容方面并没有展现出明显的历时发展变化，更多的是一种横向补充。

1.3.2.1.2 赣方言语法研究的主要内容

赣方言语法研究从 20 世纪 50 年代开始，至今已有 60 余年的历史，仅论文就有近 500 篇，相关著作也有 30 多部，其研究内容可以分为词法研究、句法研究、语义范畴研究和系统研究四方面。

（1）词法研究

赣方言的词法研究目前主要有对语缀、重叠、代词、动词、形容词、语气词、量词、副词、介词以及其他虚词等的研究。下面我们根据研究成果的多少逐一介绍赣方言词法研究的概况。

第一，语缀。赣方言的语缀研究可以分为两大类：一是对某个或某几个语缀的研究，最早对赣方言语缀进行研究的娄伯平《浏阳方言中的 zi 尾》（1958）就专篇讨论了浏阳方言中 zi 尾的使用范围和主要作用；二是对语缀系统的研究，如付婷《樟树方言的词缀研究》（2006）讨论了樟树方言的名词词缀、动词词缀、形容词词缀和量词词缀，郝玲玲《江西永修话的语缀研究》（2009）则从前缀、中缀、后缀三个方面描写了江西永修话的语缀系统。

对某个或某几个语缀的研究主要有以下几方面的内容：①语缀的分布或使用范围，如雷东平、胡丽珍《江西安福方言表复数的"物"》（2007），从普通名词+"物"、人名+"物"、称谓名词+"物"、人称代词+"物"四方面探讨了江西安福方言中表复数的"物"的分布；②语缀的主要作用，如李珂《湖南茶陵方言"叽"尾词研究》（2005）则指出湖南茶陵方言的"叽"尾有表示爱称、表示小称、构成名词、使一个音节的不成词语素构成词、表示程度和双音节化等作用；③语缀的来源探究，如昌梅香《江西吉安赣语"叽"后缀研究》（2007）在描写吉安赣语"叽"后缀的分布和语法功能之外，还专门探讨了"叽"后缀的语源。

对语缀系统的研究主要是从前缀、中缀和后缀三方面描述某一方言的语缀系统，如王宏佳《湖北咸宁方言的语缀》（2006）、阮寅夏《新余方言中的语缀》（2009）、王柔曼《新干方言词缀研究》（2015）等。

第二，重叠。重叠分为构词重叠和构形重叠。重叠前的单音节的词或语素为基式，重叠后构成的新词为**重叠式**。赣方言中对重叠的研究主要有两个视角：从基式出发以及从重叠式出发。

从基式出发的研究主要是从基式的词类出发讨论重叠式的构成形式、语音特征、语法功能、表义特征等，如曹保平《都昌方言重叠式的构成形式及特征》（2002）讨论了都昌方言的名词重叠式、形容词重叠式、量词重叠式；肖萍《赣语吴城方言的名词重叠式》（2017）则讨论了由名词重叠而成的"（A）BB子"式与"（A）BB哩"式，并比较了二者的异同。

从重叠式出发的研究主要是讨论某一类或某一个重叠式的内部构成、语音特征、句法功能、语义和语用功能等，如阮绪和《江西武宁（上汤）

话一种特殊的动词重叠结构》（2003）、秦名娟《岳西方言叠词举要》（2007）、聂环《崇阳方言中的动词重叠式"VV神"》（2017）等。

第三，代词。代词可以分为人称代词、指示代词和疑问代词三个子系统。相应的，对代词的研究也可以分为对人称代词的研究、对指示代词的研究和对疑问代词的研究。此外，还有对代词系统的整体研究。

对代词系统的整体研究，是指全面分析某方言中的人称代词、指示代词和疑问代词的研究。其中学位论文如张燕娣《南昌方言代词研究》（2001）、江婷《江西余干方言的代词研究》（2019）等，期刊论文如黄群建《湖北阳新方言的代词》（2002）、阮绪和《武宁话的代词》（2006）、倪妙静《富阳市场口镇方言的代词系统》（2013）等。无论是期刊论文，还是学位论文，都是从人称代词、指示代词和疑问代词三方面描写各类代词的概况和用法；不过，学位论文的描写内容更丰富，还涉及对代词的历时探源、共时比较、类型学考察等内容。

对人称代词的研究，是代词研究中成果最多的一类。其主要内容包括人称代词的形式、意义和用法。从形式来看，人称代词包括单数人称代词和复数人称代词；从意义来看，人称代词包括三身代词和非三身代词。此外，部分论文还探讨了人称代词表领属的情况、人称代词的本字和来源、人称代词的语用功能、人称代词单数的"格"、人称代词的变调以及同其他方言中人称代词的比较等问题。最早对赣方言人称代词进行研究的属陈有恒《湖北蒲圻话的人称代词》（1990），此后影响力比较大的对赣方言人称代词进行研究的论文有：陈昌仪《江西铅山方言人称代词单数的"格"》（1995）、万波《赣语安义方言的人称代词和指示代词》（1999）、汪国胜《湖北大冶方言人称代词的变调》（2003）、肖萍和陈昌仪《江西境内赣方言人称代词单数的"格"之考察》（2004）、王功平《湖北阳新三溪赣语人称代词的变音》（2007）、李含茹《萍乡方言的三身代词》（2010）、卢继芳《都昌方言人称代词"侬"尾及其历史来源》（2012）等。

对指示代词的研究主要包括对指示代词形式、意义和用法的描写与研究。从形式上看，赣方言的指示代词存在"二分"和"三分"的情况，"二分"是指指示代词可分为近指和远指两种情况，"三分"是指指示代词可分为近指、远指、更远指三种情况；从意义上看，指示代词可以分为指示人和物的代词、指示处所的代词、指示时间的代词、指示性状和方式的代词、指示程度的代词等；从功能上看，指示代词有实指、虚指、回指、下指、游移指别、统括指代等功能。此外，部分论文还对指示代词进行了历时溯源及与相近词类的比较等。最早对赣方言指示代词进行专篇研究的属曾昭聪《洞口高沙方言中的三分指示代词及其他》（1995）。此后影响比较大的论文有陈昌仪和蔡宝瑞《吉安市方言的指示代词》（2000）、陈敏燕等《江西境内赣方言指示代词的近指和远指》（2003）、张林林《九江方言的指示代词》（2005）、黄晓雪《安徽宿松方言的"那里"和"那"》（2009）、李康澄《绥宁汉语方言的指示词后置语序类型》（2011）等。

　　对疑问代词的研究，是代词研究中论文数最少的一类，其主要内容也是包括疑问代词的体系、意义和用法。最早单篇论述某一方言中的疑问代词的属李冬香《浏阳北乡话（赣语）的疑问代词"限哉/喊、限"和"害唧/海、害"》（2002）。此外，梅光泽《宿松话的疑问代词"麽"》（2004）专篇讨论了宿松方言疑问代词"麽"的用法。

　　第四，动词。体貌是动词主要的时间范畴之一。赣方言动词的研究，主要是对动词体貌的研究，具体的研究内容可以分为三个方面：①对体貌系统的研究，有期刊论文如徐阳春《南昌方言的体》（1999）、肖萍《对余干方言动词某些体范畴的分析》（2001）等，也有学位论文如王素珍《铅山方言的体研究》（2007）、罗秀云《赣语上高话的体貌系统》（2019）等；②对个别体貌的分析，以对完成体的分析最多，如戴耀晶《赣语泰和方言语法的完成体（上）、（下）》（1995）、杨冬梅《赣语安义方言的完成体》（2010）等；③对体貌标记的研究，如储泽祥《赣语岳西话过程体与定格体的标记形式》（2003）、罗荣华《赣语上高话经历体"来"和完成体"过"》（2013）、罗荣华《赣语上高话的将行体"嗟"》（2013）、唐桂兰《宿松方言中的完成体标记"着""脱""倒"》（2013）、温美姬和温昌衍《江西吉安永阳方言将然体标记［tiau］》（2014）、龙安隆《赣语永新方言的体标记"在 + 指示代词"》（2016）等。

　　对动词体貌系统的研究，有三种描写方法：①简单列举，如罗芬芳《修水赣方言动词的体》（2009）简单列举了修水赣方言完成体、短时体、尝试体、进行体、持续体、反复体、起始体、可能体、结果体、经历体、再次体、结束体、先行体、零形式 14 种体貌形式；②将体貌系统分为体和貌两大类，如罗秀云《赣语上高话的体貌系统》（2019）将赣语上高话的体貌系统分为体和貌两大类，"体"包括现实体、经历体、进行体、持续体、起始体、继续体、短时体、尝试体、反复体、重行体，"貌"包括已然貌、将行貌、先行貌；③将体貌系统分为动态和事态两大类，如习晨《赣语樟树方言的体》（2019）将樟树方言的体貌系统分为动态和事态两大类，动态包括完成体、经验体、完整体、持续体、进行体、起始体、反复体，事态包括将然态、曾然态。

对个别体貌的研究，主要是考察表达某种体貌意义有哪些体貌标记，重点在研究各体貌标记有什么样的形式、意义和功能，有的论文还涉及相近体貌标记的比较以及方言体貌标记与普通话体貌标记的比较、体貌标记的来源或语法化。如杨冬梅《赣语安义方言的进行体》（2009）分为安义方言进行体的语法意义、安义方言进行体的语法形式及用法、安义方言进行体几种语法形式间的联系和区别三部分描述赣语安义方言的进行体，刘辉明《赣语乐安（湖溪）话的完成体》（2008）分别论述了赣语乐安（湖溪）话两个完成体标记"哩"和"了"的用法，并详细比较了二者的异同，黄晓雪《完成体标记的一个来源——以安徽宿松方言的"里"为例》（2008）在描写完成体助词"里"的用法之外还探讨了"里"的来源。

对体貌标记的研究，主要是考察某个体貌标记能够表达哪些体貌意义，重点是考察各体貌标记的形式、意义和功能，也会涉及与相近体貌标记的比较以及与普通话体貌标记的比较、与其他标记的同现及来源等问题。影响比较大的论文有储泽祥《赣语岳西话过程体与定格体的标记形式》（2002）、温美姬和温昌衍《江西吉安永阳方言将然体标记[tiau]》（2014）等。

其实，对体貌标记的研究与对个别体貌的研究相比，研究内容基本相同，只是切入点不同而已。

第五，形容词。关于赣方言形容词的研究，学界主要集中在对状态形容词的研究上。这可以分为两大类：一类是对状态形容词的整体研究，如汪国胜《大冶话里的状态形容词》（1994）、方平权《岳阳方言形容词程度表示法的若干形式和特点》（1994）等；另一类是对状态形容词的某种特定格式的研究，如肖萍《赣语吴城方言的 XA 式状态词》（2008）、曾海清《江西新余方言的"A 里 AB"式形容词》（2016）等。其中，对状态形容词的整体研究或是直接列举状态形容词的各种形式，如刘胜利《萍乡方言形容词的特别格式》（2002）、余玲《赣语余干话形容词的几种生动形式》（2010）等；或是按构成形式将状态形容词分为重叠式、附加式、偏正式等各种形式来讨论，如任燕平《吉安市吉州话中形容词的生动形式》（2002）将吉安市吉州话形容词的生动形式分为偏正式、重叠式、后缀式，刘英、唐艳平《袁州（天台）方言的状态形容词》（2015）将袁州（天台）方言的状态形容词分为前缀状态形容词、后缀状态形容词和中缀状态形容词三类。对状态形容词的某种特定格式的研究主要是从结构形式、表义特点和语法功能三方面来阐述，其中对重叠式形容词的研究比较多，如戴红亮和杨书俊《形容词的一种重叠形式——东至话"老 A 巴 A 的"、"稀 A 巴 A 的"和"BA 巴 A 的"的结构形态及不平衡性分析》（2004）、曾海清《普通话与方言比较视角下的新余方言形容词重叠式》（2010）等。

　　第六，语气词。赣方言对语气词的研究可以分为三大类：①对语气词的系统研究；②对某一类语气词的研究；③对个别语气词的研究。其中，以对语气词的系统研究以及对个别语气词的研究为主要方向，对某一类语气词的研究比较少，只有肖放亮《南昌县（塘南）方言特殊疑问语气词探微》（2015）专门描写了南昌县（塘南）方言的特殊疑问语气词。

　　对语气词的系统研究，有的直接列举各语气词的意义和用法，如汪国胜《湖北大冶话的语气词》（1995）列举了湖北大冶话的 35 个语气词的形式、意义和功能，其中还包括上升尾音和下降尾音；有的根据用于不同句类将语气词分为不同的类型，如言岚《醴陵方言语气词概况》（2007）将醴陵方言的语气词分为疑问语气词、非疑问语气词和多功能语气词三大类，万里凤《南昌方言语气词》（1993）将南昌方言的语气词分为陈述句末的语气词、祈使句末的语气词、疑问句末的语气词和感叹句末的语气词四大类；有的根据语气词在句中的位置将语气词分为句中语气词和句末语气词，如易琼《江西宜春话虚词研究》（2018）；还有的根据语气词的语音特点分类，如曾莉莉、刘英《丰城方言常用语气词研究》（2015）将丰城方言的语气词分为零声母语气词和非零声母语气词两大类。

对个别语气词的研究，主要是对语气词的语音形式、结构分布、语义特征、语法功能、语用功能等方面进行详尽分析和描述，有的还涉及对语气词的来源探析。其中影响较大的论文有徐阳春《南昌话语气词"是"字初探》（1997）、刘平《宜春话的语气助词"着"》（2002）、黄晓雪和朱洪慧《安徽宿松方言的语气词"也"》（2016）、邱斌《江西安福话的语气词"嚯"和"嗽"》（2017）等。

第七，量词。赣方言语法研究中对量词的研究也比较多，按研究内容可以分为对量词系统的研究、对某一类量词的研究以及对个别量词的研究。

对量词系统的研究，如叶丹《黄石方言量词研究》（2010）主要论述了黄石方言特殊的量词句法、几种量词变化形式以及"个"的语法化，钱玉琼《隆回方言量词研究》（2013）则兼顾了量词系统的研究和个案研究。

对某一类量词的研究，有从量词的词性角度来研究的，如汪国胜《大冶方言的物量词》（1993）；也有从量词的表义特点来研究的，如张林林《九江话中表少量量词考察》（2006）；此外，还有不少论文研究了量词的重叠现象，如李康澄《湖南绥宁方言的量词重叠式及历史层次》（2010）、胡绵绵《德安方言量词重叠现象研究》（2017）等。

对个别量词的研究，主要是对量词的语音形式、语义特点、语法功能、语用特征等方面进行详尽的描写，有的论文还会将方言量词与普通话相应量词进行比较、探析其来源并试从理论的角度进行相关的解释。其中影响比较大的论文有万献初《湖北通城方言的量词"只"》（2003）、邹韶华《江西安福话指人量词"只"的特殊用法》（2004）等。

第八，副词。赣方言中有关副词研究的论文，从研究内容方面看，主要有对副词系统的研究、对某一类副词的研究和对个别副词的研究三大类。

对副词系统的研究主要是一些硕士学位论文，基本上是从时间副词、范围副词、程度副词、否定副词、情态副词、语气副词等类别入手，描写各类副词下有哪些具体的副词及其意义和用法，如曾蕾《湖南省洞口县山门镇方言副词研究》（2007）、黄莺《浏阳方言副词研究》（2014）、张旭梅《湖南省攸县酒埠江镇方言副词研究》（2017）等。

对某一类副词的研究，主要有对程度副词、语气副词、时间副词以及反义对立式副词四类副词的研究：①对程度副词的研究，如章新传《余江话中的几个特殊副词》（2009）、陈娥《耒阳方言绝对程度副词探析》（2018）等；②对语气副词的研究，如秦琳《南昌方言语气副词研究》（2012）等；③对时间副词的研究，如刘吉力《湖南华容方言时间副词研究》（2012）等；④对反义对立式副词的研究，如黄攀《泰和方言反义对立式副词研究》（2019）等。

对个别副词的研究，也主要是对程度副词的研究，如陈小荷《清江话和丰城话的程度副词"伤"》（1989）、汪国胜《大冶方言的程度副词"闷"》（1992）等。此外，还有对总括副词的研究，如黄晓雪《宿松方言的总括副词"一下"》（2013）。

第九，介词。对赣方言介词的研究从研究内容的角度可将其分为对介词系统的研究、对某一类或某几个介词的研究以及对个别介词的研究三大类。

对介词系统的研究主要是对介词系统进行分类并描写各介词的意义和用法，如吴启主《常宁方言的介词》（1998）、王众兴《平江城关方言的介词研究》（2008）、肖萍《赣语吴城方言的介词》（2016）等。

对某一类或某几个介词的研究，有的是对某一类具有共同语义特征的介词进行描写，如夏学胜《袁州话空间介词的时域性》（2014）；有的是对某一类具有相同或相近形式的介词进行描写，如张岚玲《浏阳方言"X 哒"类介词研究》（2017）；有的是对具有某种关联的几个介词的研究，如胡云晚《洞口方言的介词"把₁"、"乞₁"和"把乞₁"》（2007）。

对个别介词的研究主要是从意义、用法、句法功能、句子格式等方面详尽描写某一个介词的用法，如黄晓雪和贺学贵《安徽宿松方言引进与事的"在"》（2006）、黄亚芳《江西九江话介词"跟"的研究》（2014）等。

第十，其他虚词。这里所谓的"其他虚词"是指除前面已经专门论述过的虚词及与特定句式相关联的虚词之外的虚词。之所以将这些虚词统一归入一类讨论,主要是因为这些虚词词性多样难以分类,另一方面是因为对该类介词的研究比较少。其中研究得比较少的有结构助词、叹词、具有某种标记功能的介词,而词性多样难以归类的个别虚词研究则比较多样。

对词性多样难以归类的个别虚词的研究,是本部分的主要组成部分,其中对虚词"得"的研究最多,主要内容是详细描写某一个介词的多种用法、来源等相关问题,如汪国胜《大冶话的"倒"字及其相关句式》(1992)、徐阳春《南昌话"得"字研究》(1998)、刘祥友《浏阳方言中的"吖"》(2001)、鲍红《安徽安庆方言"着"的虚词用法》(2007)、邵宜《赣语宜丰话"得"的研究》(2007)、黄晓雪《宿松方言的助词"下"》(2008)、刘斌《赣语湖南攸县方言"过"字的两种用法》(2014)、黄晓雪《安徽宿松方言的助词"里"》(2014)、肖萍《赣语吴城方言中带"得"字的补语》(2015)等。

其他研究得比较少的主要有对结构助词的研究,如龙安隆《江西永新赣方言的结构助词标记》(2017);对叹词的研究,如李婵《湖南临湘方言叹词研究》(2018);对具有某种标记功能的介词的研究,如黄晓雪《安徽宿松方言的转指标记》(2017)。

(2)句法研究

赣方言的句法研究目前主要有对被动句、疑问句、否定句、处置句、双宾句、比较句、祈使句以及特殊结构等的研究。下面我们根据研究成果的多少逐一介绍赣方言句法研究的概况。

第一,被动句。学界对赣方言被动句的考察,主要是从被动标记切入,讨论含有某一个或某几个被动标记的被动句的句法形式、语义特点、语用意义、分布情况等,如范新干《湖北通山方言的"把得"被动句》(2003)从各类基本句式及其差异两方面展开研究,储泽祥《赣语岳西话表被动的"让"字句》(2003)则讨论了赣语岳西话表被动的"让"字句的句法语义表现、语用考察、句式演变路径及相关思考四方面;雷东平《江西安福话的"准"字被动句——兼论使役动词表被动的动因》(2009)主要研究了江西安福话的"准"字被动句的结构、"准"的语法化两方面的内容;徐英《罗田方言的"尽"字被动句》

（2017）从句法形式、语义特点、语用意义、"尽"表被动的来源等几方面研究罗田方言的"尽"字被动句；还有一部分论文则是专篇讨论某一个被动标记，主要描写其用法和来源，如祝敏《"把得"在崇阳方言中的语法化动因和演变机制》（2017）、罗荣华《赣语上高话的被动标记"讨"》（2018）、习晨和罗昕如《论樟树方言被动标记"等"及其语法化》（2019）等。

第二，疑问句。赣方言对疑问句的研究，根据研究内容，可分为对疑问系统的研究和对某一类疑问句的研究两大类。

对疑问系统的研究，主要从是非问、反复问、特指问、选择问等疑问句的结构类型描写某一方言的疑问系统，如邵宜《赣方言（宜丰话）疑问范畴研究》（2009）、肖放亮《南昌县塘南方言疑问句与普通话疑问句比较研究》（2015）等。

对某一类疑问句的研究，有的是从疑问句的结构出发，如李国敏和张林林《九江话里的反复问句》（2000）、龙安隆《赣语永新方言的否定词和反复疑问句》（2016）；有的是从疑问标记出发，如汪国胜《湖北大冶方言两种特殊的问句》（2011）、陈建锋《万安方言中的"阿"字疑问句》（2014）等。

第三，否定句。赣方言的否定句研究都是集中在对否定词的研究，主要是描写否定词的意义和用法、相关结构以及与相近否定词和普通话否定词的比较等内容，如胡清国《南昌话和普通话否定标记的句法差异》（2003）、周洪学《安仁方言三个否定词的用法及比较》（2014）、罗荣华等《赣语上高话的"莫"字句》（2016）、曾春蓉等《茶陵话的否定词"唔曾"》（2017）等。

第四，处置句。赣方言的处置句的研究主要是从处置标记切入研究的，赣方言的处置标记主要有"把""拿""把得"等，如黄晓雪《宿松方言的"把"字句》（2004）、范新干《湖北通山方言的动词"把得"句》（2007）、王建华《江西乐安方言中的处置助词"去"、"来"》（2015）等。需要特别说明的是，作为处置标记的"把"，在部分赣方言中也是被动标记；此外，"把"字在赣方言中除作处置标记外，往往还有动词、量词、助词等多种用法，如汪国胜《大冶方言的"把"字句》（2001）描写了大冶方言"把"字的六种用法。

第五，双宾句。对赣方言的双宾句的研究，主要是从双宾句的结构、动词、宾语、介引成分以及歧义双宾句与双宾兼语混合句等相关方面对双宾句进行详细的分析和描写，如汪国胜《大冶方言的双宾句》（2000）、梅光泽《宿松话中的一种特殊双宾句》（2004）、谢文芳《嘉鱼方言双宾句的配价研究及认知分析》（2010）等。

第六，比较句。赣方言比较句的研究论文比较少，主要有汪国胜《湖北大冶方言的比较句》（2000）、王玉《咸宁方言差比句式特点及语用价值》（2007）、左国春等《江西抚州方言中的比较句式探析》（2007）、戴正和程熙荣《赣语乐平鸬鹚话的比较句》（2009）、曾海清《莲花方言的比较句》（2017）等。

第七，祈使句。对赣方言祈使句的研究成果最少，只有黄晓雪《宿松方言中句末带"佢"的祈使句》（2011）一篇。

第八，特殊结构。赣语句法研究方面，除了对上述句式的研究之外，还有不少对特殊结构的研究，如杨耐思《临湘方言里的动词补足语》（1957）、孙宜志《宿松方言的"一VV到"和"一VV着"结构》（1999）、温美姬《江西吉安方言的"来+NP/VP+来"与"去+NP/VP+去"》（2012）、戴耀晶《泰和方言的领属结构》（2013）、吴剑锋《安徽岳西话的最近将来时构式"等着要（V）"》（2018）等。

（3）语义范畴研究

对特定语义范畴的研究主要有对主观量、程度、亲属称谓和小称的研究。总体而言，研究成果较少。其中，对主观量的研究，如陈小荷《丰城话的主观量及其相关句式》（1997）、罗荣华《赣语上高话的主观量表达》（2011）、张新春和金威《赣语余江话主观量的特殊表达法》（2018）等；对程度的研究，如胡茜《黄石方言的程度表达》（2006）、李艳华《湖南安仁方言中几组有特色的程度标记》（2006）、郭燕《湖南省岳阳县方言的程度表达法研究》（2012）等；对小称的研究，如何天贞《阳新三溪话的小称形式》（1982）、黄群建《湖北阳新方言的小称音变》（1993）、邵慧君和万小梅《江西乐安县万崇话的小称变调》（2006）、郑丹《赣语隆回司门前话的入声小称调》（2012）等。

（4）系统研究

对赣方言语法的系统描写主要见于一些相关专著、学位论文之中，当然也有部分期刊论文简要地对某地赣方言语法进行了系统描写。专著如汪国胜《大冶方言语法研究》（1994）研究了大冶方言的程度副词"闷""很"类程度副词、情意变调、语缀、"倒"字及其相关句式、状态形容词、物量词、代词等，陈小荷《丰城赣方言语法研究》（2012）描写了丰城赣方言的代词、形容词、动词后加成分、句末动词"着"、主观量范畴、跟主客观量有关的句式、疑问句、非疑问句里的语气词、表示"取得"和"给予"的句式、程度副词"伤"等，黄晓雪《宿松方言语法研究》（2014）研究了宿松方言的代词、副词、介词、连词、助词、语气词、语缀以及"把"字句、述补结构及补语标记、比较句、双宾句、疑问句、祈使句和否定句等。学位论文如付欣晴《抚州方言研究》（2000）描写了抚州方言的名词词缀、形容词的生动形式、代词、动词的体、数量词、句式和语序，罗芬芳《修水赣方言语法特色研究》（2011）描写了修水赣方言的重叠法、特色词缀、生动形式、有特色的助词、副词、语气词、量词和拟声词以及动词的体貌表示法、特殊语序、特殊句式等，周洪学《湖南安仁方言语法研究》（2012）研究了湖南安仁方言的语缀、代词、语气词、否定副词以及时体范畴、程度范畴、双宾句、比较句、正反问句、"得"字句、"到"及其相关句式等。期刊论文如吴启主《常宁方言的语法特点》（1983）讨论了常宁方言的代词、数词、量词、助动词、副词、介词、助词和后缀、叹词等词法以及可能补语和宾语的位置、"起"字句、"得"字句、"拿"字句、句类和语气词等句法；曾良《江西赣县方言的语法特点》（1993）讨论了赣县方言的人称代词、后缀"子"、残存的偏项在后的偏正式、后缀"佬""把"表概数、"嗒"字、"得"表能够、结构助词"个""侵"字、语气词"底""太"与形容词的搭配、"添"字、"过"字、判断式、双宾语句式等特色语法；曹保平《都昌方言的几个特殊语法现象》（2005）描写了都昌方言的疑问句、比较句、否定句等句式，进行体、存续体、完成体、尝试体、稍行体、反复体、再行体等体貌，语序变化，"只""个"等结构助词，表程度的语法形式，变音的语法功能等。

1.3.2.2　关于客家话语法研究

根据黄雪贞《客家话的分布与内部异同》（1987），客家话主要分布在广东、广西、福建、台湾、江西、湖南、四川七省区，其中广东、福建和江西三省的客家话分布最为集中。此外印度尼西亚、马来西亚、新加坡、泰国、菲律宾、越南以及美洲的客家聚居区等海外 40 多个国家与地区也有客家话的分布。根据中国社会科学院语言研究所编纂的《中国语言地图集（第 2 版）：汉语方言卷》（2012），客家话可以分为八个方言片：粤台片、海陆片、粤北片、粤西片、汀州片、宁龙片、于信片、铜桂片，其中粤台片又可以分为梅惠小片和龙华小片。限于占有资源的有限性，本书所谓的客家话语法研究，主要是指国内的客家话语法研究。

1.3.2.2.1　客家话语法研究的历时发展

客家话与赣方言关系非常紧密而又复杂，学界关于客赣的分合问题也是一直存在着争议，所以本书也将与赣方言密切相关的客家话的语法研究概况纳入考察范围。客家话语法的研究，与普通话语法研究和赣方言语法研究一样，远远弱于各自的语音、词汇研究。同赣方言研究相比，客家话研究起步比较早，早在清代就有对客家方言的研究。邓晓华、罗美珍《客家方言》（1995）指出，对客家方言的研究可以追溯到清朝时期的黄钊《石窟一征》（1863）。不过，早期的客家方言研究多偏重于对方言词汇的研究，20 世纪 20—40 年代才开始有人用音标研究客家话的语音。至于客家话语法的研究，目前我们搜集到的最早专篇论述客家话语法的论文属林运来《梅县方言名词、代词、动词的一些构词特点》（1957）。该文分三节论述了梅县方言名词的前缀、后缀，代词的人称代词、指示代词和疑问代词三个子系统以及动词的体貌标记。邓晓华、罗美珍《客家方言》（1995）中也指出，"从 50 年代至今的 40 多年里，客家方言研究进入了一个全面发展的阶段"[①]。结合客家话语法相关论文发表的情况，我们将 20 世纪 50 年代以来的客家话语法论文发表数量的历时变化展示如图 1-2：

从图 1-2 我们可以看出，客家话语法研究的历时发展，与赣方言语法研究大致相同：在 20 世纪 50 年代刚起步就停滞十余年，之后再逐步加速发展。与汉语方言语法以及赣方言语法的历时发展不同的是，客家话语法研究在停滞期之后的发展并没有表现出明显的阶段差异，这大

[①] 邓晓华、罗美珍：《客家方言》，福建教育出版社 1995 年版，第 1 页。

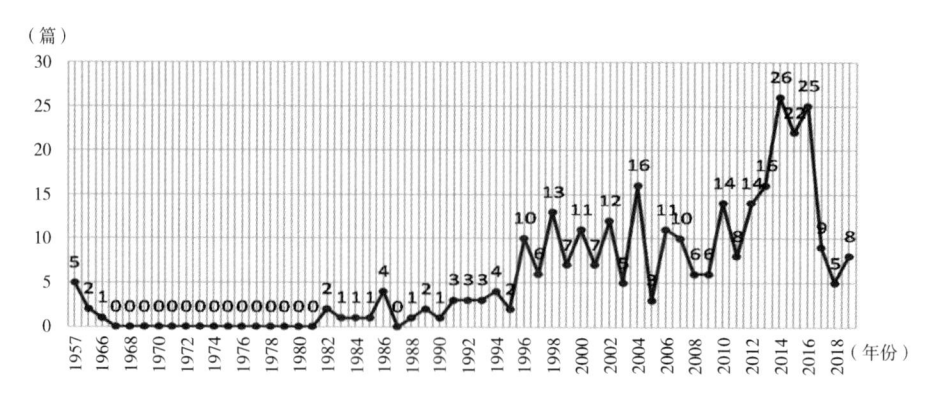

图 1-2　客家话语法论文的历史变化

概与客家话语法研究的相关论文数量不是很多有关。论文数量大致呈高低循环发展的趋势，可能与每两年举办一次的客家方言研讨会相关。

在专著方面，涉及客家话语法研究的专著比赣方言语法研究专著要多得多，主要有：罗肇锦《客语语法》（1984）、李如龙和张双庆《客赣方言调查报告》（1992）、何耿镛《客家方言语法研究》（1993）、林立芳《梅县方言语法论稿》（1997）、项梦冰《连城客家话语法研究》（1997）、李如龙《粤西客家方言调查报告》（1999）、刘纶鑫《客赣方言比较研究》（1999）、詹伯慧《饶平客家话》（2003）、甘甲才《中山客家研究》（2003）、陈晓锦《广西玉林市客家方言调查研究》（2004）、温昌衍《客家方言》（2006）、朱炳玉《五华客家话研究》（2010）、鄢远春《成都客家话研究》（2012）、李小华《闽西永定客家方言虚词研究》（2014）、傅雨贤《连平方言研究》（2015）、王春玲《四川客家方言语法比较研究》（2018）、张桃《宁化客家方言语法研究》（2019）等。

此外，客家方言研讨会自 1993 年开始第一届、1996 年第二届之后，每两年举办一次，迄今已有十三届，并且每一届客家方言研讨会都有会议论文集出版，如《客家方言研究 第二届客家话研讨会论文集》（1998）、《客语千秋：第八届国际客方言学术研讨会论文集》（2010）、《客家方言调查与研究——第十一届客家方言国际学术研讨会论文集》（2016）等。

1.3.2.2.2　客家话语法研究的主要内容

同赣方言语法研究一样，客家话语法研究也可以分为词法研究、句法研究、语义范畴研究和系统研究四个方面。

（1）词法研究

客家话语法的词法研究目前主要有对动词的体貌、语缀、代词、形容词、副词、介词、语气词、其他虚词等的研究。下面我们根据研究成果的多少逐一介绍客家话词法研究的概况。

第一，体貌。客家话对动词的体貌研究，主要有两个视角，一是从体貌角度出发描写各具体体貌有些什么样的表现形式，如饶长溶《福建长汀方言动词的体貌》（1996）、曾毅平《石城（龙岗）方言的体》（1996）、傅雨贤《连平话谓词的体貌探究》（1998）、汪应乐《余干话动词体的表达特点》（2002）、刘纶鑫《江西省贵溪市樟坪畲族客家话动词的体》（2004）、温昌衍《江西石城（高田）方言的完成变调》（2006）、张桃《宁化客家方言动词的体貌》（2016）、杨文波和戴杵彤《惠阳客家话动词的体》（2018）；二是从体貌标记的角度出发考察某个或某几个体貌标记能够表现哪些体貌意义，如刘泽民《瑞金方言的四个体助词》（1997）、邓玉荣《广西贺县（莲塘）客家话的体助词"典"和"倒"》（1998）、饶长溶《关于客家方言体貌助词"啊"》（2001）、张振兴和张惠英《从客家话表示完成的［e］说起》（2002）、庄初升《一百多年前新界客家方言的体标记"开"和"里"》（2007）、李小华《客家方言实现体助词"来"及其探源》（2013）、温昌衍和黄映琼《客家话的完成体助词"来"》（2015）以及《客家话中的体标记"啊"》（2016）等。

第二，语缀。对客家话语缀的研究主要是对某一个或某一类语缀的研究，对语缀进行系统描写的比较少。其中，对某一个语缀进行研究的以对"子"尾研究的最多，有黄雪贞《永定（下洋）方言形容词的子尾》（1982）、刘纶鑫《江西上犹社溪方言的"子"尾》（1991）、马若宏和张思瑶《浅析宁化客家方言名词后缀"子"》（2015）、李燕和王玲娟《江西大塘客家方言中的"子"尾》（2015）、庄初升《客家方言名词后缀"子""崽"的类型及其演变》（2020）等。此外，还有对其他个别语缀的研究，如周日健《五华话"里"尾及其音变》（1998）、卢继芳《都昌方言的"侬"尾》（2002）、温昌衍《石城话的"加 l-

词"》（2008）、练春招《福建武平岩前客家方言的"牯"字》（2013）、温昌衍《两岸客家话中的形容词词缀"滚"》（2014）、李菲和甘于恩《梅州大埔客家方言词缀"呃"探析》（2014）、吴瑞纯《客语中的语尾助词 honn》（2018）等。对某一类语缀进行描写和研究的，有根据语缀所处位置进行研究的，如耿镛《大埔客家话的后缀》（1965）、谢永昌《客家方言前缀举述》（2000）等；也有根据词缀所附词干的性质进行研究的，如刘玄恩《客家话名词后缀的音变和义变》（1985）、林立芳《梅县话形容词词缀》（1992）、曾毅平《石城（龙岗）客话常见名词词缀》（2003）、刘立恒《麻布岗客家方言名词词缀浅探》（2004）等。此外，周日健《广东省惠东客家方言的语缀》（1994）、罗毅《南康（浮石）客家方言的词缀研究》（2014）等对各自方言的语缀都进行了系统描写。

第三，代词。客家方言的代词研究主要有两方面的内容，一方面是描写某一地方言的代词系统，如李作南《客家方言的代词》（1965）、饶长溶《长汀方言的代词》（1989）、项梦冰《连城（新泉）方言的人称代词》（1992）、项梦冰《连城（新泉）方言的指示代词》（1992）、项梦冰《连城（新泉）方言的疑问代词》（1993）、甘甲才《中山客家话代词系统》（2003）等；另一方面主要是对人称代词的描写，如林立芳《梅县方言的人称代词》（1996）、李城宗《玉林市龙文村客家方言的人称代词》（2012）等，尤其是对人称代词的领格问题的研究比较多，如严修鸿《客家话人称代词单数"领格"的语源》（1998）、项梦冰《〈客家话人称代词单数"领格"的语源〉读后》（2002）、周秋伶《客家方言人称领格问题综述》（2013）、温昌衍《也谈客家话单数人称代词领格的语源》（2019）等。

第四，形容词。客家方言对形容词的研究主要集中在状态形容词上，如何耿镛《大埔客家话的性状词》（1981）、章新传《余江话形容词的生动形式》（2002）、严修鸿《XA 式形容词：客家话与赣、湘方言的比较》（2009）等。涉及状态形容词的具体形式，则以对重叠式的研究最多，有邓玉荣《广西贺州（莲塘）客家话几种表示性状的重叠式》（1997）、钟慧琳《客家方言重叠式形容词分析》（2010）、王秋珺《客家话"A 打 A"式词语研究》（2014）等。

第五，副词。对客家话的副词进行研究的主要有蓝小玲《长汀客话的时间副词》（1986）、饶秉才《兴宁市客家话特殊的程度副词》（2002）、严修鸿《粤东北客家话的语气副词 $\eta a\eta^{\circ}$》（2013）、黄小平《赣南客家方言的特殊程度副词"全""认""一"》（2016）、温冰《五华华城客家方言的几个范围副词》（2017）等。基本上是对客家方言特殊的副词进行研究，所涉及方面包括副词的语义特征、语义指向、语法功能和语用分析，有的还对副词的本字、语法化以及地理分布有所研究。

第六，介词。客家话的介词研究，既有系统描写某地方言中介词的意义和用法的，如林立芳《梅县方言的介词》（1997）、曾毅平《石城（龙岗）方言的介词》（2000）等；也有具体描写某一类或某一个介词的用法的，如项梦冰《连城方言的介词"着"》（2000）、郭婉宜《论台湾四县客家话的介词"在"》（2010）、李小华《永定客家方言介词"在"与"到"》（2014）等。

第七，语气词。客家话的语气词研究主要有唐盛发《扶绥县客家话语气词"啊"和"唉"的对立分布关系》（1997）、温珍琴《南康方言的语气词研究》（2002）、丁月香《江西兴国县社富方言语气词的考察》（2014）等。

第八，其他虚词。这里所谓的"其他虚词"，是指除前面已经专门论述过的虚词及与特定句式相关联的虚词之外的虚词。因为这些虚词词性多样难以分类，所以暂时归为一类讨论。主要有饶长溶《长汀方言助词"嚛"和"唎"》（1996）、林立芳《梅县方言的"来"》（1997）、林立芳《梅县方言的结构助词》（1999）、李小华《永定客家方言助词"倒"及"倒"字溯源》（2007）、李小华《永定客家方言补语标记"去"及其探源》（2008）、黄小平《江西宁都客家方言的"呃"》（2014）、温昌衍《石城客家话中的"呃"》（2015）、温昌衍《石城客家话中做补语的"倒"》（2015）、黄映琼和温昌衍《普通话助词"了"在梅州客家话中的对应形式及相关问题》（2017）等。

（2）句法研究

客家话的句法研究主要有对疑问句、否定句、比较句、处置句以及某些特殊结构的研究。

第一，疑问句。疑问句是客家话句法研究中研究得最多的一种句型，主要有项梦冰《连城（新泉）话的反复问句》（1990）、谢留文《客家方言的一种反复问句》（1995）、邬明燕《广东龙川客家方言的反复问句》（2004）、曾毅平《石城客家话的疑问系统》（2010）、温昌衍《石城（高田）客家话的疑问句和疑问语气词》（2016）、黄年丰《龙川客家话的"F－(neg)－VP"型正反问句》（2017）、石佩璇《早期客家话文献〈客话读本〉的反复问句及其历时演变》（2018）、彭运《河池龙案客家方言疑问句的三种类型》（2019）等。

第二，否定句。客家话的否定句研究主要有胡性初《英东话否定句和普通话否定句的比较》（1999）、庄初升和张双庆《从巴色会出版物看一百多年前新界客家话的否定词和否定句》（2001）、温昌衍《客家话否定词"（口＋盲）"小考——从香港新界客家话说起》（2003）、沈媛《江西会昌客家方言否定词及其语流音变》（2014）、温昌衍《石城（高田）客家话的否定词》（2016）等。

第三，比较句。客家话的比较句研究有黄婷婷《广东丰顺客家方言的差比句》（2009）、石佩璇和李炜《早期客话文献〈客话读本〉中的双标式差比句及其相关问题》（2014）、郑縈和谢职全《台湾海陆客家话差比句的类型分析》（2016）等。

第四，处置句。客家话的处置句研究主要有李小华《客家方言的处置标记及其句式》（2013）、钟叡逸《以比较语法看汉语论元引介策略——从客家话非典型处置式"将"字句谈起》（2016）等。

第五，特殊结构。客家话的句法研究，除了对上述句式的研究之外，还有不少对特殊结构的研究，如何耿镛《关于"有"字句和"靠"字句》（1993）、林立芳《梅县方言的"同"字句》（1997）、饶长溶《长汀话的"拿"字句》（2000）、侯小英《梅县方言的"知"字句》（2007）、黄婷婷和庄初升《一百多年前新界客家方言中带"得"的可能式》（2008）、温昌衍《江西石城客家话的领属结构》（2013）、李小华《客家方言的"得"字结构及其性质分析》（2016）、温昌衍《石城客家话的述补结构》（2017）、蒋世凤《博白客家方言口语中的"无"字句研究》（2017）等。

(3) 语义范畴研究

客家话语法研究中,从语义范畴的角度研究语法形式的主要有对亲属称谓、程度、小称等语义范畴的研究,研究成果相对还比较少,主要有谢静《梅州客家方言中的祖辈亲属称谓调查研究》(2011)、熊玲君和肖九根《赣省境内几个客赣称谓词的历时考察与分布成因》(2014)、黄晓煜和温昌衍《两岸客家话亲属称谓比较研究——以梅县话与台湾四县话为例》(2016)、温昌衍《石城客话表微标记"哩"》(2011)、卢惠惠《江西南康客家话中的程度增减标记词"系"与"子"》(2015)、温昌衍《江西石城客家话的小称变调和强化变调——兼论台湾东势客家话[r]^{35}变调》(2019)等。

(4) 系统研究

对客家方言语法进行系统研究的主要是一些专著和学位论文,还有部分期刊论文。相关专著前面已有介绍,这里主要介绍相关的学位论文和期刊论文。学位论文有曾毅平《石城(龙岗)客家方言语法研究》(1998)、张桃《宁化客家方言语法研究》(2004)、黄映琼《梅县方言语法研究》(2006)、黄小平《田林宁都客家话比较研究》(2006)、刘汉银《南康客家方言语法研究》(2006)、邱锡凤《上杭客家话研究》(2007)、郄远春《成都客家话研究》(2009)等,期刊论文有周定一《陕县客家话的语法特点》(1998)、高然《广东丰顺客方言语法特点述略》(1999)、饶长溶《长汀客话几种有点特色的语法现象》(2004)、王秋珺《两岸客家话语法差异说略——以梅县话和四县话为例》(2014)等。

1.3.3 关于吉安方言语法研究

"吉安市方言属赣语吉安片。吉安片是赣客两大方言的缓冲地带,在语音、词汇、语法上都有不少与赣客相同、相近的共性。"[①] 目前收集到关于吉安市方言语法的研究论文55篇。与赣方言语法相比,吉安方言语法的研究呈现以下两方面的特点。

第一,研究总量少,每一类的具体研究也比较少。其中研究得比较

[①] 陈昌仪、蔡宝瑞:《吉安市方言的指示代词》,《吉安师专学报》2000年第1期。

多的有语缀（10篇）、虚词（10篇）、体貌（8篇），但相对赣方言语法的整体研究而言还是比较少；部分语法现象只有一篇论文谈到，如被动句、副词、量词都只有一篇论文谈及。在对吉安市方言语法的研究中，影响比较大的有戴耀晶对泰和县方言的研究、雷东平和胡丽珍对安福县方言的研究、龙安隆对永新县方言的研究、温美姬对吉安县方言的研究等，具体论文大致在上文已经有所提及，在此不再赘述。

第二，还有很多语法现象没有专篇论文来描写和论述，如介词、重叠、否定句、处置句、比较句、祈使句等。

具体到吉安县，研究成果就更少了，主要有温美姬对吉安横江话"V 麽 NP"式问句①、持续体②、两个完成体标记"哩、刮"③、表复数的"禾"④、表方式状态的"物＝哩"⑤等研究。

1.4 研究内容与理论方法

1.4.1 研究内容

本书在充分了解了客赣方言语法研究现状以及对吉安方言进行实地调查的基础上，选取了吉安方言的9种语法现象（语缀、指代、性状、体貌、双宾句、处置句、被动句、否定句、疑问句）对吉安方言语法进行专题研究。每种语法现象都是在对吉安方言进行深入调查的基础上，同普通话以及邻近方言进行比较，借鉴已有的研究成果，尽可能全面地描写和分析吉安方言语法的相关概况，对有浓厚吉安地域特色的语法现象则会重点分析和研究，并努力尝试做一些解释。

1.4.2 理论方法

本书主要依据邢福义先生提出的"小句中枢"理论、"句管控"理

---

① 温美姬：《赣语吉安话的"V 麽 NP"式问句》，《中国语文》2019 年第 3 期。
② 温美姬：《赣语吉安横江话的持续体》，《嘉应学院学报》2017 年第 1 期。
③ 温美姬：《赣语吉安横江话的两个完成体标记：哩、刮》，《嘉应学院学报》2017 年第 9 期。
④ 温美姬：《江西吉安横江话表复数的"禾"》，《中国语文》2012 年第 3 期。
⑤ 温美姬：《江西吉安县横江话表方式状态的"物＝哩"》，《嘉应学院学报》2015 年第 10 期。

论以及"两个三角"理论对吉安方言语法进行详细的分析和描写。

小句"主要指单句,也包括结构上相当于或大体相当于单句的分句"①,小句在汉语各类各级语法实体中居于中枢地位,小句有成活律、包容律、联结律三律。

邢福义(2001)从词的语法性质、词语的表意传情、语句的联结相依、规律的一般与特殊、方言与普通话五个视角论证了"句法机制对各种语法因素的管控作用",并指出"方言的语法差异,只有通过'句管控'的分析,才能够弄清楚"②。

"两个三角"理论,是指邢福义先生提出的"表—里—值"小三角和"普—方—古"大三角。"表—里—值"小三角由语表形式、语里意义和语用价值三方面构成,在具体的语言分析过程中可以分为"表里印证"和"语值验查"两方面;"普—方—古"大三角是由普通话、方言和古代汉语三方面构成,在具体的语言分析过程中可以分为"以方证普"和"以古证今"③。

此外,本书还借鉴了"语法化"理论、语言类型学等相关研究成果分析和描写吉安方言的语法。

本书的研究方法主要有以下几种。

第一,"两个三角"的动态分析方法。主要表现在一方面对吉安方言的语法现象从语表形式、语里意义和语用价值这个"小三角"进行分析和描写,另一方面将吉安方言置于"普—方—古"大三角中进行比较和分析,以凸显吉安方言语法的特色。

第二,语料收集法。主要是通过录音收集自然语料、通过调查表获得专题语料,通过"内省"获得所需语料、通过查阅邻近方言词典以及相关方言专著等方法和资料获取语料。

第三,比较法。包括共时的比较和历时的比较,吉安方言语法的特色只有在同普通话、近代汉语以及邻近方言的比较中才能体现出来。

第四,归纳法。吉安方言语法的规律,只有从大量纷繁复杂的语言现象中归纳才能得来。

---

① 邢福义:《小句中枢说》,《中国语文》1995 年第 6 期。
② 邢福义:《说"句管控"》,《方言》2001 年第 2 期。
③ 邢福义:《汉语语法学(修订本)》,商务印书馆 2016 年版,第 395—449 页。

1.5　本书框架

全书共十一章。第一章为绪论，第二章到第五章分别描写了吉安方言语缀、指代、性状和体貌四种与词相关的语法现象，第六章到第十章分别描写了吉安方言双宾句、处置句、被动句、否定句和疑问句五种与句相关的语法现象，第十一章为本书结语。

第一章绪论。主要是从选题缘由、吉安及吉安方言、研究现状、研究内容与理论方法、基本框架、语料来源与相关体例说明六方面对本书的研究背景作简要介绍。

第二章语缀。本章根据语缀所处的位置，从前缀、中缀和后缀三方面对吉安方言的语缀进行了较为全面、系统的描写和说明。

第三章指代。主要是从人称代词、指示代词和疑问代词三个子系统描写吉安方言的指代范畴，每个子系统都分别从形式、功能和变通用法三方面进行了详细的描写。

第四章性状。可以分为性质形容词和状态形容词两部分，前者包括单音节性质形容词和双音节性质形容词，后者包括加缀式、重叠式、错综式和四字式。

第五章体貌。先从"体貌"的名称、定义以及研究概况和研究方法几方面入手概说体貌，然后以之为指导逐一分析吉安方言的主要体貌，包括完成体、进行体、持续体、经历体、将行体、起始体、继续体、已然体、反复貌、短时貌、尝试貌和重行貌。

第六章双宾句。主要包括五方面的内容：双宾句的结构、双宾句的动词、双宾句的宾语、双宾句的介引成分"得、跟"、歧义双宾句和混合双宾句。

第七章处置句。主要是分析吉安方言的"把"字处置句、"拿"字处置句、"将"字处置句、"捉倒"处置句和混合型处置句五种狭义处置句，同时还分析了吉安方言处置义的其他表达方式和处置句的否定式。

第八章被动句。分有标记被动句和无标记被动句，对吉安方言的被动句进行描写。其中，有标记被动句包括"把"字被动句和"把得"

被动句。此外，还从句法结构、语义特征和语用价值三方面对无标记被动句进行了详细的分析和描写。

第九章否定句。分为"不"类否定句和"冇"类否定句两类，"不"类否定句包括"不"字否定句和"不能"否定句，"冇"类否定句包括"冇"字否定句和"冇得"否定句。同时对四个否定标记"不、不能、冇、冇得"进行了详细比较。

第十章疑问句。疑问句可以从结构和功能两个不同的视角进行描写，其中疑问句的结构类包括是非问句、特指问句、选择问句和正反问句，疑问句的功能类主要描写了反问句和附加问。是非问句可以分为语调型是非问句和语气词是非问句，特指问句可以分为有疑问代词的特指问句和无疑问代词的特指问句，选择问句可以分为用关联词语连接的选择问句和用语气词连接的选择问句，正反问句可以分为"V（麼）不VP"和"V麼NP/VP"两类，反问句可以分为是非型、特指型、选择型和正反型四种类型。

第十一章结语。主要是总结本书的基本认识以及提出有待研究的问题。

1.6 语料来源与体例说明

1.6.1 语料来源

本书相关语料的采集，主要是通过以下四种途径获得。

第一，通过录音收集自然语料。汪国胜《谈谈方言语法研究》（2014）指出自然语料不仅地道、真实，而且包含节律成分。此方法主要是在论文选题阶段以及初始阶段运用。因为本人就是吉安县梅塘乡白竹山村人，所以前期主要是录制自己和家人、亲戚以及朋友之间的自然对话，以增强自己母方言的语感，并在后期的转写过程中辨析吉安方言的特色语法。这也为后期研究阶段提供了丰富的语料。此外，在后期的具体研究过程中，也会设定具体主题录制相关谈话，或者笔者提问，录取发音人的相关回答。

第二，通过调查表或调查问卷获得语料。本书在制定框架的阶段，参考了几个方言语法的调查表，对吉安方言进行了调查，以此初步确定吉安方言有哪些比较有地域特色的语法，哪些值得研究。此外，在后期的具体研究过程中，也会根据研究需要借鉴相关的调查表格或自制调查问卷进行专项调查。

第三，通过"内省"获得语料。邢向东（2008）指出"调查母语语法可以用内省法。如果发现自己的母语方言在某一方面有特点，与其他方言或北京话不大相同，可以用内省的方式，自己想，自己记，最大限度地搜集自己掌握的方言例子"[①]。在每一章节的研究和撰写过程中，本书会在前期收集的语料的基础上，借鉴普通话的相关研究成果以及方言著作和论文等研究成果，根据相关提示择取部分例句翻译成吉安方言，有的是自己翻译，不确定的例句则会和本书的发音合作人核实。此外，在后期的分析研究和成果撰写过程中，也会较多地用到"内省法"，尤其是和普通话以及其他方言进行比较时。

第四，查阅邻近方言词典。因为吉安方言和邻近方言有比较多的共通之处，所以部分语料也可以从相关词典中摘取，或以相关词典为参考进行内省。本书主要参考的词典有熊正辉编纂的《南昌方言词典》（1995）、魏钢强编纂的《萍乡方言词典》（1998）以及肖萍与肖介汉编纂的《江西吴城方言词典》（2017）。当然，词典中的相关语料只是作为语料搜集的一条线索，最终还是需要和发音合作人核实才能采纳的。

第五，通过笔者自拟获取语料。笔者的母语就是吉安方言，在一些对比性比较强的情况下，笔者会自拟语料以便与普通话或相关方言进行比较。自拟的语法例句也是需要经过发音合作人的核实才能最终采用。

本书的发音合作人列表如表1-4：

表1-4　　　　　　　　　本书发音合作人

姓名	性别	年龄	文化程度
裴圣来	男	60	小学
周正莉	女	58	小学
周自声	男	83	小学
肖三妧	女	82	文盲

[①] 邢向东：《谈汉语方言语法的调查研究》，《中文自学指导》2008年第6期。

续表

姓名	性别	年龄	文化程度
裴朝建	男	33	初中
裴端华	女	35	大专
周冬丽	女	55	小学
周求圣	男	52	小学
周美丽	女	51	小学
裴春初	男	59	初中
王济璜	男	53	初中
王小英	女	31	初中
周燕	女	32	初中
周童	女	31	初中
裴莉群	女	32	初中
裴周斌	男	30	大学

1.6.2 体例说明

（1）本书标音一律采用国际音标，行文中在音标外面加上方括号"[ ]"。非轻声音节的调值用数字标示，标在音节的右上方，如"叽晏[tɕi^{42} ŋan^{12}]"。轻声音节在音节的右上方加上标"0"标示，如"卬物[aŋ^{21} u^{0}]"。为避免文章过于烦琐，重要语法点只在首次出现时标音。

（2）方言语料一般采用通行的形式书写，不特意考求本字。对一些吉安方言特有的、难找到本字和音同音近的字，本书用"□"代替，并在后面加注读音。

（3）书中方言例句一律列出普通话对译，普通话对译与方言例句采用同样的字体，但以小一号字体的形式与例句相区别。此外，方言例句中的关键信息下加着重号以凸显，如"箇只细伢哩嗰书包冇拉好，看到哩麽？ 这个孩子的书包没有拉好，看到了吗？"

（4）在例句前加"*"，表示该例句不成立；在例句前加"?"，表示该例句部分人觉得成立，部分人觉得不成立；在例句中出现"/"，表示"/"两侧的成分是二选一的替代关系。例句如果是对话，则用"A:""B:"表示不同的话语参与者；例句如果是举例子的比较，则用

"a.""b."表示不同的比较项。本书例句分章节编码，用阿拉伯数字加（）排序。

（5）本书使用的一些常见字母符号如表1-5：

表1-5　　　　　　　　　　常见字母符号

S 主语	O 宾语	O$_\text{直}$ 直接宾语
O$_\text{间}$ 间接宾语	C 补语	N 名词
NP 名词性短语	V 动词	VP 动词性短语
VVV 动词重叠	neg 否定词	

第 2 章　语缀

韩陈其《汉语词缀新论》(2002)指出"汉语在词、短语、句子这三个层级上都存在着程度、性质不尽相同的羡余现象,这种羡余现象往往可以用'缀'这个术语表示"[①]。目前学界关于"缀"的研究成果非常丰富,所涉及的相关术语及其概念内涵也是各种各样,有"词缀""语缀""类词缀""类语缀""前缀""中缀""后缀""类前缀""类中缀""类后缀""词尾""语尾"等。曹跃香《与"词缀"有关的术语使用情况考察》(2009)对这些术语进行了比较详细的分析和比较,本书不再赘述。不过,曹文在处理"词缀"和"语缀"之间的纠葛时,认为"带缀即词","词缀"与"语缀"是功能相同、内涵相同的两个对等概念。我们不赞同把词缀等同于语缀的观点。

就"词缀"和"语缀"这两个术语而言,"词缀"是在传统语言学影响下早就开始使用的术语,"语缀"则首先是由吕叔湘先生在《汉语语法分析问题》中提出的,是指附着在词根或词以及短语之后的附缀成分,还包括"一般语法书里没有明确性质的'似的、的话'"[②]等语法成分。因为这些附缀成分所附的不仅仅是词(或词根),还有短语,所以吕先生提出"语缀"这一术语来代替"词缀"。不过学界对此又有不同的看法:大多数学者认为"语缀"只是"词缀"的又称,二者的内涵并无区别;有的认为"语缀"和"词缀"是相互区别的两个对立的概念,"词缀"粘附于词根,是构词法的研究内容,"语缀"粘附于短语或者句子,是构形法的研究内容,如邵敬敏《汉语语法专题研究》(2003:56)、徐杰《词缀少但语缀多——汉语语法特点的重新概括》

[①]　韩陈其:《汉语词缀新论》,《扬州大学学报》(人文社会科学版)2002年第4期。
[②]　吕叔湘:《汉语语法分析问题》,商务印书馆1979年版,第48页。

(2012)、董思聪《汉语语缀：理论问题与个案研究》（2019：2）等；有的认为"语缀"是包含"词缀"的上位概念，"语缀"是附着在词、短语或句子上的附缀成分，其中附着在词上的附缀成分为"词缀"（又叫"构词语缀"），如刘海章《荆门方言研究》（2017：147-148）、王宏佳《湖北咸宁方言的语缀》（2006）等。结合吕先生提出"语缀"这一术语的初衷，以及学界对"语缀"的新近研究，我们赞同第三种观点，认为"语缀"是包含"词缀"的上位概念。

我们所谓的"语缀"，是指以曲折和派生等手段参与形态变化或构词的黏着成分[①]，分布位置的定位性以及语义的虚化是一个语素成为语缀的必要条件。理论上讲，它不仅可以是词内语素，还可以是附着于短语和句子层面的附缀，如徐杰《词缀少但语缀多——汉语语法特点的重新概括》（2012）就指出语缀包含各种助词、量词、附属标记以及某些充当结果补语的语法单位。但结合学界目前的研究状况，我们这里所谓的附着于句子层面的语缀，大多数学者认为是虚词。所以，本章在实际操作中，暂时只描写吉安方言词和短语层面的"缀"。

现代汉语的语缀，从其所处位置来看，可以分为前缀、中缀和后缀；从其本身语义的虚实程度来看，可以分为典型语缀和类语缀。典型语缀是附着于词根语素、意义完全虚化的语缀，如"阿、子、儿"等；类语缀是介于词根与典型语缀之间的语缀，如"小、禁、气、佬"等。

典型语缀和类语缀都是定位语素，这是它们成为"缀"的一个必要条件。此外，它们在语义上都有所虚化，在构词方面都有一定的能产性，都有范畴化的功能。典型语缀与类语缀的区别主要表现在以下三方面：

第一，语义的虚化程度方面。典型语缀的语义一般已经完全虚化，类语缀的语义一般还没有完全虚化。这是划分典型语缀与类语缀的主要依据，但完全虚化与不完全虚化，没有一个可操作的标准。所以，典型语缀与类语缀只能是一个大概的区分，二者之间并没有明确的界限。

第二，与词根的关系方面。典型语缀与词根"只有位置上的关系，

[①] 董思聪在《汉语语缀：理论问题与个案研究》（2019：2）中将之称为"词缀"。

没有意义上的关系"①，二者在构词方面处于平等的地位。类语缀与词根不仅有位置上的关系，还有意义上的关系。如"外国佬、日本佬、湖北佬"等，词干"外国"和"佬"不仅仅有位置上的关系，还有意义上的关系，"外国"和"佬"之间往往可以有短暂的语音停顿。

第三，读音方面。典型语缀往往读作轻声，类语缀往往可以读作本调，但这也不是绝对的。

需要说明的是，以上只是典型语缀与类语缀的大概区分，典型语缀与类语缀没有明确的界限划分，所以下文对吉安方言各语缀的分类也只是粗略的，可能有些分类会造成争议。

2.1 前缀

前缀，是粘附于词根之前的附缀，又称"词头""接头部""前附加成分""前加成分""前置成分""前附加""前附""前加"等②。前缀分为典型前缀和类前缀，类前缀是指介于词根和地道的前缀之间的语素。

2.1.1 典型前缀

典型前缀是指位于词根之前、意义完全虚化的语缀。典型前缀与其相对应的词干处于平等的地位。也就是说，如果把典型前缀删除，词根是不成词的，不能单用。

2.1.1.1 老

普通话的前缀"老"主要有三种用法：①放在指人或动物的名词前，构成名词；②放在单音姓氏前，用作称呼，语气比直呼姓名亲切；③放在二到十的数字前，表示兄弟的排行③。吉安方言的前缀"老"［lao⁴²］也有上述三种用法：

第一，附着在指人或动物的名词性语素前，构成表人或动物的普通名词，"老"起标记名词特性的作用，如"老师、老板、老百姓、老

---

① 朱德熙：《朱德熙文集（第　卷）》，商务印书馆1999年版，第37页。
② 张清源：《现代汉语知识辞典》，四川人民出版社1990年版，第220页。
③ 吕叔湘：《现代汉语八百词（增订本）》，商务印书馆1999年版，第350页。

虎、老鼠"等。

第二，附着在单音姓氏前，表示对年长或熟悉者的称呼，"老"不仅有构词作用，还能拉近与被称呼者的关系，如"老王、老李、老周、老胡"等。与之相对应的是"小"，如"小王、小李、小周、小胡"等。

第三，附着在"二"及其后的序数前，表示家中兄弟姐妹的排行，如"老大、老二、老三、老四、老五"等。"老几"是对这类排行的问询。"老几"前加"算"，往往用于反问句，带有轻蔑的意味，如"你算老几咯？去管人家嗰事"。这种用法与普通话相比，吉安方言语缀"老"没有"老幺"的说法，取而代之的是"老足"，也可以说"最细嗰"或者"弱足哩"。

此外，吉安方言的前缀"老"还可以附着在少数表示亲属称谓的名词性语素之前构成亲属称谓词，或者附着在部分普通名词性语素之前构成普通名词，"老"的增加使该名词带有更多的亲昵意味，如"老兄、老弟、老者老头子、老婆、老公、老表、老娘、老爹、老同、老庚、老乡"等。还可以附着在部分表人名的名词性语素前，表示亲昵，如"老童、老燕、老文"等。

2.1.1.2 初

吉安方言的前缀"初"[tsʰu³⁴]，同普通话的前缀"初"一样，一般附着于数词性语素"一"至"十"之前，构成"初X"，表示农历一个月前十天的次序，如"今日初一，明日初二。初五要陪小娘，初六结婚，初七要回门"。"十"以后的数词性语素前不能加"初"，而是单纯的数词就能表示次序，如"八月十五过中秋节，十六卬物一起来去回过冷节麽？"此外，"初X"可前加限定词，对"初X"进行修饰限制，如"年年大年初一，卬物下会去资国寺烧香拜菩萨""年年初四，卬物下会买只蛋糕跟卬家姆妈过生日"。"初一"也可后加"日"，用来强调"初一"这一天的特殊性，如"一个初一日就骂人"。

此外，"初一、初二、初三"还可以表示"初级中学一年级、初级中学二年级、初级中学三年级"。这里的"初"不是语缀，而是缩略形式的词根。

2.1.1.3 第

吉安方言的前缀"第"［tʰi³¹］，一般附着于数词性语素前，构成"第X"，表示次序或排名，如"第一、第二、第三、第四、第五"等。如果不是单纯的排序，其后通常还会接量词或量名组合，如"第一工、第二年、第三个、第四回、第五件事"等。在语意明确的情况下，量词或量名组合可省去不用。例如：

（1）箇只一回考第二名，□［kʰo³⁴］硬哇！要继续加油晓得麽？争取期末考试考第一！<small>这次考了第二名，很厉害！要继续加油，知道吗？争取期末考试考第一。</small>

2.1.1.4 阿

吉安方言的前缀"阿"［a⁰］是使用范围极小、能产性很低的一个语缀，只有"阿公<small>外公</small>、阿婆<small>外婆</small>"两个词，且只有小孩在说不出"外公、外婆"的情况下用"阿公、阿婆"代替。其他情况下吉安方言同普通话一样，一般也用"外公、外婆"。

此外，吉安方言还有一类前缀式状态形容词，如"巴老、蹦硬、焦干、咪烂"等。这类状态形容词的前缀，由于意义已经完全虚化，看不出其本义，大多数只有表音作用，所以也是典型前缀。但这类前缀构词能力比较低，大多数与词根只有一对一的关系。所以，在此不一一详述此类状态形容词的前缀，在本书后面的"性状"章节再详细论述。

2.1.2 类前缀

类前缀又叫准前缀，是指介于词根和地道的前缀之间的语素，它构词能力强，位置一般固定于词根之前，能构成很多结构类型相同的词。类前缀与典型前缀，最主要的区别在于类前缀的意义还没有完全虚化。此外，类前缀与词干处于不平等的地位，如果把类前缀删除，词根往往还能独立成词。在读音方面，类前缀一般不读轻声。吉安方言的类前缀主要有"小、禁"。

2.1.2.1 小

《现代汉语词典（第七版）》指出普通话的前缀"小""用于称人、

排行次序、某些人等"①。吕叔湘《现代汉语八百词（增订版）》（1999）则从"小+名""小+动""小+形""加在姓氏前面，指年轻人；加在人名前面，指小孩"四方面详细描写了普通话前缀"小"的用法。② 吉安方言的前缀"小"［ɕiau⁴²］主要有以下两种用法：

第一，放在单音姓氏之前，用于称呼晚辈或年纪小的人，如"小李、小王、小周、小罗、小杨"等。若用于同龄人之间，则更多的是表达一种亲昵意味，多用于不是最常见且和"小"组合后朗朗上口又好听的单音姓氏，如"小裴、小关、小苏"等。与之相对应的是"老"，如"老李、老王、老周、老杨、老裴、老关、老苏"等。

第二，加在名字前，多用作晚辈或年纪小的人的昵称，如"小英、小莲、小兰"等。

此外，吉安方言还有一个与"小"用法比较接近的"细"，一般附着于亲属称谓前，表示亲属的排行，如"细爷爷、细婆婆、细外公、细外婆、细舅舅、细姑姑、细姨姨、细嫂嫂"等。与之相对应的是"大"，如"大爷、大婆、大外公、大外婆、大舅舅、大姑、大姨、大嫂"等。"细"（"大"）虽然与"小"用法相近（相反），但由于其意义还没有虚化，表示排行最末（第一），所以我们将"细"（"大"）认定为词根，将虚化了的"小"认定为类词缀，没有虚化的"小"仍然是词根。

2.1.2.2 禁

吉安方言的"禁"［tɕin³⁴］可以附着在单音节的及物动词前，构成形容词，表示"耐用"或"禁得起"的意思，如"禁穿、禁用、禁喫"等。"禁"的能产性较弱，所附动词一般是日常生活中最常用的单音节动词。组合后的形容词可以受"真嘓、蛮、有咋嘓、不"等的修饰。例如：

（2）箇双鞋哩真嘓禁穿，卬穿了三年都还是好嘓。这双鞋子真耐穿，我穿了三年都还是好的。

（3）箇种洗头水一发哩都不禁用，一瓶还用不得一个月。这种洗发水一点儿都不耐用，一瓶还用不了一个月。

---

① 中国社会科学院语言研究所词典编辑室：《现代汉语词典（第七版）》，商务印书馆2016年版，第1439页。

② 吕叔湘：《现代汉语八百词（增订版）》，商务印书馆1999年版，第580页。

2.2　中缀

中缀是嵌于两个词根中间的附缀，又称"词嵌""词腰""间缀""中置成分""中附加成分""中附加""中加"等。吉安方言的中缀比较少，主要有"哩""啦"和"咕"等，都是用于构成状态形容词的语缀。例如：

哩［li⁰］：小哩小气、傻哩傻气、叽哩呱啦、稀哩糊涂、啰哩啰唆、古哩古怪。

啦［la⁰］：干啦干净、清啦清楚、滂啦滂饱。

咕［ku⁰］：瑞咕瑞圆、瑞咕瑞壮。

2.3　后缀

后缀是粘附于词根之后的附缀，主要表示语法意义或者概括的词汇意义，又称"词尾""语尾""接尾部""后附加成分""后置成分""后附加""后附""后加"等[1]。大多数方言后缀的数量都远远多于前缀的数量。吉安方言的后缀分为典型后缀和类后缀，典型后缀主要有"仔、子、哩"等；类后缀则非常丰富，主要有"气、头、呗、崽、骨、牯、佬、牯佬、精、包、匠、巴、物、㘎、色（哩）、味（哩）"等。下面分别介绍吉安方言的典型后缀和类后缀的形式、意义和功能。

2.3.1　典型后缀

典型后缀是位于词根之后，意义完全虚化的语缀。典型后缀所附的词根，可以是不成词语素，也可以是成词语素。

2.3.1.1　仔

颜森《黎川方言的仔尾和儿尾》（1989）指出，黎川方言的仔尾根据前字韵尾的不同，可以读作［ɛ iɛ mɛ nɛ ŋɛ］等不同读音。吉安方言的"仔"［ne⁰］后缀，读音上与黎川方言的仔尾具有相似性，所以本

---

[1] 张清源：《现代汉语知识辞典》，四川人民出版社1990年版，第220页。

书也用"仔"字表示。吉安方言的"仔"后缀，同"子、哩"功能相似，附着于名词性语素之后构成表物的名词。"仔"一般读轻声，调值随其前语素的变化而变化。吉安方言中加"仔"后缀的名词，分类列举如下：

第一，肢体器官。吉安方言中带"仔"后缀的表肢体器官的名词只有"肠仔"一例。

第二，动物。吉安方言用"仔"后缀称代动物的有"□［tɕioŋ³⁴］仔鸟儿、蚊仔、猫仔、羊仔、鱼仔"等。

第三，植物。吉安方言用"仔"后缀称代植物的有"秧仔、蒜仔、梗仔"等。

第四，食品。吉安方言用"仔"后缀构成的食品名词有"粽仔"等。

第五，日常用品及其他。如"钉仔、绳仔、镜仔、墩仔、凳仔、盆仔、箱仔、罐仔、缸仔、瓶仔、篮仔、栏仔、棍仔、扇仔、棚仔、摊仔、园仔、装仔用来制作酒的一种大木桶"等。

2.3.1.2 子

吉安方言的后缀"子"［tsi⁰］，附着在名词性语素之后构成表物的名词，附着在形容词性语素之后则构成表人的名词。"子"一般读轻声，调值随其前的语素变化。吉安方言中加"子"缀的名词非常多，这里列举主要几类如下：

第一，指人名词。带"子"缀的指人名词，一般含有贬义，如"告花子、人贩子、痞子、疯子、蠢子、聋子、哑子、哑巴子、矮子、胖子、瘦子、高子、骗子、猛子、麻子、瞎子、结巴子、酒癫子、婆子、拐子、侄子"等。

第二，肢体器官。如"鼻子、眼珠子、肥跌子眼珠、面子、脑子、腰子、利子舌头"等。普通话的"肚子、肠子"，吉安方言不用"子"尾表示，分别用"肚哩、肠仔"称代。

第三，动物。吉安方言用"子"缀称代动物的比较少，目前只收集到三例，"狮子、猴子、燕子"。吉安方言也有"鸡子、鸭子"的说法，但并不是用来指称动物"鸡、鸭"，而是指称"鸡的蛋、鸭的蛋"，且"子"读本调，不读轻声。

第四，植物。吉安方言用"子"缀表示植物类或者植物果实类的有"秧子、翘子、梨子、橙子、蕹子像丝瓜的另一种瓜、□[ŋiɛ¹²]子丝瓜、蒜子、葱子"等。

第五，食品。吉安方言用"子"构成的食品名词，主要是指手工制作的小点心之类，如"饺子、包子、圆子肉丸子、油子油炸面团"等。

第六，日常用品及其他。如"车子、轮子、板子、帽子、房子、窗子、椅子、钳子、起子扳手、泡子、毯子、毽子、靴子、位子、筷子、盘子、链子、沙子、金子、银子、种子、月子、条子、日子、雪子、机子、胡子、簿子、夹子"等。

2.3.1.3　哩

"哩"[li⁰]也是吉安方言中比较常见的后缀，同"子"一样，一般都附着于名词性语素之后构成表人或表物的名词，也有部分附着于动词性语素之后构成表物的名词。"哩"一般读轻声，调值随其前语素的变化而变化。吉安方言中加"哩"缀的名词也比较多，这里列举主要几类如下：

第一，指人名词。吉安方言中带"哩"后缀的指人名词较少，目前共搜集到四例，"女崽哩女孩子、细伢哩男孩子、毛伢哩小婴儿、队哩大队"。前三个"哩"后缀带有指小的小称功能，后一个"哩"后缀带有指集体的大称功能。

第二，肢体器官。吉安方言中带"哩"后缀的表肢体器官的名词只有"肚哩"一例。

第三，动物。吉安方言用"哩"缀称代动物的有"鸟哩、狗哩、鸡哩、鸭哩、鹅哩、兔哩、鸽哩"等。

第四，植物。吉安方言用"哩"后缀表示植物类或植物果实类的有"菇哩、竹哩、木哩、桃哩、茄哩、橘哩、豆哩、子哩、蒲哩、芋哩、柿哩"等。

第五，食品。吉安方言用"哩"后缀构成的食品名词，是指手工制作的小点心之类，如"油饺哩、宝哩、麻糕哩"等。

第六，时间。吉安方言的"哩"后缀名词还可以指称时间，如"日哩、夜哩"等。

第七，日常用品及其他。如"鞋哩、桌哩、袜哩、架哩、服哩裤子、筛哩、珠哩、叉哩、刷哩、裓哩、渣哩、袋哩、盒哩、柜哩、屎锅哩、篓哩、居哩_{塞子}、搔哩_{盖菜罩}、杯哩、盖哩、刨哩、钩哩、壶哩"等。

2.3.2 类后缀

类后缀又叫准后缀，是指介于词根和地道的后缀之间的语素，它既不是十足的词，又不是十足的词缀。一般来说，类后缀的构词能力都比较强。与典型后缀相比，类后缀的语义没有完全虚化。吉安方言的类后缀主要有"气、头、呗、崽、骨、牯、佬、牯佬、精、包、匠、巴、物、嗰、色（哩）、味（哩）"等。

2.3.2.1 气

吉安方言的"气"[tɕʰi⁰]缀，一般可以附着在名词、动词或形容词性语素之后，与之组合成名词或形容词。"气"的虚化程度较高。例如：

a. 火气、脾气、福气、手气、学生气、志气；

b. 土气、洋气、小气、大气、老气；

c. 运气、怨气。

其中，a组中"气"缀附着于名词或名词性语素之后，构成名词；b组中"气"缀附着于形容词或形容词性语素之后，构成名词或形容词；c组中"气"缀附着于动词或动词性语素之后，构成名词。

2.3.2.2 头

吉安方言的"头"缀没有典型后缀"子、哩、仔"多，用法也比普通话要简单些。北京话的"头"缀可以附着在名词性词根、动词性词根和形容词性词根之后标示名词，也可以附着在方位词之后标示方位词。而吉安方言的"头"缀一般只能附着在名词或名词性语素之后，没有什么实际意义，只用于增加音节，是一种构词成分。常见的可以分为两类：

a. 足头、砖头、石头、前头、桥头、日头、码头、骨头、枕头、大头；

b. 拳头、馒头、揩头、来头、零头、号头。

其中，a类中的"头"读作轻声[xiəu⁰]，b类中的"头"读作本调[tʰəu¹²]。

2.3.2.3 呗

吉安方言的"呗"[pei⁰]缀，一般附着于方位词之后标示方位词，或者附着于指示代词之后指示方位，如"后呗、出呗、底呗、上呗、下呗、箇呗、个呗"等。不过，吉安方言中同样表示方位的词"前、左、右"不能加"呗"缀表示方位，而是分别加"头"缀或"边"缀，构成"前头、左边、右边"。各方位词的后缀不能互相替换，即用"呗"缀的不能用"头"缀或"边"缀，如"后呗"不能说成"后头"或"后边"；同理，用"头"缀的不能用"呗"缀或"边"缀，用"边"缀的不能用"头"缀或"呗"缀。

2.3.2.4 崽

吉安方言的"崽"[tsei⁰]缀，一般附着在动物名词之后，表示幼小的动物；也可以附着在物品名词之后，表示该物品比较小；还可以附着在表人名词之后，表示该人比较幼小。"崽"缀的虚化程度不高，大部分带"崽"缀的名词都保有"崽"的"儿子"义，表示小称。根据其附着对象的不同可以分为四类：

a. 鸡崽、鸭崽、狗崽、鱼崽、牛崽、猫崽、猪崽；
b. 凳崽、鞋崽、服崽、袜崽；
c. 卵崽、擘崽、奶崽；
d. 毛伢崽哩、女崽哩、细伢崽哩。

其中，a类中的"崽"缀所附着的都是动物名词，加"崽"缀表示刚出生的某种动物，比较幼小；b类中的"崽"缀所附着的是物品名词，加"崽"缀表示该物品体积小、重量轻，总体上比较轻巧；c类中的"崽"缀所附着的都是人体器官，加"崽"缀表示该器官在人体器官中比较小，且一般位于某个大的人体器官的末端或表面；d类中的"崽"缀所附着的都是表人名词，加"崽"缀表示刚出生或幼小的孩子。

2.3.2.5 骨

吉安方言的"骨"[kuɛ⁰]缀，一般附着在人体肢体器官名词或此类名词性语素之后，指称某肢体的整体，如"嘴骨、手骨、足骨、腰骨、背骨、龙骨"等。"骨"读轻声，其调值随其前语素的变化而变化。

2.3.2.6 牯

吉安方言的"牯"[ku⁰]缀，一般附着在动物名词之后，表示某动物的雄类，如"牛牯、猪牯、猫牯"分别表示公牛、公猪和公猫。吉安方言中，"王牯"也表示公牛，"胆猪、猪咖"也表示"公猪"。

吉安方言的"牯"缀，也可以附着在人体肢体器官名词后，表示该部位的某部分或该部位突出的某骨头，如"膝牯、足牯、手牯、螺丝牯哩"等。"牯"读轻声，其调值随其前的语素变化。

吉安方言的"牯"后缀，还可以用来表示人，如"贼牯"等。

2.3.2.7 佬、牯佬、精、包

吉安方言中的"佬[lau⁰]、牯佬[ku³⁴ lau⁰]、精[tɕin⁰]、包[pau⁰]"都是指人的类后缀。此类后缀的增加，使原词根增加了相应的贬损义。

"佬"缀一般附着于地名或国别名之后，表示某一地或某一国的人，如"湖北佬、日本佬、外国佬"等；也可以附着于动词或名词之后，表示某一类人，如"缺力佬、乡巴佬"等。"佬"缀一般只能表示在对人的称谓中，不能用在对牲畜的称谓中。由于用"佬"缀的称谓带有一定的贬损义，所以这种称谓多用于背称。如果在社交场合，要告诉对方自己是哪里人，吉安方言不能用"佬"，也同普通话一样用"人"，即一般说"卬是吉安人"，不说"卬是吉安佬"。

"牯佬"缀同"佬"缀一样，用于名词称谓中，不过，"牯佬"的能产性远远低于"佬"。吉安方言中常用含"牯佬"缀的称谓有"山牯佬"和"兵牯佬"。

"精"缀一般附着于名词或动宾结构之后，构成指人名词。"精"的本义是指妖精，吉安方言的类后缀"精"是指在某方面比较突出的人，多用于贬损义，如"马屁精、害人精、磨人精"等。

"包"缀在吉安方言中比较少见，目前只收集到"草包无能的人、脓包无能的人、嘿包能吃的人"三例，都是指责别人的詈辞。

2.3.2.8 匠

吉安方言的"匠"[tɕʰioŋ³¹]缀，表示拥有某种技艺的一类人，如"泥滴匠、木匠、篾匠"等。

2.3.2.9 巴

吉安方言中用"巴"[pa⁰]缀构成名词的有"哑巴、尾巴、结巴、泥巴、下巴"等。"巴"的虚化程度较高，没有什么实际含义，只有构词功能。

2.3.2.10 物

在吉安方言中，后缀"物"[u⁰]一般附着在单数人称代词之后，构成复数人称代词，如"卬物、你物/伲物、渠物"；也可以附着在亲属称谓词或表人名词后，表示以某人为代表的一类人，如"外婆物、冬丽物"等。严格意义上讲，"物"构成人称代词的复数时是构词语缀，附着在人名或指人短语之后时是构形语缀，表示复数的语法意义。

吉安方言的"物"，大体相当于普通话的"们"，但用法比"们"简单。普通话的"们"还可以附着在某些指人名词之后表示多数，如"女士们、同志们、乡亲们、朋友们"。吉安方言的"物"没有这样的用法，要表示相同或相近的意思，吉安方言往往是通过在这些名词前加"箇叽 这些、个叽 那些"表示，如"箇叽女咖、箇叽老乡、个叽朋友"等。

2.3.2.11 嗰

吉安方言中，若没有特殊的语缀来表示具有某一共同特征的一类人，则用"嗰的"[ko⁰]表示，主要可分为以下两类：

a. 卖菜嗰、卖肉嗰、要饭嗰、教书嗰、开车嗰、作田嗰、卖鱼仔嗰、守门嗰、扫垃圾嗰、摆摊仔嗰；

b. 男嗰、女嗰、高嗰、矮嗰、胖嗰、瘦嗰、好嗰、差嗰、坏嗰、白嗰、黑嗰、雪白赖祥嗰、墨乌居哒嗰、烂了哩嗰。

其中，a 组"嗰"缀附着在动词或动词性短语之后，表示以某一行谋生的一类人；b 组"嗰"缀附着在形容词或形容词性结构之后，表示具有某一特征的一类人或一类事物。

此外，有些带"嗰"缀的名词性结构还有相应的正式用法，往往含有尊敬的意味，如"教书嗰"还可以称为"老师"，"开车嗰"还可以称为"司机"，"作田嗰"还可以称为"农民"。

2.3.2.12 色（哩）

吉安方言表示颜色主要有以下三种说法：

a. 白嗰、黑嗰、红嗰、绿嗰、黄嗰；

b. 白色、黑色、红色、绿色、黄色；

c. 白白色哩、黑黑色哩、红红色哩、绿绿色哩、黄黄色哩。

其中，b组说法偏向书面，a、c两组是吉安方言比较土俗的说法。a、b两组意思一样，统称某一种颜色，但存在书面和土俗的区别。同"嗰"缀一样，我们认为"色"[sɛ⁰]和"色哩"[sɛ⁰li⁰]也是吉安方言的类语缀，一般附着在颜色词之后。"X色"和"XX色哩"不仅有书面和土俗的区别，还有色度上的区别："X色"为我们一般所统称的颜色，"XX色哩"的色度比"X色"要浅，相当于"浅X"，如"绿绿色哩"相当于普通话的"浅绿"。

2.3.2.13 味（哩）

吉安方言表示味道也主要有以下三种说法：

a. 甜嗰、苦嗰、麻嗰、酸嗰；

b. 甜味、苦味、麻味、酸味；

c. 甜味哩、苦味哩、麻味哩、酸味哩。

这三种说法之间的区别与表示颜色的三种说法之间的区别一样，在此不赘述。需要说明的是，b、c两组"味"[uei⁰]和"味哩"[uei⁰li⁰]所附词根必须是单音节味道词，双音节或多音节味道词后不能再加后缀，如"揪酸"不能说"揪酸味"或"揪酸味哩"，"黏咸"不能说"黏咸味"或"黏咸味哩"，但能说"揪酸嗰""黏咸嗰"。

此外，吉安方言还有"臭嗰""臭气哩"表示气味的说法。

2.4 小结

本章在整理目前学界关于词缀和语缀相关研究的基础上，认为语缀是包含词缀的上位概念。语缀是指以曲折和派生等手段参与形态变化或构词的黏着成分，其中参与构词的语缀叫构词语缀，也叫词缀。语缀可以根据其所处的位置分为前缀、中缀和后缀，每一类又可以根据其语义的虚实程度分为典型语缀和类语缀。

吉安方言的语缀也可以分为前缀、中缀和后缀。前缀主要有典型前缀"老、初、第、阿"和类前缀"小、禁",中缀主要有"哩、啦、咕"三个用于构成状态形容词的语缀,后缀主要有典型后缀"仔、子、哩"等和类后缀"气、头、呗、崽、骨、牯、佬、牯佬、精、包、匠、巴、物、嗰、色(哩)、味(哩)"等。

第 3 章 指代

指代即指示、称代。吉安方言表示指示、称代的词同普通话一样可分为三个子系统：人称代词、指示代词、疑问代词。本章主要介绍吉安方言代词的三个子系统的形式、功能和用法。

3.1 人称代词

人称代词是"称代人或物的代词"①。现代汉语的人称代词以"我""你""他"为基础，形成配套形式，配套形式之外还有表复称、旁称和总称的人称代词。它们因为都具有游移泛代性，与典型的三身人称代词共同构成现代汉语的人称代词系统。吉安方言的人称代词，从系统层面看与普通话一样，以三身代词为典型，以其他表复称、旁称和总称的人称代词为辅助，共同构成吉安方言的人称代词系统。

3.1.1 人称代词的形式

表 3-1   吉安方言人称代词形式表

	第一人称	第二人称	第三人称
单数	印 [aŋ^{21}]	你 [n̠in^{21}]/信 [ɕin^{21}]	渠 [tɕie^{42}]
复数	印物 [aŋ^{21}u^0]	你物 [n̠in^{21} u^0]/信物 [ɕin^{21} u^0]	渠物 [tɕie^{42}u^0]

---

① 邢福义：《汉语语法学（修订本）》，商务印书馆 2016 年版，第 179 页。

续表

复称	自家 [sɿ⁴²ka⁰]
旁称	人家 [n̠in²¹ka⁰]、别嗰 [pʰie³¹ko⁰]、旁人 [pʰoŋ¹²n̠in¹²]
总称	大家 [xai⁴²ka⁰]

从表 3-1 可以看出，吉安方言的人称代词系统总体上和普通话比较相似，以"卬""你/信""渠"为基础形成人称代词单复数的配套形式，配套形式之外还有表复称、旁称和总称的人称代词。与普通话相比，吉安方言人称代词的地域特色主要表现在第一人称单数"卬"、第二人称单数"信"、第三人称单数"渠"以及复数词尾"物"。其中第一人称单数"卬"和复数标记"物"在整个汉语方言中都是极少见的。此外，吉安方言也没有表第二人称敬称的代词形式，复数人称代词没有包括式和排除式的词汇形式的区别。

3.1.2 人称代词的功能

3.1.2.1 单数人称代词

从表 3-1 中我们可以看出，吉安方言的单数人称代词同普通话的读音不同，第一人称代词为"卬 [aŋ²¹]"，第二人称代词为"你 [n̠in²¹]"和"信 [ɕin²¹]"，第三人称代词为"渠 [tɕie⁴²]"。其中，第二人称代词"信 [ɕin²¹]"，在吉安方言中比较少见，在笔者的调查过程中，发现该人称代词只偶尔出现在年纪较大的人的话语中，且用法和"你"一样。此外，第二人称代词"你"的敬称，吉安方言不用"您"。

从句法功能的角度来看，吉安方言的单数人称代词同现代汉语的单数人称代词一样，都可以作主语、宾语、定语，其中作主语和宾语的情形比较简单。举例如下：

(1) 卬最讨厌箇种人。我最讨厌这种人。
(2) 渠昨日冇来学堂。他昨天没来学校。
(3) 你动不动就是晓得骂卬哇。你动不动就是知道骂我呀。
(4) 卬问你呐，箇叽肉炒死哩是麽可以喫几工？我问你哈，这些肉是不是炒熟了可以吃几天？

(5) 箇只野物嗰飞了去楼上去哩,去把渠捉落来。这个牲畜飞到楼上去了,去把它捉下来。

作定语的情形比较复杂,可以有以下几种领属形式。

第一,单数人称代词+家+亲属称谓词或指称亲属的名词。例如:

(6) 卬家姆妈最会舞菜。我妈妈最会炒菜了。
(7) 你家爷爷身体还蛮康健哇?你爷爷身体还挺好的吧?
(8) 渠家爸爸带渠去敦厚去哩。他爸爸带他去敦厚了。
(9) 箇只是卬家外甥。这个是我外甥。
(10) 你家姑丈在广东开哩只咋嗰厂啦?你女婿在广东开了一个什么厂呀?
(11) 渠家芬芬旧年生哩一对双胞胎。他家芬芬去年生了一对双胞胎。

这里的"家"大致相当于普通话的"的",区别在于普通话的"的"可用可不用,吉安方言里的"家"不能省。此外,"卬家、你家、渠家"后边若不加亲属称谓词或指称亲属的名词,它们的意思就不是普通话"我的、你的、他的"的意思了,而是相当于普通话的"我家、你家、他家"。例如:

(12) 卬家跟你家得有行嘞。我家和你家是亲戚呢。
(13) 全村嗰人下不喜欢渠家。全村的人都不喜欢他家。
(14) 箇只山上嗰茶子树下是渠家嗰。这山上的茶子树都是他家的。

第二,单数人称代词+嗰+一般名物词。例如:

(15) 卬嗰线车把人家偷了哩。我的自行车被别人偷了。
(16) 你嗰桌哩太矮哩。你的桌子太矮了。
(17) 渠嗰书包刮邋麽刮邋却哩。他的书包太脏了。

这里的"名词"在语境支持下是可以省略的,即人称代词与结构助词"嗰"构成"嗰"字短语,一起在句中作主语、宾语。例如:

(18) 箇本簿子是你嗰,卬嗰比箇新。这本本子是你的,我的比这新。
(19) A:箇本书是哪个嗰?这本书是谁的?
    B:是卬嗰,不是你嗰。是我的,不是你的。

第三,单数人称代词+量词+名词。例如:

(20) 卬件衣裳哪去哩?我这件衣服哪去了?
(21) 你叽钱还有□[tɕʰin¹²]找到啦?你那些钱还没有找到吗?
(22) 渠双鞋哩真嗰好看。她那双鞋子真好看。

（23）卬叽书下哆湿哩。这些书都淋湿了。

第四，单数人称代词+表示处所和方位的词或短语。例如：

（24）芳芳立了在卬左边。芳芳站在我左边。

（25）渐哆跟了在你后呗。渐哆跟在你后面。

（26）丽丽坐了在渠前头。丽丽坐在她前面。

（27）今日不去渠个哩。今天不去她那里。

（28）渠话等下来你箇哩。他说等会儿来你这里。

3.1.2.2　复数人称代词

"卬物、你物/信物、渠物"分别是吉安方言的第一人称、第二人称、第三人称复数，它们是在单数人称代词的基础上加复数词尾"物"形成的。按照李蓝《汉语的人称代词复数表示法》（2008）对汉语人称代词复数表示法的研究，吉安方言人称代词的复数表示法属同用型增标法。所谓同用型，是就三个人称之间的复数表示法的匹配关系来说，吉安方言并没有因为人称不同而更换复数表示法。所谓增标法，是指在单数人称代词上增加一个复数标记表示复数。在李蓝调查的443个汉语方言点中，使用同用型增标法表示人称代词复数的方言点有288个。可见，吉安方言人称代词的复数表示法，并没有什么特别之处。不过，吉安方言人称代词的复数标记"物"，在汉语方言里却是极少见的。

本书将吉安方言人称代词的复数标记记为"物"，是基于江蓝生《说"麽"与"们"同源》（1995）、雷东平和胡丽珍《江西安福方言表复数的"物"》（2007）以及邱斌《〈江西安福方言表复数的"物"〉记音献疑》（2009）等的研究。江蓝生（1995）指出"物"的本义是"等类、色样"，"实词'物'朝着不同的方向虚化为疑问代词'麽'和复数词尾'们'两个不同的语法成分"①。雷东平、胡丽珍（2007）详细分析了加在单数人称或某些表人名词后表复数的"物"的用法和分布，并进一步证实了"们"来源于"物"。不过，该文将安福方言的复数词尾"物"的读音记为[muət^{31}]，出生于安福县（平都镇）的邱斌先生则根据自己的母语语感与实地调查，认为"安福话表复数的

---

① 江蓝生：《说"麽"与"们"同源》，《中国语文》1995年第3期。

'物'一般读作［vu^{31}］"①。所以，吉安方言的复数标记也可记为"物"，不过读音为［u^0］。

"物"，作为一个复数标记，不只出现在单数人称代词之后表复数，还可以出现在亲属称谓或表人名词后，表示以某人为代表的一类人。例如：

（29）好久到接外婆物咯？什么时候去接外婆她们呀？（亲属称谓）

（30）冬丽物，你物是麽在哪堵车咯？冬丽，你们是不是在哪堵车了呀？（表人名词）

从句法功能看，吉安方言的复数人称代词可以在句中作主语、宾语、定语。例如：

（31）卬物在喫点心。我们在吃中饭。（作主语）

（32）你物喫面呐？你们吃面条呀？（作主语）

（33）渠物是麽在楼上瞓咯？她们是不是在楼上睡觉呀？（作主语）

（34）你在屋下还样式指靠卬物。你在家还什么都指望我们。（作宾语）

（35）不当呐你物样，你物先喫七月十四。不跟你们一样，你们以前是吃七月十四。（作宾语）

（36）箇只睿哆跟浙哆时常话卬，话卬时常是打渠物。这个睿哆和浙哆经常说我，说我经常打他们。（作宾语）

（37）你话卬物嗰窗帘要配咋嗰样子嗰窗帘？你说我们的窗帘要配什么样的窗帘？（作定语）

（38）你物箇是在哪头咯？在你物学堂？你们这是在哪里呀？在你们学校？（作定语）

（39）多发几只渠物嗰视频来嘞。多发几个他们的视频来吧。（作定语）

其中，复数人称代词作定语直接修饰中心语时，中心语的范围比较宽泛，不像单数人称代词只能直接修饰纯方位词或方所指示词。当中心语是类亲属称谓"老师、班主任"或处所名词"学堂、教室、食堂"等时，复数人称代词和中心语之间一般不加助词"嗰"。例如：

（40）卬物班主任在后呗，赶快走！我们班主任在后面，快走！

（41）渠物食堂比你物食堂大多哩。他们食堂比你们食堂大多了。

---

① 邱斌：《〈江西安福方言表复数的"物"〉记音献疑》，《中国语文》2009年第1期。

以上是复数人称代词直接作句子成分，即单独作句子成分。吉安方言的复数人称代词还可以间接作句子成分，即"以同位语的身份和本位语一道去作句子成分"①。例如：

（42）嘎又是你物两只牯牯哩跟屋下咯。现在又是你们两个人孤孤单单在家哟。

（43）卬物箇叽新妇跟箇哩带麽，渠就有搭半下手。我们这些媳妇在这里带嘛，她就不会帮一下忙。

（44）你物叽外甥女还要麽问下问下，卬家箇两只废黄土嗰，有哪个来半下。你们这些外甥女还时不时候下，我家那两个没谁来看一下。

（45）哎呀，箇是你物自家嗰小问题。哎呀，这是你们自己的小问题。

（46）你物哪个听到哩发一个号码得卬嘿。你们谁听到了发个号码给我吧。

3.1.2.3　其他人称代词

3.1.2.3.1　复称人称代词

复称人称代词又叫反身代词，是复称主体自身的一种代词。"自家[sʅ⁴² ka⁰]"是吉安方言的复称人称代词，相当于普通话的"自己"，复指前面出现的人或物，与"人家[ŋin²¹ ka⁰]"相对。可作为光杆复称人称代词独立使用，在句中作主语、宾语、定语和状语。作定语时必须加"嗰"。例如：

（47）毕哩业就自家找工作呗。毕了业就自己找工作呗。

（48）把自家也会气死。会把自己气死。

（49）咋嗰是自家嗰娘舞好唠。怎样都是自己亲妈来好呢。

（50）箇发哩火会自家黑了。这么一点儿火会自己灭了。

作定语时，也可与单数人称代词、复数人称代词结合，构成复合反身代词，带有强调的意味。例如：

（51）卬自家坐哩都动不得，卬还抱得个细伢哩？我自己坐着都动不了，我还抱得了娃？

（52）你就是话你自家做主张。你就说你自己拿主意。

（53）卬话看渠自家安排。我说看他自己安排。

（54）卬嘎在卬家自家屋下。我现在在我自己家。

---

① 李思明：《〈水浒全传〉〈红楼梦〉中人称代词复数表示法》，《安庆师范学院学报》（社会科学版）1985年第1期。

（55）慢渠物自家有解决方案。等一下他们自己有解决方案。

3.1.2.3.2　旁称人称代词

旁称人称代词也叫别称人称代词，是指说话人和听话人以外的人。吉安方言的旁称人称代词有"人家［n̠in²¹ka⁰］""别嘓［pʰie³¹ko⁰］"以及"旁人［pʰoŋ¹²n̠in¹²］"。其中"人家"使用频率最高，与复称人称代词"自家"相对。在句中可作主语、宾语、兼语和定语。作定语时，除在方位短语前外，"人家"和中心语之间一般都要加定语标志"嘓"。例如：

（56）人家累得要死还会来煮？要煮哪日不晓得喊渠物去？人家累得要死还会来煮？要煮的话哪天不知道叫他们去吗？

（57）信，养刚呢，你有叽事也要交代人家哇？你，生的时候，你有些事也要交代别人吧？

（58）不晓得，卬有去问箇叽事，问哩人家不喜欢，是哇？不知道，我没去问这些事，问了人家不喜欢，是吧？

（59）渠身上痞哩痞哩有只起哩，超人家嘓福。他什么都没有，全是托别人的福。

旁称人称代词作定语时，也可后加名词或者名词性词组构成同位词组，一起充当句子成分，使句子含有较为生动的语气。例如：

（60）人家小英家就是提前哩哇。人家小英家就是提前了吧。

（61）你听到人家裴端华话麽？你听到人家裴端华说吗？

（62）人家箇叽扫厕所嘓几千块钱一个月。人家这些扫厕所的几千块钱一个月。

以上是吉安方言"人家"表旁称人称代词的用法。其实，"人家"在吉安方言中还有名词用法。例如：

（63）信家一家人家就个个咳，端端还不能回吧？你们一家人就个个都咳嗽，端端还没有回来吧？

此外，吉安方言中表旁称的人称代词，除了"人家"之外，还有"别嘓"和"旁人"。其中"别嘓"可以指称人、事物、处所等，"别嘓"后加"人"则只能指称人。"旁人"泛指自己或某人、某些人之外的其他人、另外的人，有时引申为"陌生的人"。例如：

（64）一年到头冇去□［tɕʰin⁴²］看下，人家旁人也会话嘞。一年到头没去看一下，人家其他人也会说呀。

(65) 哪是自家人，不理不扯，等呐旁人样啯。哪里是自己人，一点都不理会，像陌生人一样。

3.1.2.3.3　总称人称代词

总称人称代词是指称一定范围内的所有人的代词。吉安方言的总称人称代词是"大家［xai^{42}ka^0］／［xai^{31}ka^0］"（［xai^{42}ka^0］为吉安方言的白读音，［xai^{31}ka^0］为吉安方言的文读音），其意义和用法与普通话的"大家"大体相同，可在句中作主语、宾语、定语，作定语时"大家"和中心语之间必须加上助词"啯"。例如：

(66) 有雨去哩，大家一起来去上工咯。没雨了，大家一起开始干活吧。

(67) 到哩年底，厂底呗会发发哩奖金跟大家。到了年底，厂里会发点儿奖金给大家。

(68) 队哩要把山上叽树下卖了嗟，总要征求下大家啯意见吧？大队要把山上的树都卖掉，总得征求下大家的意见吧？

当句子中除"大家"外还出现了其他人称代词或名词时，这人或这些人往往不在"大家"的指称范围之内。例如：

(69) 卬不可能因为你一个人啯事去得罪大家哇。我不可能因为你一个人的事去得罪大家吧。

此外，"大家"还可与复数人称代词组合构成同位词组一起充当句子成分，在句中表示复指和强调。普通话的这种用法用例就比较少，我们搜索北京大学 ccl 语料库，发现用到"我们大家"的语料共1774条，"你们大家"223条，"他们大家"101条。吉安方言的这种用法就更少了，以"你物大家"为多，"卬物大家""渠物大家"极少见或不自然。例如：

(70) 你物大家来听下嘞，看哪个话哩有理。你们大家伙儿来听听，看看谁说得有理。

(71) 只要你物大家喫哩开心，卬就开心。只要你们大家伙儿吃得开心，我就开心。

3.1.3　人称代词的变通用法

具有游移泛代性的人称代词，在进入具体语境之后的实际运用中，都是分别实现各自具体的指代功能的。如单数人称代词"卬"指说话者本人，是第一人称单数；复数人称代词"卬物"指以说话者为焦点的若干人，是第一人称复数。如果代词进入具体语境之后不是实现各自的指代功能，即不是起到本应该起到的作用，那么，便是人称代词的活用。

3.1.3.1 单复数变易

所谓单复数变易，是指"以单数形式表达复数的内容，以复数形式表达单数的内容"①。例如：

(72) 你找印家爸爸有咋啯事咯？你找我爸有什么事吗？

(73) 印家老公一下就回来哩，你跟箇哩坐下嘞。我老公等一下就回来了，你在这里坐会儿吧。

3.1.3.2 人称变易

所谓人称变易，是指某些人称代词在句中不是表示其本身的意义和用法，而是在具体的语境中产生了其他的变易用法，即"以'你'表'我'，以'你'表'他'"（邢福义，2016：182）等。例如：

(74) 箇只细伢哩太刁哩，你就拿渠有办法。这个小孩太调皮了，你就拿他没办法。

(75) 箇只狗哩又来哩，赶快去把渠赶走。这条狗又来了，快去把它赶走。

(76) 你还笑人家，你家还不是一只。你还笑人家，你家还不是一个。

例(74)，"你"即"印"，以"你"代"我"，能使听话人更容易理解说话人想要表达的意思，使听话人仿佛亲身体验过一样。例(75)，"渠"即"它"，"渠"用来指物，往往是在句中作宾语，复指前边出现的名词，此例中"渠"复指前面出现的"狗哩"。例(76)，"人家"即"渠"，以"人家"表"她"，使句子富有更多的主观情感和态度，语气更为丰富，此例含有俏皮的意味。

3.1.3.3 游动称代

所谓游动称代，是指一些人称代词（如"我""你""他"）在特定的语境中有所指，但又"跟具体人物没有固定性的联系"（邢福义，2016：183）。例如：

(77) 下是自家人，跟箇哩你怪印，印怪你，有咋啯意思咯。都是自己人，在这里你怪我，我怪你，有什么意思嘛。

(78) 你物跟箇哩你一句，渠一句，净是嚼叽冇油冇盐嘞，吵麼就会吵死。你们在这里你一句，他一句，净是说些没油没盐的话，会被你们吵死。

---

① 邢福义：《汉语语法学（修订本）》，商务印书馆2016年版，第182页。

前一例的"你""卬",后一例的"你""渠",在句中都指特定范围内的某一个人,但它们都没有跟具体人物产生固定性的联系,其所指称对象是游动的。

此外,需要说明的是,吉安市内不同的乡镇,甚至是相隔较近的不同村庄,人称代词也会有所不同。与笔者家乡所在村庄土家垄相隔约4公里的陈坑村,人称代词的复数标记就不同,试比较:

(79)土家垄:卬物箇哩啯山箇多哩多。我们这儿的山这么多。

(80)陈坑:还是你嗯好咯,看卬嗯,月饼还冇,咋啯还冇嘟。还是你们好哟,看我们,月饼也没,什么都没呢。

前一例为笔者家乡所在村庄,复数词尾用"物";后一例为相隔约4公里的陈坑,复数词尾用"嗯"。

3.2 指示代词

指示代词是"指别人或事物的代词"①。现代汉语的指示代词以"这""那"为基础形成配套形式,可指别方所、时间、数量、性状等。吉安方言的指示代词,从系统层面看,与普通话比较接近,但又有不同之处——接近之处在于吉安方言也是以"箇""个"为基础形成配套形式,不同之处在于代词的数量和用字不同。"箇"相当于普通话的"这","个"相当于普通话的"那",二者的读音在吉安方言中比较接近,表现为二者声母和韵母相同,只是声调有所区别,前者读为 [ko^{12}],后者读为 [ko^{42}]。

此外,吉安方言在表近指、远指的配套形式之外,还有通过延长指示代词的音长表示更远指、最远指的指示代词。因其出现频率远不如近指、远指代词频繁,本书不将其列入成套系统之内。例如:

(81)箇哩一只瓶哩,个哩一只鞋哩,个…哩一只烂碗,个……哩还有一把烂扫帚,够哇死卬去捡耶。这儿一个瓶子,那儿一只鞋子,那儿一个破碗,那儿还有一把破扫把,真够我来收拾的。

(82)箇丘田是卬家啯,个丘田是雷公家啯,个…丘田是朝光家

---

① 邢福义:《汉语语法学(修订本)》,商务印书馆2016年版,第180页。

嗰，个……丘田是富德家嗰。这亩田是我家的，那亩田是雷公家的，那亩田是朝光家的，那亩田是富德家的。

上述例句中的指示代词，词汇形式一样，指示代词"个"的音长越长，所指代的处所就越远。不过，在日常生活中，像这样近指、中指、远指等都要表述出来又有明确界限的场景并不多，更多的是"箇"和"个"的单用或对举。

需要说明的是，吉安方言远指代词的用字目前学界还不统一，本书遵从刘纶鑫《客赣方言比较研究》（1999）和胡松柏《赣东北方言调查研究》（2009）的用字。

3.2.1 指示代词的形式

表3-2　　　　　　　　吉安方言指示代词形式表

	近指	远指
指代人或事物	箇 [ko^{12}]	个 [ko^{42}]
	箇叽 [ko^{12}tɕi^{0}]	个叽 [ko^{42}tɕi^{0}]
	箇只 [ko^{12}ta^{0}]	个只 [ko^{42}ta^{0}]
	箇咕 [ko^{12}ku^{0}]	个咕 [ko^{42}ku^{0}]
	箇个 [ko^{12}ko^{0}]	个个 [ko^{42}ko^{0}]
指代处所	箇哩 [ko^{12}li^{0}]	个哩 [ko^{42}li^{0}]
	箇头 [ko^{12}xiəu^{0}]	个头 [ko^{42}xiəu^{0}]
	箇边 [ko^{12}piɛn^{0}]	个边 [ko^{42}piɛn^{0}]
	箇呗 [ko^{12}pei^{0}]	个呗 [ko^{42}pei^{0}]
	箇兜 [ko^{12}təu^{0}]	个兜 [ko^{42}təu^{0}]
指代性状	箇能（嗰）[ko^{12}nəŋ^{0}ko^{0}]	个能（嗰）[ko^{42}nəŋ^{0}ko^{0}]
	箇子（嗰）[ko^{12}tsi^{0}ko^{0}]	个子（嗰）[ko^{42}tsi^{0}ko^{0}]
	箇样子 [ko^{12}ioŋ^{0}tsi^{0}]	个样子 [ko^{42}ioŋ^{0}tsi^{0}]
	箇 [ko^{12}]	
指代时间	箇时间呢 [ko^{12}sø^{12}kan^{0}nen^{0}]	个时间呢 [ko^{42}sø^{12}kan^{0}nen^{0}]
	箇下 [ko^{12}xa^{0}]	个下 [ko^{42}xa^{0}]
指代数量	箇发（哩）[ko^{12}fa^{0}li^{0}]	个发（哩）[ko^{42}fa^{0}li^{0}]
指代程度	箇 [ko^{12}]	

从表 3-2 可以看出，吉安方言同普通话一样，是以"箇""个"为基础构成配套形式，绝大部分指示代词是复合指示代词。吉安方言的指示代词要比普通话的指示代词丰富一些。

3.2.2 指示代词的功能

3.2.2.1 指代人或事物的代词

3.2.2.1.1 箇、个

"箇"[ko^{12}]相当于普通话的"这"，"个"[ko^{42}]相当于普通话的"那"；不过，二者在功能上与普通话的"这""那"有较大差异。总体来说，吉安方言"箇"的功能比普通话"这"的功能复杂，"个"的功能比普通话"那"的功能简单。下面分别描述吉安方言"箇"和"个"的功能。

首先来看"箇"的功能。

第一，相当于普通话"这"，指代人或事物。可单独在句中作主语或宾语例（83），也可后加量词修饰单数名词语一起在句中作主语或宾语例（84），或后加数量短语修饰复数名词语例（85）。其中例（85）用法中若量词为"年、工天、夜"等表示时间的准量词，则其后不必再加名词语；若量词为"年、工天、夜"等表示时间的准量词之外的量词，则复数名词语在特定的语境中可加可不加。例如：

(83) a. 渠话哪日接了回间呢喊渠家表弟来接，箇就是渠嘞方案嘞。他说哪天接回去的时候叫他表弟来接，这就是他的方案呀。

b. 有叽垯呢是喫箇，裴家是喫七月十五嘞。有些地方是吃这个，裴家是吃七月十五呀。

(84) a. 箇本疫苗本上呗有一个疫苗针就打一个咯，你不打你哪日到学校还是要去打。这本疫苗本上有一个疫苗就打一个呗，你不打以后去学校还是要打。

b. 㤘是想你箇部车嘞，你就作二手车卖了得㤘哇。我是想要你这辆车呢，你就当二手车卖给我吧。

(85) a. 肺炎好像是箇几年出来嘞，先莺芝个时间呢都冇得肺炎嘞疫苗针。肺炎好像是这几年出来的，以前莺芝那个时候都没有肺炎的疫苗。

b. 箇两只（废黄土嘞）有用，冤枉带了哩。这两个（小屁孩）没用，白白带大了。

第二，相当于普通话"那"，指代前文谈的某种状况，一般位于句首，有引出话题的作用。例如：

（86）A：你物跟屋下有麼菜喫咯？你们在家里有没有菜吃呀？

B：冇菜喫咯！嘎喫咋嗰啦？冇咋嗰菜。没菜吃哟！现在吃什么呀？没什么菜。

A：箇冇菜喫要去买菜喫咯。那没菜吃要去买吃吧。

（87）A：得屋下渠自由发哩。在家里她自由点儿。

B：箇肯定咯。这肯定呀。

第三，和"个"对举使用，表示泛指，在句中作主语或宾语，也可直接修饰名词一同作主语或宾语。例如：

（88）渠老是话箇不舒服个不舒服。她总是说这不舒服那不舒服。

（89）卬箇边又要洗衣裳又要喫饭，又要舞箇舞个。我这边又要洗衣服又要吃饭，又要做这做那。

（90）渠来就来唡，最起码提箇东西提个东西要提哇，姆妈煮正呐饭煮正呐菜，渠提下来医院也可以哇。他来就来呗，最起码提这东西提那东西要提吧，妈妈做好了饭菜，他提一下来医院也可以吧。

第四，吉安方言中的"箇"，有时候不能直接替换成普通话的"这"或"那"，只能位于句首，起回指和连接的功能，具有承上启下的作用。例如：

（91）A：卬上半日是洗不完。我上午是洗不完的。

B：上半日都洗不完？上午都洗不完？

A：还有卬物两个人嗰，箇哩还冇洗完。还有我们两人的，这里还没洗完。

B：箇日日洗叽衣裳会腻死。这天天洗这些衣服就会烦死。

（92）A：箇你不作紧晏发哩，说不定，十一月中旬，说不定卬提前呐。那你不干脆晚点儿，说不定，十一月中旬，说不定我提前呢。

B：诺，你十二月好久咯？啊，你十二月什么时候哟？

A：卬十二月七号嘞。我十二月七日呀。

B：箇，箇晓得守你守到好久去啦。这，这哪知道守你守到什么时候呀。

"箇"除上述用法之外，还可以指代性状和程度，将在下文相应章节展开详细的描述。

然后来看"个"的功能。

吉安方言的"个",相当于普通话的"那",指代较远的人或事物。可单用例(93),也可后加量词修饰名词语一起在句中作主语或宾语例(94)或后加数量短语修饰名词语例(95),还可和"箇"对举使用,泛指人或事物例(96)—例(98)。例如:

(93) 个是哪个咯?那是谁呀?

(94) a. 个栋屋是𠮿家舅舅家嗰。那栋房子是我舅舅家的。
　　　b. 渠去个只山上耙柴去哩。他去那座山上耙柴了。

(95) 𠮿家个两只废黄土嗰,冇哪个来半下,冇打个电话回。我家那俩小屁孩,没谁来一下,没谁打个电话回来。

(96) 就是老者箇让渠,个让渠,哼一句乖乖哩,日日是老者去煮饭。就是老头这也让着她,那也让着她,哼一句就乖乖的,天天是老头去煮饭。

(97) 箇也要,个也要,你有麽箇多钱?这也要,那也要,你有没有这么多钱?

(98) 一下做箇,一下做个,冇话把哪一只事做完来。一会儿做这,一会儿做那,不会说先把哪一件事做完。

比较吉安方言中"箇"和"个"的功能以及普通话中"这"和"那"的功能,我们可以发现:吉安方言中的"个"相对于"箇"来说,功能要简单很多;相对普通话的"那"来说,也还是少了很多功能。这大概和吉安方言"箇"有普通话"那"的部分功能相关。

3.2.2.1.2　箇叽、个叽

"箇叽"[ko^{12}tɕi^0]相当于普通话的"这些",可以指示较近的两个或两个以上的人或事物,或较近的多数的时间或地点,也可以指代前文出现的两个以上的人或事物。"个叽"[ko^{42}tɕi^0]相当于普通话的"那些",指示较远的两个以上的人或事物,也可以指代前文已出现过的两个以上的人或事物。例如:

(99) 箇叽人出发哩还是会出发哩嘞。这些人出力还是会出点儿的。

(100) 箇叽垱呢冇半兜树。这些地方没一棵树。

(101) 渠开头话箇叽东西下捡好哩麽咯?她刚刚说的这些东西都收拾好了吗?

(102) 个叽人立了跟只学堂门口做咋嗰啦?那些人站在学校门口做什么呀?

(103) 个叽山上下栽哩橘哩树。那些山上都种了橘子树。

从句法功能方面看，吉安方言的"箇叽"和"个叽"可单用，也可后加表人、事物、处所等的词语，在句中作主语、宾语或定语。例如：

(104) 渠也不问一句箇叽下正常麽啦。他也不问一句这些都正常吗。

(105) 卬在出呗日日喫箇叽，喫哩越加。我在外面天天吃这些，吃了更加会变胖。

(106) 卬不是先伢买哩家具啦，买哩家具嘎星期六箇叽人就送了来哩，上门安装。我不是之前买了家具吗，买了家具现在星期六这些人就送过来了，上门安装。

(107) 看到箇叽泥不狗啯就讨厌。看到这些脏不拉几的就讨厌。

(108) 卬问你呐，箇叽肉炒死哩是麽可以喫几工？我问你哈，这些肉炒熟了是不是可以吃几天？

(109) 像箇叽煎啯东西啦，卬在出呗少喫。像这些煎的东西呀，我在外面很少吃。

3.2.2.1.3 箇只、个只，箇咕、个咕，箇个、个个

吉安方言的"箇只"[ko¹² ta⁰]、"个只"[ko⁴² ta⁰]、"箇咕"[ko¹² ku⁰]、"个咕"[ko⁴² ku⁰]、"箇个"[ko¹² ko⁰]、"个个"[ko⁴² ko⁰]都是由指示代词加量词组合而成，指示单数的人或事物。其中，最常用的是"箇只""个只"，相当于普通话的"这个""那个"；其次是"箇咕""个咕"，在吉安方言里含有厌烦、嫌恶的语气；"箇个""个个"像是普通话"这个""那个"在吉安方言里的翻译，很少使用。试比较：

(110) 老者在屋下哇，箇只宝宝又不会要箇只老者。老头在家吧，这个宝宝又不会要这个老头。

(111) 箇晓得卬家箇咕宝宝是咋啯躺火嘞。这哪知道我家这个宝宝是怎么回事呢。

同样是指代"宝宝"，当不含主观感情因素时，用"箇只"；当话语里含有厌烦、嫌恶等主观感情因素时，则用"箇咕"。

下面重点介绍吉安方言"箇只""个只"的功能。

第一，"箇只""个只"单独在句中作主语或宾语。例如：

(112) 箇只是进口啯，免费啯就是国产啯。这个是进口的，免费的就是国产的。

（113）两个人搞箇只不是赚大钱呐？两个人做这个不是赚大钱吗？

（114）你个只是血清筛查哇？你那个是血清筛查吧？

（115）去把个只野物啯捉过来。去把那个牲畜捉过来。

第二，"箇只""个只"后加表人或事物的名词语，一起在句中作主语、宾语或定语。例如：

（116）你看箇只发烧发冾啯在楼上做咋个嘞。你看这个发烧的在楼上做什么呢。

（117）个只姨姨年年会来卬家做客。那个阿姨每年会来我家做客。

（118）渠话只有写了作业才可以喫箇只一包方便面。他说只有写完作业才能吃这包方便面。

（119）每次都有话查箇只乙肝。每次都会说查这个乙肝。

（120）你看箇只大女啯崽也是箇咕婆子带大啯嘞。你看这个大女的儿子也是这个老太婆带大的呢。

（121）个只细伢哩啯书包冇拉好，看到哩麽？那个孩子的书包没有拉好，看到了吗？

第三，"箇只""个只"后加数量短语，一起在句中作状语。例如：

（122）哎呀，你不懂卬啯心情，卬家女箇只几工感冒哩。哎呀，你不懂我的心情，我女儿这几天感冒了。

（123）渠个只一两年下出去打工去哩。他那一两年都出去打工了。

此外，"箇只""个只"还可以不表指示，在句中起强调作用，其后加数量名结构，如：

（124）昨晚不死得回来哩，你话嘎一日不晓得羌煮箇只七八个人啯喫。昨晚不是回来了吗，你说现在每天都不知道怎么煮这七八个人的饭。

（125）你话卬家姆妈要接箇只几个人，要等箇只几个人。你说我妈妈要接这几个人，要等这几个人。

与指示代词搭配的量词"只"和"咕"还可以单用，不用指示代词"箇"也有指示作用，"但它不像指示代词那样具有近指远指的功能了"①。

（126）只烂盆哩还要捡了去回。一个破盆还要捡回去。

（127）哎呀嘞啦，养到哩咕箇不听话啯崽啦。哎呀妈呀，生了个这么不

---

① 陈才佳：《广西贺州桂岭本地话的代词》，《方言》2018年第3期。

听话的儿子呀。

3.2.2.2 指代处所的代词

3.2.2.2.1 箇哩、个哩

吉安方言的"箇哩"[ko^{12}li^0]、"个哩"[ko^{42}li^0]大致相当于普通话的"这里""那里"。"箇哩"和"个哩"有一对语音变体"箇呢"和"个呢",两组指代处所的代词在吉安方言中的功能相同。试比较:

(128) 箇哩看只媳妇只孙媳妇嗰面,叽孙呐,嘎你物箇哩只老婆也要带下嘟。这里看在媳妇、孙媳妇的面子上,还有孙子的面子,你们这个老奶奶也要带一下呀。

(129) 你嘎箇呢就冇半个人照顾你咯,你一个人得箇呢舞得咯?那你这里就没有人照顾你哟,你一个人在这里可以吗?

为避免吉安方言的代词系统过于烦琐,本书仅用"箇哩""个哩"表示。下面详细介绍这组指代处所的代词的功能。

第一,单独使用,在句中作状语。例如:

(130) 你也要帮忙带下嘟,箇哩要去找发哩钱嘟。你也要帮忙带一下呀,这里要去赚点钱花呀。

(131) 箇哩箇咕崽又不在去哩。这里这个儿子又不在了。

第二,在介词或动词后作宾语。例如:

(132) 横溪冇喫过,卬来箇哩冇喫过咋嗰。横溪没吃过,我来这里没吃过什么。

(133) 渠就是上半日来箇哩坐一下就是,来箇哩歇下咕宝宝就走了哩。她就是上午来这里坐一下就是,来这里玩一下宝宝就走了。

(134) 卬物在箇哩嘎喫哩两回。我们在这里现在吃了两次。

(135) 你跟渠家养人,渠家总要有人在箇哩守到哇?你给他家生孩子,他家总要有人在这里守着吧?

(136) 嘎有一日你不是从箇哩去喫饭,你又要走了来箇哩去拿只碗去。那有一天你不是从这里去吃饭,你又要走到这里来拿碗去吃饭。

(137) 卬物箇叽媳妇跟箇哩带嚒,渠就冇搭半下手。我们这些媳妇在这里带嘛,她就不会帮一下忙。

(138) 洗衣机舍不得用呐,趁倒跟箇哩刷,刷,刷。洗衣机舍不得用吗,一直在这里刷,刷,刷。

(139) 样式卬做,信物得箇哩坐哇。什么都我做,你们坐在这里吧。

（140）你嘎箇哩就冇半个人照顾你咯，你一个人得箇哩舞得咯？那你这里就没有人照顾你了，你一个人在这里可以吗？

（141）就是看箇哩咯？就是看这里了？

（142）渠在屋下，老婆子就去蹿箇哩蹿个哩去哩。她在家，老太婆就去这里溜达去那里溜达。

第三，在人称代词后作主语、宾语或定语，作定语时要在代词和中心语之间加上结构助词"嗰"表示领属关系。例如：

（143）卬箇哩在医院，你个哩嗰工作你自家安排。我这里在医院，你那里的工作你自己安排。

（144）卬箇哩又要洗衣裳又要喫饭，又要舞箇舞个。我这里又要洗衣服又要吃饭，又要做这做那。

（145）你去学哇，你嘎在你箇哩学啦？你去呗，你现在在你这里学吗？

（146）卬旧年穿哩拉松拉松你还穿不得，卬得是先寄到卬箇哩试哩嘞。我去年穿了宽宽松松，你还穿不了，我还是先寄到我这里试过了的呢。

（147）还好吧，你箇哩嗰位置就是箇发哩。还好吧，你这里的空间就这么点儿。

（148）嘎人家个哩嗰事都做不完，还会来跟你做？那人家那里的事都做不完，还会来给你做？

3.2.2.2.2 箇头、个头

吉安方言的"箇头"［ko¹²xiəu⁰］、"个头"［ko⁴²xiəu⁰］大致相当于普通话的"这儿""那儿"，一般在介词或动词之后作宾语。例如：

（149）卬晓得你物是跟箇头开玩笑嗰，真嗰是你物要买车，还会买二手车？我知道你们是在这里开玩笑，真是你们要买车，还会买二手车？

（150）卬话渠活动都冇活动，日日喫哩坐，坐哩喫，要麽就得只厅下行下箇头，行下个头。我说他活动又不活动，天天吃了坐，坐了吃，要么就在客厅走一下这里，走一下那里。

（151）姨姨，来卬家喫月饼嘞，刚好放假来箇头歇嘞。阿姨，来我家吃月饼吧，刚好放假来这里玩一下呢。

3.2.2.2.3 箇边、个边，箇呗、个呗

"箇边"［ko¹²piɛn⁰］、"个边"［ko⁴²piɛn⁰］和"箇呗"［ko¹²pei⁰］、"个呗"［ko⁴²pei⁰］两组指代处所的代词，都相当于普通话的"这边""那边"，都可以单独在句中作状语，也可以在介词或动词后作宾语，

还可以在人称代词后作主语、宾语或定语。例如：

（152）要不然试用期，个边又刚刚上班还有一个月。要不然试用期，那边又刚刚上班还没一个月。

（153）你回得就回，你回不得你看有咋嗯办法，你跟卬把箇边安排好。你能回就回，你不能回就看看有什么办法，你给我把这边安排好。

（154）卬打个比方样嗯，渠去个边做事是哇，渠十二点钟还冇做完，渠羌回来喫点心？我打个比方，他去那边做事是吧，他十二点还没做完，他怎么回来吃午饭？

（155）渠物箇边有人来，卬到时候卬就回来照顾下哩你呐。他们这边没人来，我到时候就回来照顾下你呗。

（156）卬箇呗离上班离得近，走路十几分钟就到哩。我这边离上班（的地方）近，走路十几分钟就到了。

二者的不同之处，一方面表现在"箇边""个边"的使用频率比"箇呗""个呗"高得多；另一方面则表现在"箇呗""个呗"是"箇边""个边"的土俗说法，已趋近消失。

3.2.2.2.4　箇兜、个兜

吉安方言的"箇兜"［ko¹² təu⁰］、"个兜"［ko⁴² təu⁰］所指代的处所，只能是某容器里面、某范围之内。例如：

（157）卬先伢有咋嗯蒸嗯，卬就是□［tiaŋ³¹］了在箇兜煮了。我之前没什么蒸的（工具），我就是扔在这里面煮哟。

（158）放了你箇兜咯。放在你这里哟。

其功能和"箇哩""箇头""箇边"等指示代词一样，可单独在句中作状语，也可以在介词或动词后作宾语，还可以在人称代词后作主语、宾语或定语。

3.2.2.3　指代性状的代词

3.2.2.3.1　箇能（嗯）、个能（嗯）

吉安方言的"箇能"［ko¹² nəŋ⁰］、"个能"［ko⁴² nəŋ⁰］相当于普通话的"这样""那样"，"箇能嗯"［ko¹² nəŋ⁰ ko⁰］、"个能嗯"［ko⁴² nəŋ⁰ ko⁰］相当于普通话的"这样子""那样子"，两组都是指代性状的代词，可在句中作主语、谓语、宾语、定语、状语、补语等。例如：

（159）箇能不会禁打才怪。这样不会挨打才怪。

（160）箇件事就箇能呢，不要话去哩。这件事就这样，不要再说了。

第 3 章 指代

(161) 人家得是只箇能嗰价嘞，你就买好多也是箇能呐，你不买也是箇能呐。人家就是这样的价格呢，你买多少都是这样呢，你不买也是这样呢。

(162) 等呐卬打渠物，话两句不听就是打嘞，你话箇能跟渠教得只人正麽呐？像我打他们，说两句不听就是打呀，你说这样能教好一个人吗？

(163) 浙哆还是箇能话，你有事就是打人哇！浙哆还这样说，你没事就是打人哇！

(164) 诺，箇多人，哪个会去话咯，哪个会出只箇能面咯？啊，这么多人，谁会说哟，谁会出这个风头哟？

(165) 箇只细伢哩病成箇能呢，你也冇话去医院□［tɕin⁴²］看下。这个小孩病成这样，你也没说去医院看看。

(166) 卬物还个能嗰。我们还那样。

(167) 信起码不要箇能嗰，不话卬来舞，信养间呢，你家吉水要有个人在箇哩嘞？你起码不要这样，不说我来做，你生的时候，你家吉水要有个人在这里吧？

(168) 几工人工冇洗个面，你话舞哩叽皮和箇能嗰。几天没洗个脸，你说弄得这些被子这样子。

二者的区别是"箇能""个能"可单独在句中作主语、谓语、宾语或状语，也可位于动词前作状语，位于名词前作定语；"箇能嗰""个能嗰"只能单独在句中作谓语、宾语和补语。此外，"箇能嗰""个能嗰"因其意义较虚化，且单独使用，似有朝着仅作为语音停顿的标志语法化的趋势，在句中指代说话人不想说或暂时说不出的内容。例如：

(169) 箇只是话查话个能嗰，脂肪肝嗰。渠箇哩跟卬话个能嗰，跟卬查，话要箇多。这个是说要查那样的，脂肪肝。他这里跟我说那样的，给我查，说要这么多。

3.2.2.3.2 箇子（嗰）、个子（嗰）

吉安方言的"箇子"［ko¹²tsi⁰］、"个子"［ko⁴²tsi⁰］和"箇子嗰"［ko¹²tsi⁰ko⁰］、"个子嗰"［ko⁴²tsi⁰ko⁰］也都是指代性状的指示代词。"箇子"常单独位于动词前作状语，也可带结构助词"嗰"作定语修饰名词语，还可带"发哩"作宾语。例如：

(170) 嘎今日都住了第九工，渠还是箇子咳。到现在已经住了九天了，他还是这样咳。

(171) 哎呀嘞，羌叽箇子嗰人咯，卬会燥死。哎呀妈呀，怎么都是些这样的人呀，我会烦死。

（172）过敏得日日是箇子发哩嘞，喫奶嘞，你话打针过敏，箇叽针都打了八九工去哩，前头冇过敏，今日又过敏？_{过敏的话天天是这样呀，喝奶呀，你说打针过敏，这些针都打了八九天了，前面没过敏，今天又过敏？}

"箇子嘞"多用于长句或者语篇的某一小句的末尾，有统指下文将要说出但一口气说不出来或者不想一一说出的内容的作用，兼具指代和停顿的作用。例如：

（173）有抗体就个子嘞，到哩箇时间呢又去加固一下嘞。_{有抗体就那样，到了一定的时间又去加固一下吧。}

（174）人家学幼儿园，从小学英语，从两岁开始就学英语，各种各样下箇子嘞，箇是标准嘞城市化培养。_{人家上幼儿园，从小学英语，从两岁开始就学英语，各种各样的，这是标准的城市化培养。}

例（173）"个子嘞"指代下文将要说的内容，但因为口语中一口气说不出那么长的句子，所以中间先用"个子嘞"替代，停顿一下，再继续说出所要表达的内容。例（174），"箇子嘞"指代下文将要说但又不想一一说出的内容，有替代、简化句子和停顿的功能。

"箇子嘞"是一个凝固的短语，"嘞"不可脱落，且和"箇子"之间不可有语音停顿；而"箇子+嘞+名词"是言语过程中组合而成的句子，"嘞"和"箇子"之间可以有语音停顿。

3.2.2.3.3 箇样子、个样子

吉安方言的"箇样子"［ko^{12}ioŋ^{0}tsi^0］相当于普通话的"这样子"，"个样子"［ko^{42}ioŋ^{0}tsi^0］相当于普通话的"那样子"，二者都是指代性状的代词。普通话的"这样子""那样子"可单独在句中作主语、谓语、状语和独立语，也可位于动词之后作宾语，还可以位于动词之后作补语。例如：

（175）薛姨妈便道："这样子是砒霜药的，家里决无此物。"

（176）可是你现在这样子，这哪里像我所想望期待的那个申纯啊！

（177）这样子做了一年，倒也平安无事。

（178）这样子，你我的输赢，已算定准了。

（179）看这样子好像不错，等我吃着试试。

（180）怎么搞成这样子，楚玉哪去了？

以上用法，"这样子"除作状语外，充当其他句法成分时，其前都可以加称人代词或名词。例如：

（181）从来打兽之人自然都靠气力，气力大到我这样子，赤手空拳比你用剑之人还厉害百倍，难道还算不得本领？

（182）你这样子，只哄得老糊涂了的秦胡子，哄得我么？

（183）"她这样子，不是已经……"说到这里，便把下半句忍在口中，不说出来。

相比之下，吉安方言的"箇样子""个样子"的不同之处表现在"箇样子""个样子"前要加上"只"，一起在句中充当谓语、宾语、补语等句法成分。例如：

（184）日日只箇样子。天天这样。

（185）睿哆要是从出世就精心培养，不是嘎只箇样子。睿哆要是从出生就精心培养，不是现在这样。

（186）你喫箇多酒，喫哩只箇样子咯。你喝这么多酒，喝成现在这个样子哟。

3.2.2.3.4 箇

吉安方言中指代性状的"箇"［ko¹²］相当于普通话"这样的"，表示人或事物的性质。一般后面要加单音节名词。例如：

（187）卬有做别咋嗰？不是一日到晚做叽箇事。我有做别的什么？不就是一天到晚做这些事。

（188）裴香娇羌话起叽箇话嘞？裴香娇怎么说起这些话呢？

3.2.2.4 指代时间的代词

3.2.2.4.1 箇时间呢、个时间呢

"箇时间呢"［ko¹²sø¹²kan⁰nen⁰］相当于普通话"这时候"，指代过去或将来某个时候；若要指代当下某个时候，吉安方言用"箇下［ko¹²xa⁰］"，相当于普通话"这会儿"；"个时间呢"［ko⁴²sø¹²kan⁰nen⁰］相当于普通话"那时候"，指代过去或将来某个时候，主要在句中作状语，也可作宾语。例如：

（189）卬家外婆年年箇时间呢会来卬家歇一晌呢。我外婆每年这个时候会来我家住一段时间。

（190）个时间呢话带也是渠自家话要带。那个时候说带也是她自己说要带。

（191）到箇时间呢去□［tɕʰin⁴²］看下渠起来哩麼。到时候去看一下她起来了没有。

(192) 到个时间呢咋嗰下赖了哩嘞。到那个时候什么都忘光了呀。

3.2.2.4.2 箇下、个下

"箇下" [ko¹²xa⁰] 相当于普通话"这会儿",指代当下某个时点;若要指代当下某个短暂的时段,吉安方言用"箇一下";"个下" [ko⁴²xa⁰] 相当于普通话"那会儿",也是主要在句中作状语。例如:

(193) 你看呀箇下一点钟,渠还冇回来喫,渠还会回来喫饭去哩?你看现在一点钟,她还没回来吃饭,她还会回来吃饭?

(194) 你箇下空得麽咯?你这会儿有空吗?

(195) 你箇一下到哪里咯?你这会儿到哪了呀?

3.2.2.5 指代数量的代词

吉安方言指代数量的代词是"箇发(哩)" [ko²¹fa⁰li⁰] 和"个发(哩)" [ko⁴²fa⁰li⁰],所指代事物的数量比较少,"哩"可用可不用,带上"哩"则有点轻松、俏皮的意味。例如:

(196) 箇发形象搞好发哩嘞。这点形象弄好点呗。

(197) 还好吧,你箇哩嗰位置就是箇发哩。还好吧,你这里的空间就这么点儿。

句法功能方面,"箇发"和"个发"一般作定语,直接修饰中心语。"箇发哩"和"个发哩"不仅可作定语直接修饰中心语,还可单独在句中作主语和宾语。试比较:

(198) 你物是真正嗰骗子,想骗叩,叩好歹叩有发哩,不想占箇发小便宜。你们是真正的骗子,想骗我,好歹我有点儿不想占这点小便宜。

(199) 打得港呢,人好间呢,你就不要增箇发钱。打成这样,人好的时候,你就不要差这点钱。

(200) 不能见过哇,箇发哩老古董咯,不能见过了。没有见过呀,这点儿老古董呀,没有见过哟。

(201) 不过你家箇发哩还小。不过你家这点儿还小。

(202) 还好吧,你箇哩嗰位置就是箇发哩。还好吧,你这里的空间就这么点儿。

3.2.2.6 指代程度的代词

吉安方言中指代程度的代词是"箇" [ko¹²],相当于普通话中指代程度的"这么"。在实际的言语过程中,"箇"语气越重,所指代的程度就越深。其后接成分比较多种多样,可以是名词或者名词短语,也可

以是形容词或形容词短语,还可以是句子。例如:

(203) 箇半夜,你物还不瞓。这半夜,你们还不睡。

(204) 你物两个箇脾气急躁啯人。你们两个脾气这么急躁的人。

(205) 好多钱一瓶咯,箇哩啯东西箇便宜啦?多少钱一瓶哟,这里的东西这么便宜呀?

(206) 哎呀嘞啦,箇刮邋却哩啦。哎呀妈呀,这么脏呀。

(207) 日日早晨走,走到箇四十多周还有反应?天天早上散步,散到这四十多周还没反应?

3.2.3 指示代词的变通用法

3.2.3.1 游移指别

所谓游移指别,是指"箇""个""在特定范围中有所指,但跟具体的远近对象没有固定性联系"①。例如:

(208) 卬箇哩又要洗衣裳又要喫饭,又要舞箇舞个。我这里又要洗衣服又要吃饭,又要做这做那。

(209) 渠来就来嘞,最起码提箇东西提个东西要提哇,姆妈煮正呐饭煮正呐菜,渠提下来医院也可以哇。他来就来呗,最起码提这东西提那东西要提吧,妈妈做好了饭菜,他提一下来医院也可以吧。

例(208)中,"箇"和"个"指代的是带娃过程中所需要做的这件或那件事,但没有跟具体的哪一件事产生固定性的联系;例(209)中,"箇"和"个"指代的是去医院住院所需带的东西,但具体是哪一样东西,则不得而知了。

3.2.3.2 统括指代

所谓统括指代,是指"箇""个"之类呼应使用,"具有统指特定范围内的一切事物或一切情况的作用"(邢福义,2016:183)。

(210) 箇也不喫,个也不喫,卬日日不晓得煮咋啯跟渠喫。这也不吃,那也不吃,我天天不知道煮什么给他吃。

(211) 就是老者箇让渠,个让渠,哼一句乖乖哩,日日是老者去煮饭,有时间呢衣裳都是老者去洗。就是老头这也让着她,那也让着她,哼一句就乖乖的,天天是老头去煮饭,有时候衣服都是老头洗。

---

① 邢福义:《汉语语法学(修订本)》,商务印书馆2016年版,第183页。

例（210）中"箇"和"个"的呼应使用，意在指明"她什么都不吃，很挑剔"；例（211）中"箇"和"个"的呼应使用，意在指明"什么都顺从她"。

3.3 疑问代词

疑问代词是"求代人或事物的代词"①。现代汉语的疑问代词以"谁""什么""哪""几""多""怎"为基础形成互有交叉的若干配套形式。吉安方言的疑问代词，从系统层面看，与普通话有相同之处，即都是以某几个疑问代词为基础形成互有交叉的若干配套形式；不同之处表现在吉安方言以"咋嗰""哪""好""几""羌"为基础形成互有交叉的若干配套形式。

3.3.1 疑问代词的形式

表3-3　　　　　　吉安方言疑问代词形式表

询问对象	代词形式
事物	咋嗰［tsa¹²ko⁰］、哪只［nɛ¹²ta⁰］、哪叽［nɛ¹²tɕi⁰］
人	哪个［nɛ¹²ko⁰］、哪叽［nɛ¹²ta⁰］、咋嗰［tsa¹²ko⁰］
处所	哪哩［nɛ¹²li⁰］、哪头［nɛ¹²xiəu⁰］、哪只［nɛ¹²ta⁰］、哪［nɛ¹²］
时间	好久［xau⁴²tɕiu⁰］、好久间呢［xau⁴²tɕiu⁰kan³⁴nen⁰］
数量或程度	好［xau⁴²］、几［tɕi⁴²］
原因	为咋嗰［uei³¹tsa¹²ko⁰］、做咋嗰［tsu³¹tsa¹²ko⁰］
方式	羌［tɕʰioŋ³⁴］、怎麼样［tsen⁴²mo⁰ioŋ⁰］

从表3-3可以看出，吉安方言的疑问代词绝大多数为复音代词，极个别为单音节疑问代词。吉安方言疑问代词的基本用法是在句中表示疑问，要求对方作出相应的回答。可根据其询问的对象，分为问事物、问人、问处所、问时间、问数量或程度、问原因以及问方式七类疑问代词。

---

① 邢福义：《汉语语法学（修订本）》，商务印书馆2016年版，第180页。

3.3.2 疑问代词的功能

3.3.2.1 问事物的疑问代词

吉安方言问事物的疑问代词有"咋啯""哪只"和"哪叽",分别大致相当于普通话的"什么""哪个"和"哪些"。"咋啯"求代的范围最广,可以询问单数事物,也可以询问复数事物;"哪只"只能用来询问单数事物;"哪叽"只能用来询问复数事物。

"咋啯"是吉安方言求代事物的疑问代词中使用频率最高的,在句中主要作谓语、宾语、定语和状语。例如:

(212) 箇叽是咋啯咯?叽箇黄啯。这些是什么呀?一些这么黄的。

(213) 姆妈,在做咋啯啦?妈妈,在做什么呀?

(214) 卬要拿咋啯东西啦?我要拿什么东西呀?

(215) 总是箇边啯人冇咋啯喫吧,还是叽人不晓得?估计是这边的人不怎么吃吧,还是这些人不知道?

"咋啯"带上语气助词"啦"还经常单独成句,表示进一步询问,略有惊讶的语气。例如:

(216) 咋啯啦?你开头话咋啯啦?什么呀?你刚刚说什么呀?

(217) 咋啯啦?你明日就去深圳?什么呀?你明天就去深圳?

此外,"咋啯"还有一些非疑问用法,列举如下:

第一,表示任指。用在"下"前,表示在所说的范围内无例外。例如:

(218) 如果想学牛皮公司嘞,卬咋啯手续下办好哩。如果想学牛皮公司呢,我什么手续都办好了。

(219) 卬碗还不能洗嘞,卬衣服咋啯下不能洗嘞,明日不能上班不明日来洗,嘎不早发去瞓觉。我还没有洗碗呢,我衣服什么的也都没有洗呢,明天不上班不就明天来洗,现在不就早点去睡觉。

第二,表示否定。用在引述别人的话之前,表示不同意。例如:

(220) A:你得死啯吹得活啯出,你话,是麽?你倒是死的能说成是活的,你说,是吧?

B:死啯就是死啯,活啯就是活啯嘞,咋啯死啯吹得活啯出,哪个冇港本事。死的就是死的,活的就是活的,什么死的说成活的,谁有这样的本事。

第三，用于列举。用在一个成分或几个并列成分后，相当于普通话的"等等"。例如：

（221）带宝宝，抱下渠咋啯，箇是算运动？带宝宝，抱一下她什么的，这算运动？

第四，指示不肯定的事物或人。加在名词前，可用于否定句和是非问句。省去"什么"意思不变，但语气会变得比较直率。例如：

（222）你自家不活动，检查也冇咋啯作用。你自己不运动，检查也没什么作用。

（223）你家有麽咋啯亲戚在医院？有啯话就好办。你家有没有什么亲戚在医院？有的话就好办。

"哪只"相当于普通话的"哪个"，还分担普通话"哪"的部分功能。吉安方言的"哪只"可单用求代单个事物，也可后加名词求代单数事物、处所、时间等。例如：

（224）哪只好用发哩咯？卬先伢用箇只帮宝适啯。哪个好用点呀？我以前用这个帮宝适的。

（225）箇是在哪只医院？妇保还是哪头咯？儿童医院？这是在哪个医院？妇保还是哪里哟？儿童医院？

（226）撑死你呐，箇晏哩晏还在出呗喫夜宵，你在哪只块哩啦？撑死你哟，这么晚还在外面吃夜宵，你在哪里呀？

（227）渠话难不是哪只一回下是卬买单，难你买过哩单麽？他说难道不是每次都是我买单，难道你买过单吗？

"哪叽"相当于普通话的"哪些"，可用于询问事物，也可用于询问人。可单用，也可后加名词求代复数事物和处所。例如：

（228）哪叽是渠物啯，哪叽是卬物啯？哪些是他们的，哪些是我们的？

（229）古古，哪叽人在屋下喫饭，箇只穿围围衣啯是哪个咯？姑父，哪些人在我家吃饭，这个穿裙的是谁哟？

（230）哪叽垱呢有艾摘咯？哪些地方有艾草摘哟？

3.3.2.2 问人的疑问代词

吉安方言问人的疑问代词主要是"哪个"，大致相当于普通话的"谁"，可在句中作主语、谓语、宾语、定语和兼语。例如：

（231）哪个在深圳，卬过两工要去深圳歇。谁在深圳，我过两天要去深圳玩。

（232）你家芳芳跟泽泽冇好远咯，囊印话箇只细伢哪个咯。你家芳芳和泽泽没多远吗，我说这个小孩是谁哟。

（233）你看哩像印哪，印看哩不晓得像哪个。你看了像我呀，我看了不知道像谁。

（234）去哪个箇哩啦？去燕子箇哩？去谁那里呀？去燕子那里？

（235）印家个两只废黄土嗰，冇哪个来半下，冇打个电话回。我家那俩小混蛋，没谁来一下，没打个电话回来。

其中，"哪个"作定语修饰"箇哩、个哩"等指示代词时，"哪个"和中心语之间不能加"嗰"，而且"箇"可省略不发音，意思不受影响。因为"个"和"箇"语音上的重叠，若二者都读出来，则会导致拗口。例如：

（236）放了哪个箇哩？放在谁这里？

（237）放了哪个哩？放了你箇哩。放在谁那里？放在你这里。

若中心语是普通名词，则"哪个"和中心语之间必须带上"嗰"。就算中心语省略不说，"嗰"也不能省略。例如：

（238）哪个嗰杯哩赖了在箇哩？谁的杯子忘在这里了？

（239）渠不晓得学到哪个嗰咯，渠箇只牛皮公司真嗰吹得好。他不知道学到谁的哟，他这个牛皮公司真的吹得好。

此外，"哪个"还可独立成句，或者只带上语气助词独立成句。例如：

（240）哪个？趁倒跟箇哩敲！谁？一直在这里敲！

（241）哪个啦？罗罗？谁呀？罗罗？

"哪个"还可以与"别"组合，用来指代"别人"。例如：

（242）下是自家人，难别哪个啦？别哪个箇就箇子嗰话，自家姐姐妹妹更加好嘞。都是自己人，难道是别的谁吗？别的谁这就这样说，自己姐姐妹妹更加好呀。

需指出的是，问事物的疑问代词"哪叽"和"咋嗰"后加上"人"的话，即"哪叽人"和"咋嗰人"，也可以用来求代人。例如：

（243）你物三个瞓楼上啦？哪叽人瞓下呗咯？你们仨睡楼上呀？哪些人睡下面呀？

（244）你是渠家咋嗰人咯？你管不得箇多。你是他家什么人哟？你管不了这么多。

3.3.2.3 问处所的疑问代词

吉安方言问处所的疑问代词主要是"哪哩"。"哪哩"有一个语音变体"哪呢"，二者功能一样，只是语音上存在一点差别。为避免过于烦琐，本书一律用"哪哩"表示。"哪哩"可单独在句中作主语、定语、状语，也可在介词或动词后作宾语。例如：

（245）你哪哩不舒服咯？话嘞。你哪里不舒服呀？说呀。

（246）鬼晓得渠话哪哩嗰话，一发哩都听不懂。鬼知道他说哪里的话，一点都听不懂。

（247）哪哩去哩咯？还有回来！哪儿去了哟？还没回来！

（248）老童嘎在哪哩咯？嘎是麽在东莞咯？老童现在在哪里哟？现在是不是在东莞哟？

（249）是印话啦，咋嗰还是要箇只细伢哩有脑子，有脑子舞了去哪哩下是空个。要我说，什么还是要这个小孩子有脑子，没脑子弄去哪里都没用。

此外，"哪哩"还有些非疑问用法，列举如下：

第一，用于任指。后边常用"下"呼应，或者前后两个"哪哩"相呼应。例如：

（250）哪哩招工下是话最高嗰工资，哪只厂底呗是一样嗰。哪里招工都是说最高的工资，哪个厂都是一样的。

（251）哪哩有喫嗰，渠就钻了哪哩去哩。哪里有吃的，他就钻到哪里去了。

第二，用于反问。意在否定，没有处所意义。例如：

（252）A：喫哩点心麽咯？吃了午饭没哟？

B：哪哩喫哩点心？还在洗衣裳，还喫点心。你在喫点心啦？哪里吃了午饭？还在洗衣服，还吃午饭。你在吃午饭呀？

第三，用于否定。单独用在答话里，表示不同意说话人的话，后面再补充自己的观点。例如：

（253）A：嘎是嘎冇喫嘞，先伢在厂底呗打工，日日一包，嚯？现在是现在没吃哟，以前在厂里打工，每天一包，对吧？

B：哪哩，箇只一包跟箇叽不一样嗰嘞。哪里，这个一包跟这些不一样呀。

"哪哩"是吉安方言最常用的求代处所的疑问代词，此外，还有"哪头""哪边""哪只垱哩""哪只块哩"等也是问处所的疑问代词，用法比"哪哩"要简单得多，在句中只有求代处所的疑问用法，没有非疑问用法。例如：

（254）你物箇是在哪头咯？在你物学堂？你们这是在哪里哟？在你们学校？

（255）哪边栋屋是你家嘅咯？哪边的房子是你家的哟？

（256）昨晚哪只垱哩烧着哩啦？昨晚哪个地方烧着了呀？

（257）晓得渠会嫁了去哪只块哩嘞？（谁）知道她会嫁到哪里去呢？

"哪"也是吉安方言询问处所的疑问代词，和"哪哩"不同的是，"哪"只能在句中作宾语，位于介词或动词之后。例如：

（258）你物昨日到哪歇啦？你们昨天到哪玩呀？

（259）印话屋下只男朋友在哪等咯。箇叽人要求箇高，去哪找咯？我说家里有男朋友在哪等哟。这些人要求这么高，去哪找哟？

"哪"也有非疑问的用法，用于肯定句中表否定，用于反问句中表反问。例如：

（260）A：要送东西难你送不得啦？要送东西难道你不能送吗？

　　　　B：送东西？送东西？

　　　　A：嗯。嗯。

　　　　B：哪是送东西。渠要去龙岗个哩，嗯，先到跟渠个哩嗰，要去舞发哩东西得渠嘞。哪是送东西。他要去龙岗那里，嗯，之前到给他那个，要去弄点儿东西给她呀。

例（260）中的"哪"用于陈述句中，表否定，意思和"不"相近，但比"不"富含更多的语气。

3.3.2.4 问时间的疑问代词

吉安方言问时间的疑问代词主要有"好久"和"好久间呢"。"好久""好久间呢"都大致相当于普通话的"什么时候"，二者的区别是"好久"可以求代过去或将来的某个时间点，也可以求代某个时间段；"好久间呢"只能求代过去的某个时间点。而且，同是求代过去的某个时间点，"好久间呢"所求代的时间点比"好久"所求代的时间点要小。例如：

（261）好久到接外婆物咯？就下到哩啦？什么时候去接外婆她们哟？就都到了呀？

（262）你不管好久炒肉，你要放盐呐。你不管什么时候炒肉，你要放盐呀。

（263）你话嘎好久不能喫嘞，昨晚三点钟喫哩到嘎。你说现在多久没有吃了，昨晚三点吃了到现在。

（264）端咕兜还有好久养呐？端咕兜还有多久生呀？

（265）文肉嘎是好久间呢打哩一个电话？还是姨姨话，姨姨话要渠打个电话回，渠还有打电话回是。文肉现在是什么时候打了一个电话？还是阿姨说，阿姨说要他打个电话回来，他还没有打电话回哟。

以上各例，例（261）中的"好久"求代的是过去的"去接外婆"的某个时间点，例（262）中的"好久"求代的是将来的"炒肉"的某个时间点，例（263）中的"好久"求代的是过去"没吃"的某个时间段，例（264）中的"好久"求代的是"从现在到生孩子"的将来的某个时间段，例（265）中的"好久间呢"求代的是过去"打电话"的某个时间点。同时求代过去的某个时间点，"好久"所求代的时间点则比"好久间呢"所求代的时间点大，"去接外婆"所花费的时间比"打电话"所花费的时间要多。

3.3.2.5　问数量或程度的疑问代词

吉安方言问数量或程度的疑问代词主要有"好"和"几"，通常是通过"好+形容词""几+量词"和"几+动词"三种结构形式问数量或程度。其中"好+形容词"既可以求代数量，又可以求代程度；"几+量词"只能求代数量；"几+动词"只能求代程度。主要在句中作宾语和定语，偶尔能作状语。例如：

（266）你嘎有麽估计箇只有好大麽咯？你现在有没有估计这个有多大哟？

（267）印跟你话嘞，你家古古今晚哩又不晓得喫哩好多酒，晓得麽？我跟你说哟，你姑父今晚又不知道喝了多少酒，知道吗？

（268）嘎样是置，箇只电视你物有好多看咯？现在什么都置办，这个电视你们会看多少哟？

（269）买几套也消不得好多钱呐。买几套也用不了多少钱呀。

（270）你得哩几箱月饼咯？发一只来姨姨喫哇？你得了几箱月饼哟？发一个给阿姨吃吧？

以上是求代数量的例子，下面再列举几个求代程度的例子：

（271）A：你要背箇只一包纸去？真啯有提过咯？你要背这一包纸去？真的没提过哟。

B：有好重咯？匙指把印，印去地下室拿包。有多重哟？钥匙给我，我去地下室拿包。

（272）你家崽有几听话咯？你一年到头冇去□[tɕʰin⁴²]看下，你有担心啦？你儿子有多听话哟？你一年到头不去看一下，你不担心呀？

3.3.2.6 问原因的疑问代词

吉安方言问原因的疑问代词有"做咋嗰"和"为咋嗰"，其中"做咋嗰"是吉安方言有别于普通话的问原因的疑问代词，"为咋嗰"是接受普通话的渗透而产生的问原因的疑问代词，二者在功能上是一致的。

吉安方言的"做咋嗰"有两个用法：一个用法是作为凝固的问原因的疑问代词，另一个用法则是"咋嗰"为"做"的宾语的动宾短语。疑问代词"做咋嗰"是由动宾短语"做咋嗰"语法化而来，试比较：

（273）姨姨，你嘎在上班还在做咋嗰啦？发下小英嗰号码嘞！阿姨，你现在在上班还是在做什么哟？发一下小英的号码吧。（动宾短语）

（274）建建回来做咋嗰啦？建建回来做什么呀？（介于动宾短语和疑问代词之间）

（275）到底是做咋嗰咯，箇严重。到底是为什么呀，这么严重。（疑问代词）

以上三例中，例（273）中的"咋嗰"是"做"的宾语，没有询问原因的意味；例（274）中的"咋嗰"是"做"的宾语，不过询问事物的意味已经弱化，多了一点询问原因的意味；例（275）中的"咋嗰"不能分析为"做"的宾语，而是和"做"凝固为一个问原因的疑问代词。

与吉安方言"做咋嗰"语法化成问原因的疑问代词相似的还有武宁话的"做洗"[①]、余干话的"舞啥仍"[②]、新干话的"做什哩"[③]、广丰话的"做咋西"[④] 等。

阮绪和（2006）指出，武宁话的"洗"相当于普通话的"什么"，"做洗"相当于普通话的"为什么"，但又没有像普通话的"为什么"那样完全虚化，"做"有时还有明显的词语意义。江婷（2009）指出

[①] 阮绪和：《武宁话的代词》，《西北民族大学学报》（哲学社会科学版）2006 年第 4 期。

[②] 江婷：《江西余干方言的代词研究》，硕士学位论文，湖南师范大学，2019 年，第 65 页。

[③] 宋小化：《新干方言代词研究》，硕士学位论文，江西师范大学，2014 年，第 59—60 页。

[④] 徐继磊：《广丰方言代词研究》，硕士学位论文，浙江财经学院，2009 年，第 21 页。

"'舞啥仂'在余干方言中可以用于询问目的或询问原因。用于问目的时，一般作谓语；用于问原因时，一般作状语"①。

3.3.2.7 问方式的疑问代词

吉安方言问方式的疑问代词有"羌"和"怎麽样"，"羌"的功能比"怎麽样"的功能要复杂得多，在句法位置上也有所分工。"羌"可位于句首和句中，不能位于句尾；而"怎麽样"只能位于句尾。例如：

（276）呐，羌个只块哩箇多艾？啊，那个地方怎么有这么多艾草？

（277）云云羌话起叽箇话嘞？云云怎么说起这样的话呀？

（278）进去哩，进去哩学得怎麽样咯？进去了，进去了学得怎么样哟？

（279）卬话卬到检查也冇话问话怎麽样，卬话卬不话就冇问。我说我到检查也没说问我怎么样，我说我不说就不问。

以上四例，"羌"和"怎麽样"不可互换。不过，若"羌"后带"呢"，则不仅可位于句首和句中，还可位于句尾。例如：

（280）羌呢办咯？渠物还冇来，班车就在个头来哩。怎么办哟？他们还没来，班车就在那里来了。

（281）卬晓得渠物羌呢搞嗰嘞，样是问卬。我哪知道他们怎么搞的，什么都问我。

（282）卬家嘎感冒，感了几回去哩，晓得箇叽人在屋下羌呢。我家人现在感冒，感了几次了，(谁) 知道这些人在家怎么弄的。

此外，"羌子发哩"也可询问方式，只能位于句尾。例如：

（283）看快来养掉，问渠羌子发哩，渠箇边回得麽？看快来生了，问他怎么样，他这边能回来吗？

（284）嘎就是话渠是试用期，鬼晓得渠羌子发哩。现在就是说他是试用期，鬼知道他怎么搞的。

3.3.3 疑问代词的变通用法

3.3.3.1 任指

所谓任指，邢福义（2016：184）指出，任指是疑问代词不用来求代人或事物，而"用来强调任何人、任何事物"。吉安方言的疑问代词

---

① 江婷：《江西余干方言的代词研究》，硕士学位论文，湖南师范大学，2019年，第65页。

也有任指的变通用法。例如：

（285）如果想学牛皮公司嘞，卬咋嗰手续下办好哩。如果想学牛皮公司呢，我什么手续都办好了。

（286）卬碗还不能洗嘞，卬衣服咋嗰下不能洗嘞，明日不能上班不明日来洗，嘎不早发去瞓觉。我还没有洗碗呢，我衣服什么的也都没有洗呢，明天不上班不就明天来洗，现在不就早点去睡觉。

（287）渠话养得你身边，看有耐心羌把渠箇只一年级，教通只一年级就好哩。他说在你身边带，看你有耐心怎么把他这个一年级，教好了这个一年级就好了。

（288）你就明早晨，喊哪个，有麽电动车，喊姐夫坐部电动车去。你就明天早上，叫谁，有没有电动车，叫姐夫骑辆电动车去。

3.3.3.2 虚指

所谓虚指，邢福义（2016：184）指出，虚指是疑问代词不用来求代人或事物，而"用来指代说不出来的若有若无、若实若虚的事物"。吉安方言疑问代词也有虚指用法。例如：

（289）你在哪哩看到过箇样东西麽啦？你在哪里看见过这样东西吗？

3.3.3.3 游移指

所谓游移指，是指疑问代词不用来求代具体的人或事物，而是"两两呼应使用，所指游移不定"①。例如：

（290）不要吵去哩，你物哪个都争不赢哪个，趁倒跟箇哩争，争哩冇只结果。不要吵了，你们谁都争不赢谁，一直在这里争，争了没个结果。

（291）咋嗰好喫就喫咋嗰，难渠有蠢啦？什么好吃就吃什么，难道他有蠢吗？

（292）哪只大就买哪只咯，箇也不晓得。哪个大就买哪个哟，这也不知道。

（293）你去哪，卬就去哪。你去哪，我就去哪。

（294）你要问你家箇呗嗰人，渠物羌安排，渠物羌安排就羌发哩。你要问你家这边的人，他们怎么安排，他们怎么安排就怎么来。

3.4 小结

吉安方言的指代系统同普通话一样，可以分为人称代词、指示代词

---

① 邢福义：《汉语语法学（修订本）》，商务印书馆2016年版，第184页。

和疑问代词三个子系统。与普通话相比，吉安方言指代系统的特色主要表现在各具体代词的形式、意义和用法上。

本章分别从吉安方言的人称代词、指示代词和疑问代词三方面描写了吉安方言的指代系统，每个子系统又详细描写了其形式、功能和变通用法。

吉安方言的人称代词主要有单数的第一人称代词"卬"、第二人称代词"你"和"信"、第三人称代词"渠"，复数的第一人称代词"卬物"、第二人称代词"你物"和"信物"、第三人称代词"渠物"，复称代词"自家"，旁称代词"人家、别嗰、旁人"以及总称代词"大家"。

吉安方言的指示代词系统是一个二分系统，主要有指代人或事物的"箇/个""箇叽/个叽""箇只/个只""箇咕/个咕""箇个/个个"，指代处所的"箇哩/个哩""箇头/个头""箇边/个边""箇呗/个呗""箇兜/个兜"，指代性状的"箇能（嗰）/个能（嗰）""箇子（嗰）/个子（嗰）""箇样子/个样子""箇"，指代时间的"箇时间呢/个时间呢""箇下/个下"，指代数量的"箇发（哩）/个发（哩）"以及指代程度的"箇"。此外，吉安方言的远指"个"系列代词还可以通过延长"个"的音长表示更远指、最远指。

吉安方言的疑问代词系统主要有询问事物的"咋嗰""哪只""哪叽"，询问人的"哪个""哪叽""咋嗰"，询问处所的"哪哩""哪头""哪"等，询问时间的"好久""好久间呢"，询问数量或程度的"好""几"，询问原因的"为咋嗰""做咋嗰"以及询问方式的"羌""怎麼样"。

第4章 性状

在现代汉语的形容词里，性质与状态这两个概念构成一个语法范畴——性状范畴，其意义是指通过一定的手段所表示的事物的性质、状态或动作进行的方式、状态等。形容词就是表示性状范畴的语法形式，是表示人或事物性质、状态的词，可依据其语法特点和语义范畴分为性质形容词和状态形容词两类①。吉安方言的形容词也可以区分为性质形容词和状态形容词两类。吉安方言的形容词在语法意义、语法功能两方面与普通话的情形基本相同。因此，本章主要描写吉安话与普通话在性状方面的不同之处。为了讨论和叙述的方便，本章统一用大写的 A、B 代表词根，小写的 c、d、e 代表词缀及近于词缀的附加成分。

4.1 性质形容词

性质形容词是形容词的基本形式。从语法意义上看，性质形容词单纯表示事物的性质；从语法功能上看，性质形容词是能受"蛮（挺）"修饰但不能带真宾语的谓词，能用"不"否定，能带补语，可以进入"越来越……"格式以及比较句中。吉安方言的性质形容词主要包括单音节性质形容词和一般的双音节性质形容词。

4.1.1 单音节性质形容词

我们依据李泉《单音形容词原型特征模式研究》（2014：303 - 314）所附《现代汉语单音节形容词（词项）表》，对吉安方言的单音

---

① 朱德熙：《现代汉语形容词研究》，《语言研究》1956 年第 1 期。

节形容词进行调查统计，收集吉安方言的单音节性质形容词语料。与现代汉语相比，吉安方言单音节性质形容词的特色主要表现在以下四方面。

第一，从语音形式方面来看，吉安方言的单音节性质形容词语音方面的地域特色一方面表现在一些土俗说法上，另一方面则表现在吉安方言存在大量文白异读的单音节性质形容词上。

吉安方言比较土俗的单音节性质形容词简要列举如表4–1：

表4–1　　　　吉安方言中较土俗的单音节性质形容词

肮[ŋaŋ³⁴]：肮麼肮却哩。蠢死了。	刁[tiau³¹]：渠比渠家哥哥还刁。他比他哥哥还调皮。
交[kau¹²]：屋底呗下找交了哩。屋里都找遍了。	寡[kua⁴²]：啵啵寡了哩。鸡蛋坏掉了。
滚[kuən⁴²]：洗澡水太滚哩。洗澡水太烫了。	朗[loŋ²⁴]：箇叽禾抛得太朗哩。这些水稻抛得太疏了。
令[lin³¹]：令饭。剩饭。	芒[maŋ¹²]：太芒哩。太密了。
木[mo³⁴]：手骨冻木了哩。手冻麻了。	飘[pʰiau²⁴]：太飘哩。太得意忘形了。
秋[ie³⁴]：只轮子下秋了哩。这个轮子都瘪掉了。	窝[wo¹²]：熬夜熬哩眼珠都窝进去哩。熬夜熬得眼珠凹进去了。
欠[tɕʰiɛn³¹]：箇叽饭太欠哩。这些饭太硬了。	方[foŋ³⁴]：卬只心下是方嗰。我心里是慌的。

吉安方言存在的大量文白异读的单音节性质形容词列举如表4–2：

表4–2　　　　吉安方言中文白异读的单音节性质形容词

肥[fi¹²]：肥肉、箇只田哩有半发哩肥。	肥[fei³⁴]：肥婆。
横[uaŋ¹²]：箇条凳哩横了跟箇做咋嗰?	横[xɛn¹²]：横穿马路。
滑[uɛ¹²]：溜滑、箇条路太滑哩。	滑[fɛ¹²]：狡猾。
静[tɕʰiaŋ³¹]：削静安静。	静[tɕin³¹]：安静、文静、静下心来。
绝[tɕʰyø³¹]：咋嗰都做绝了哩。	绝[tɕyø³⁴]：逼上绝路。
明[miaŋ¹²]：明日、明年。	明[min¹²]：心知肚明、明争暗斗、明显。
轻[tɕʰiaŋ³⁴]：卬就是轻轻哩打哩渠一下。	轻[tɕʰin³⁴]：轻信、轻巧、轻音乐、轻视。

续表

清 [tɕʰiaŋ³⁴]：箇只井兜嗰水澄清澄清。	清 [tɕʰin³⁴]：听清楚哩麽、叽账还清哩麽。
严 [niɛn¹²]：嘴骨太严哩。	严 [iɛn¹²]：要求太严哩、严格。
周 [tiəu³⁴]：周全、周到。	周 [tsəu³⁴]：考虑不周。
专 [tuon³⁴]：专门、专长、专车接送。	专 [tsuon³⁴]：专科、专家、专业人员。

表4-2中，左排为白读音，多用于口语性较强且日常出现较频繁的词语或语境中；右排为文读音，多用于书面色彩较浓厚的词语或语境之中。

第二，从语里意义方面来看，吉安方言单音节性质形容词和现代汉语普通话单音节性质形容词相比较，总体上呈现数量减少、义项简化的特征，具体又可以分为同义替代和义项空缺两种情况。

所谓同义替代，即吉安方言有相同意思的单音节性质形容词代替普通话相应的单音节性质形容词，具体又可以分为一对一替代和一对多替代。

（1）一对一替代，即普通话的一个单音节性质形容词，吉安方言有相应的一个单音节性质形容词与之对应，如：普通话的"渴"，吉安方言说"干 [kon³⁴]"；普通话的"稀1 事物在时间或空间上距离远，间隔大"，吉安方言说"朗 [loŋ²⁴]"。

（2）一对多替代，是指普通话的一个单音节性质形容词，吉安方言有多个单音节性质形容词与之对应，具体可分为以下两种情况：①与普通话意思相同的单音节性质形容词之外再加一个吉安方言的土俗说法，如：普通话的"旱1 长时间不下雨或雨量太小"，吉安方言除"旱旱灾"之外，还有"干 [kon³⁴] 天干"表达相同的意思；普通话的"活1 有生命的，生存；使活"，吉安方言除"活"之外，还有"生 [saŋ¹²]"表达相同的意思，如"人是活嘅人是活的""箇条鱼哩还生得这条鱼还活着"。②同一义项，吉安方言涉及不同的对象会有不同的说法，以普通话的"残剩下的，有缺损，不完整为例"，吉安方言有"令 [lin³¹]""少 [sau⁴²]""烂 [lan³¹]"与之相对应，如"令饭剩饭""这张钱少哩一只角这张钱少了一个角""这哩一张烂钱这里一张有缺损的钱"；普通话的"坏2 变成不健全，变得无用或有害；使败坏"，吉安方言有"坏 [fai³¹]""烂 [lan³¹]""寡

[kua⁴²]"与之相对应,如"你坏哩卬嘅好事你破坏了我的好事""渠部车子烂了在路上他的汽车坏在路上了""啵啵寡了哩鸡蛋坏了"。

所谓义项空缺,普通话某些义项的单音节性质形容词,在吉安方言里没有相应的单音节性质形容词代替。具体表现在以下几方面。

(1) 普通话的部分单音节性质形容词,在吉安方言里不能独立成词,如:普通话的"安安定、安静;使安",吉安方言里的"安安心"只能作为语素出现,不能独立成词;普通话的"背〈口语〉不顺,运气坏",吉安方言里的"背背时"只能作为语素出现,不能独立成词。

(2) 普通话部分书面色彩浓厚的单音节性质形容词,吉安方言也没有相对应的单音节性质形容词,如:普通话的"刍〈书面语〉〈谦辞〉称自己的(言论、见解等)""孤〈书面语〉单独;独特的,特殊的""伪2〈书面语〉非法的,非正统的"等书面语,吉安方言都缺乏相对应的单音节性质形容词。

(3) 普通话的部分单音节性质形容词,吉安方言没有相对应的单音节性质形容词,取而代之的是词或者短语,如:普通话的"馋〈口语〉看见好吃的就想吃,专爱吃好的;使馋;对馋",吉安方言用"好噢"表达相同的意思;普通话的"美1美丽,好看;使美",吉安方言用"刻气"表达相同的意思。

(4) 普通话的部分单音节性质形容词,吉安方言没有意义对等的词汇表达,而是通过语义上的上位词加上语境合力完成相关意思的表达,如:普通话的"笨3费力气的,笨重",吉安方言是通过上位词"重"和相关语境合力来表达笨重的意思。

第三,从单音节性质形容词的程度表示法来看,吉安方言部分单音节形容词可以有"冷＜冰冷＜冰冷冰冷＜冷麽冷却、滚＜滂滚＜滂滚滂滚＜滚麽滚却"四种程度等级,还有一部分单音节形容词可以受不同程度副词的修饰表示不同程度。

第四,从单音节性质形容词的句法组合功能来看,吉安方言的单音节性质形容词同普通话的单音节性质形容词大致相同,能受"不"的修饰,如"不好";常作定语,如"好人好事";能受程度副词修饰后作谓语,如"渠箇只人蛮好他这个人挺好";能作状语或补语,如"快跑""跑得快"。不同之处在于,常修饰吉安方言单音节性质形容词的程度副词和短语与普通话相比有所不同,按程度副词的语义等级排列为:"有发哩＜蛮＜非常＜晓得几＜不晓得几"。

4.1.2 双音节性质形容词

学界目前对双音节性质形容词的研究主要集中在对双音节性质形容词的重叠式的研究上，如李宇明《双音节性质形容词的 ABAB 式重叠》(1996)、李劲荣《双音节性质形容词可重叠为 AABB 式的理据》(2004)、李凤吟《双音节性质形容词 ABAB 式的重叠——兼与 AABB 式比较》(2006) 等。李劲荣、杨歆桐《双音节性质形容词对"比"字句的适应性》(2015) 则指出双音节性质形容词的内部对"比"字句有不同程度的适应差别。张悦《基于对外汉语教学的双音节性质形容词与名词的搭配研究》(2015) 参照赵春利《现代汉语形名组合研究》(2012) 对形容词的分类法，将双音节性质形容词分为主体形容词、事体形容词、物体形容词、时空形容词和评价形容词五大类。

对于普通话的双音节性质形容词，李劲荣、杨歆桐 (2015) 根据能受程度副词修饰这一标准从郑怀德、孟庆海主编的《汉语形容词用法词典》(2003) 里选录的形容词中得到 776 个双音节性质形容词。雷立娜《常用双音节形容词与其后置名词搭配研究》(2008) 则从《高等专业外国留学生汉语言专业教学大纲·词汇表》中摘录了 157 个常用的双音节性质形容词。与以上两篇文章中列举的双音节性质形容词相比较，我们可以发现普通话的常用双音节性质形容词在吉安方言里基本都有，而普通话中一些书面色彩比较浓厚等用得比较少的双音节性质形容词在吉安方言里就没有与之对应的形式。此外，吉安方言还有一些具有地域特色的双音节性质形容词，如"刻气漂亮、闹哄热闹、易得容易、拗练桀骜不驯、灵泛、牙板、听话乖巧、刮邋肮脏、喫价厉害、跌股丢脸"等。

关于双音节性质形容词的重叠，李宇明《双音节性质形容词的 ABAB 式重叠》(1996) 指出，普通话的双音节性质形容词一般重叠为 AABB 式，某些情况下也可以重叠为 ABAB 式。重叠后都不能再受程度副词和否定副词的修饰。例如：

(1) 干净——干干净净——*蛮干干净净——*冇干干净净
(2) 冷静——冷静冷静——*蛮冷静冷静——*冇冷静冷静

与普通话相比，吉安方言的双音节性质形容词有 AABB 式重叠，但没有 ABAB 式重叠。吉安方言与普通话双音节性质形容词的 ABAB 式重

叠相对应的说法是"AB下哩",带有"轻微、短暂、致使"的语法意义,主要用于使让句和自愿句。例如:

(3) a. 普通话:让他们两个人都冷静冷静。
　　 b. 吉安话:让渠物两个人下冷静下哩。
(4) a. 普通话:让我安静安静,行吧?
　　 b. 吉安话:让卬安静下哩,可以麽?
(5) a. 普通话:坐下来凉快凉快。
　　 b. 吉安话:坐下来凉快下哩。

此外,吉安方言由双音节性质形容词构成的"AB下哩"与普通话双音节性质形容词的重叠式ABAB一样,可以带宾语。例如:

(6) 你去稳定下哩出呗叽人嘞。你去稳定一下外面这些人吧。

4.2　状态形容词

状态形容词是性质形容词的生动形式,是以性质形容词词根为基础派生而成的。从语法意义上看,状态形容词不单纯表示性质,而是表示状态,具有明显的描写性和浓厚的修辞色彩;从语法功能上看,状态形容词一般不能受程度副词的修饰,作修饰语比性质形容词自由,其后经常可加"的(地)"。蔺璜《状态形容词及其主要特征》(2002)将状态形容词的主要特征归纳为:句法上的谓语性、语义上的有界性和临时性、语用上的描写性。根据朱德熙《语法讲义》(1982:73),现代汉语的状态形容词主要包括:①单音节形容词重叠式,如"小小儿的";②双音节形容词重叠式,如"干干净净(的)";③"冰凉、通红"一类形容词;④带后缀的形容词,如"黑乎乎";⑤"f+形容词+的"形式的合成词(f代表"很、挺"一类程度副词),如"挺好的"。张国宪《状态形容词的界定和语法特征描述》(2007)一文则进一步给出了状态形容词的鉴别标准:

1)　*｛最·很·比较·稍｝＋____
2)　NP$_主$＋____谓
3)　*｛不·没｝＋____

我们根据以上关于状态形容词的研究成果来调查、收集吉安方言的状态形容词,发现从构成形式来看,主要有加缀式、重叠式、错综式和四字式四种类型。

4.2.1 加缀式

加缀式状态形容词,又叫附加式形容词,是由词根加语缀构成。我们这里所谓的语缀,包括构词语缀和构形语缀。吉安方言的加缀式状态形容词可以分为前缀式、中缀式和后缀式三种类型。其中,中缀式状态形容词在前面语缀章节已有论述,在此不再赘述。本节主要介绍吉安方言的前缀式状态形容词和后缀式状态形容词。

4.2.1.1 前缀式

前缀式状态形容词是指在词根前加语缀构成的状态形容词。吉安方言的前缀式状态形容词主要有 cA 式和 ccA 式两种。

4.2.1.1.1 cA 式

吉安方言的前缀式状态形容词,即 cA 式状态形容词,是指"由单音节形容词性词根前附单音节词缀(或近于词缀的成分)构成"[①]的状态形容词。本书依据 cA 式状态形容词研究的已有成果,并结合吕叔湘《现代汉语八百词》(1999:716-736)所附《形容词生动形式表》,以及王启龙《现代汉语形容词计量研究》(2003:195-215)所附《本书分析的 2110 个形容词词汇表》,共调查得出吉安方言 115 个 cA 式状态形容词(见表 4-3)。因 cA 式状态形容词中的 c 大多意义已经虚化,难明本字,故表中"c"本字明确的记汉字,本字不明的记同音字,没有同音字的则用"□"表示。其中和普通话差异比较大的吉安方言 cA 式状态形容词,本书在右下角标注了大致对应的普通话说法。

表 4-3　　　　　　　吉安方言中的 CA 式状态形容词

巴老 [pa^{34} lau^{42}]	蹦硬 [$paŋ^{34}$ $ŋaŋ^{31}$]	蹦急 [$paŋ^{34}$ $tɕie^{34}$]
蹦健 [$paŋ^{34}$ $tɕʰiɛn^{31}$]	秕秋 [pi^{34} ie^{24}] 很扁	逼淡 [pi^{34} $tʰan^{31}$]
笔直 [pi^{34} $tʰei^{12}$]	冰冷 [pin^{34} $laŋ^{42}$]	冰凉 [pin^{34} $lioŋ^{12}$]

[①] 汪国胜:《大冶话里的状态形容词》,《湖北师范学院学报》(哲学社会科学版)1994年第 2 期。

续表

澄清 [ɕʰin¹² tɕʰiaŋ³⁴]	澄青 [ɕʰin¹² tɕʰiaŋ³⁴]	托重 [tɛn³¹ tʰəŋ¹²]
飞快 [fi³⁴ kʰuai³¹]	飞嫩 [fi³⁴ nun³¹]	飞细 [fi³⁴ ɕi³¹]
锋快 [fəŋ³⁴ kʰuai³¹]	嘎粗 [ka¹² tsʰu³⁴]	嘎□ [ka¹² loŋ³⁴] 很疏
嘎刷 [ka¹² sø²⁴] 很粗	□浑 [kaŋ¹² fɛn²⁴]	革浓 [kie³¹ niŋ¹²]
更黄 [kəŋ³¹ uɔŋ¹²]	瓜□ [kua³⁴ lia⁴²] 很累	□稀 [kua¹² ɕi³⁴]
刮绿 [kuɛ¹² lio²⁴]	刮青 [kuɛ¹² tɕʰiaŋ³⁴]	寡白 [kua⁴² pʰa¹²]
乎暖 [fu³⁴ nuon⁴²]	乎热 [fu³⁴ nie¹²]	叽晏 [tɕi⁴² ŋan¹²] 很晚
焦干 [tɕiau³⁴ kon³⁴]	焦湿 [tɕiau³⁴ sei³⁴]	□□ [tɕie¹² maŋ¹²] 很密
借沉 [tɕia³¹ tʰin¹²] 很潮	津甜 [tɕin³⁴ tʰiɛn¹²]	□脯 [tɕin¹² tɕiaŋ³⁴] 很瘦
精瘦 [tɕiaŋ³⁴ səu³¹]	揪苦 [tɕiu³⁴ kʰu⁴²]	揪韧 [tɕiu³⁴ nin³¹]
揪酸 [tɕiu³⁴ son³⁴]	揪痒 [tɕiu³⁴ ioŋ¹²]	揪生 [tɕiu³⁴ saŋ³⁴]
揪青 [tɕiu¹² tɕʰiaŋ³⁴]	□硬 [kʰo³⁴ ŋaŋ¹²] 很厉害	巷晕 [xon⁴² yn³⁴]
拉松 [la¹² səŋ³⁴]	拉熟 [la¹² so³¹]	赖白 [lai⁴² pʰa¹²]
烂麻 [lan³¹ ma¹²]	郎光 [laŋ³⁴ kuɔŋ³⁴] 很亮	郎糟 [laŋ³⁴ tsau³⁴] 很脆
楞近 [lɛn³⁴ tɕʰin¹²]	楞轻 [lɛn³⁴ tɕʰiaŋ³⁴]	拎光 [lin³⁴ kuɔŋ³⁴] 很亮
溜滑 [liu³⁴ uɛ³¹]	溜尖 [liu³⁴ tɕiɛn³⁴]	溜直 [liu³⁴ tʰei³¹]
洛活 [lo³⁴ fɛ³¹] 很轻松	洛痛 [lo³⁴ xəŋ³¹]	咪烂 [mi³⁴ lan³¹]
抹矮 [ma³⁴ ŋai⁴²]	抹短 [ma³⁴ ton⁴²]	抹浅 [ma³⁴ tɕʰyon⁴²]
抹狭 [ma³⁴ xɛ³¹]	墨暗 [mɛ³¹ ŋon¹²]	墨黑 [mɛ³¹ xɛ³¹]
墨乌 [mɛ³¹ u³⁴]	能软 [nəŋ³⁴ nyon⁴²]	黏咸 [niɛn³¹ xan¹²]
趴实 [pʰa³⁴ sei¹²]	滂饱 [pʰaŋ³⁴ pau⁴²]	滂紧 [pʰaŋ³⁴ tɕin⁴²]
滂滚 [pʰaŋ³⁴ kun⁴²] 很烫	滂骂 [pʰaŋ³⁴ ma³¹] 很紧	蓬香 [pʰəŋ³⁴ ɕioŋ³⁴]
劈薄 [pʰi³⁴ pʰo¹²]	劈扁 [pʰi³⁴ piɛn⁴²]	劈滑 [pʰi³⁴ uɛ¹²]
坡松 [pʰo³⁴ səŋ³⁴]	□满 [pʰø³⁴ mon⁴²]	扑辣 [pʰu³⁴ lɛ³¹]
瑞胖 [lui²⁴ pʰoŋ³¹]	瑞圆 [lui²⁴ yon¹²]	瑞壮 [lui²⁴ tsoŋ³¹]
设薄 [sɛ³⁴ pʰo³¹]	设嫩 [sɛ³⁴ nun³¹]	设软 [sɛ³⁴ nyon⁴²]
赛僵 [sai⁴² tɕiaŋ³⁴] 很冷	上好 [soŋ³¹ xau⁴²]	殊光 [ɕy³⁴ kuɔŋ³⁴] 很亮
死笨 [si⁴² pɛn³¹]	死托 [si⁴² tɛn³¹] 很犟	死贵 [si⁴² kui³]
死横 [si⁴² uaŋ¹²]	死懒 [si⁴² lan¹²]	死木 [si⁴² mo³⁴]
特糊 [tʰɛ³¹ u¹²] 很稠	铁紧 [tʰie³⁴ tɕin⁴²]	通红 [tʰəŋ³⁴ fəŋ¹²]

续表

温滚 [un³⁴ kun³⁴] 温热	吸臭 [ɕi³⁴ tʰiu³¹]	吸臊 [ɕi³⁴ sau²⁴]
吸馊 [ɕi³⁴ səu²⁴]	吸腥 [ɕi³⁴ ɕiaŋ²⁴]	稀烂 [ɕi³⁴ lan³¹]
细飞 [ɕi³⁴ fi³¹] 很细	新鲜 [ɕin¹² ɕiɛn³⁴]	削静 [tɕʰio³⁴ tɕʰiaŋ³¹] 很静
绚红 [ɕyon³⁴ fəŋ¹²]	绚黄 [ɕyon³⁴ uəŋ¹²]	雪白 [ɕyø³⁴ pʰa¹²]
印平 [in³¹ pʰiaŋ¹²]	□齐 [tsɛ⁴² tɕʰi¹²]	□渠 [tsɛ⁴² tɕʰy³¹] 很破烂
争欠 [tsaŋ³⁴ tɕʰiɛn³¹] 很硬		

从格式构造方面看，cA 式状态形容词是汉语方言中极富特色的一类词，不仅表现在各式各样的 A 上，更表现在丰富多样的 c 上。吉安方言的 cA 式状态形容词中的 c 大多意义已经虚化，难明其义，难求本字，前附于单音节形容词 A 之前，以词缀的形式起加深 A 之程度的作用，相当于现代汉语普通话的"很"，但又比"很"更具描写性、形象性，富有感情色彩。c 与 A 为习惯性搭配，不同于一般的前缀，不能随便类推。绝大多数的 c 与 A，我们找不到其组合的理据。吉安方言的 cA 式状态形容词中的 A 是词的核心，一般都是单音节形容词性语素，大多可以独立成词，具有比较明确、稳定的音义，一般只表示"量幅"而不显示量的大小。大多数 A 与普通话同形，少部分是吉安方言特有的语素。吉安方言的 cA 式状态形容词中，c 与 A 的黏合使其增加了形象色彩义，并由形象色彩义引申出程度义。c 与 A 的组合情形是比较复杂的，这大概与前缀 c 的意义比较虚化有关。

从语义特点方面看，吉安方言的 cA 式状态形容词是以单音节形容词 A 为词根、前附词缀 c 组成的状态形容词。c 的主要作用是加深 A 之程度，相当于普通话的"很"，因而 cA 式状态形容词与单音节形容词 A 相比，在概念意义上并无太大区别，最显著的差别体现在附加意义上——cA 式状态形容词具有明显的程度性。cA 式还可重叠为 cAcA 式，表示程度的进一步加深。此外，吉安方言的 cA 式状态形容词与单音节形容词 A 相比，还具有口语性、形象性、主观性等特点。试比较：

（7）箇碗班椒炒肉下是用泡泡班椒炒嗰，冇半发哩辣。这盘辣椒炒肉都是用甜椒炒的，一点儿也不辣。

（8）箇碗班椒炒肉扑辣，你放哩山椒哇？这盘辣椒炒肉很辣，你是不是放了山椒？

（9）箇碗班椒炒肉扑辣扑辣，你放哩好多山椒咯？这盘辣椒炒肉非常辣，你到底放了多少山椒哟？

从句法功能方面看，吉安方言的 cA 式状态形容词在句中主要充当谓语、补语和定语。

第一，作谓语。这是 cA 式状态形容词最主要的句法功能。例如：

（10）箇只坑间吸臭。这个厕所很臭。

（11）渠㗂手骨溜尖，蛮好看呐。她的手指纤细修长，挺好看的呢。

（12）出呗墨暗，就跟底呗搭下火嘞。外面很黑，就在里面烤烤火呗。

第二，作补语。作补语时，cA 式状态形容词和中心语之间一般要加结构助词"得"或"哩"（相当于普通话的"得"）。例如：

（13）渠㗂酱饼滴哩做得扑辣。她的酱饼做得很辣。

（14）箇只灶做得抹矮。这个灶台建得很矮。

（15）爸爸把箇把刀磨哩锋快。爸爸把这把刀磨得很快。

（16）印中时喫哩滂饱，睏都睏不着。我中午吃得很饱，睡都睡不着。

第三，作定语。作定语时，cA 式和中心语之间一般要加结构助词"嘅"（相当于普通话的"的"）。例如：

（17）外婆割哩一把巴老嘅雍菜回来。外婆割了一把很老的空心菜回来。

（18）姆妈去栗塘买哩两条揪苦嘅苦瓜。妈妈去栗塘买了两条很苦的苦瓜。

（19）渠开头把哩一只巴结嘅柿哩跟印喫。她刚刚给了一个很涩的柿子跟我吃。

从程度表达方面看，吉安方言的 cA 式状态形容词可以重叠为 cAcA 式，这是 cA 式状态形容词最为常用的加深程度的手段。例如：

（20）a. 箇只橘哩揪酸。这个橘子很酸。

b. 箇只橘哩揪酸揪酸。这个橘子非常酸。

（21）a. 印家外婆煮嘅菜黏咸。我外婆炒的菜很咸。

b. 印家外婆煮嘅菜黏咸黏咸。我外婆炒的菜非常咸。

少数 cA 式状态形容词还可以重叠为"ccA 哩"式，比如"揪酸、揪痒、揪韧、拉松、能软、瓜稀、巷晕"，可以重叠为"揪揪酸哩、揪揪痒哩、揪揪韧哩、拉拉松哩、能能软哩、瓜瓜稀哩、巷巷晕哩"。与 cA 式相比，"ccA 哩"式在程度上有所加深，也更具口语性和主观性。

邢福义《汉语语法学》（2016：157）指出用"X+形"构成的状心式形容词本身包含有程度，不能再加程度副词。但吉安方言里，cA式状态形容词前还可加"箇、太、最、几"等程度副词，进一步加深程度，其程度介于cA式与其重叠式之间。试比较：

（22）箇碗鱼哩扑辣。这盘鱼很辣。

（23）a. 箇碗鱼哩箇扑辣。这盘鱼这么辣。
　　　b. 箇碗鱼哩蛮扑辣。这盘鱼蛮辣。

（24）a. 箇碗鱼哩扑辣扑辣。这盘鱼非常辣。
　　　b. 箇碗鱼哩最扑辣。这盘鱼非常辣。

此外，cA式状态形容词还能用"有发哩、一发发哩、冇咋啯、话不来啯"等短语修饰和限制其程度。例如：

（25）印啯喉咙有发哩焦干。我的喉咙有点儿干。

（26）箇只坑间不晓得几吸臭。这个厕所不知道多臭。

（27）箇只柿哩话不来啯巴结。这个柿子说不来的涩。

4.2.1.1.2　ccA式

ccA式状态形容词，是指由重叠前缀cc与词根A组合而成的状态形容词。词根A主要是形容词性的，也有一部分动词性的。目前对赣方言中这种形式的状态形容词的描写主要见于赣方言相关文献中，如曾献飞《汝城方言研究》（2006）、付欣晴《抚州方言研究》（2006）、胡松柏和林芝雅《铅山方言研究》（2009）、胡松柏《赣东北方言调查研究》（2009）等，任燕平《吉安市吉州话中形容词的生动形式》（2002）也简单描写了吉安方言的ccA式状态形容词。所以，ccA式状态形容词可以说是赣方言的一个特色。

吉安方言的ccA式状态形容词根据A的语法性质可以分为两类：

1）揪揪酸、揪揪痒、揪揪韧、拉拉松、能能软、瓜瓜稀、巷巷晕、焦焦湿；

2）搞搞动、嗡嗡叫、哼哼叫、揪揪转、难难钻、呼呼叫、方方转、暗暗动、咚咚叫、哇哇叫、刮刮叫、撑撑起、耶耶落、聚聚叫、碰碰叫、啪啪叫、叉叉叫。

其中，第一类的A是形容词性词根，整个ccA式状态形容词是由cA式重叠前缀c再加词根A构成，其后一般还需添加"哩"。结构形式的复杂，使这类状态形容词的程度较之 cA 式状态形容词程度更深。第二类的 A 是动词性语素，前缀 cc 不能独立成词，只能附着在 A 前起修饰和限制作用，主要是从动作的声响和状态两方面对动作进行详细生动地描写。

吉安方言的 ccA 式状态形容词充当句法成分的能力比较弱，只有后附"哩"构成"ccA 哩"的形式才能进入句子充当句法成分。"哩"有语音变体"呢"：当所附成分是开韵尾时，其后用"哩 [li⁰]"；当所附成分是鼻韵尾时，其后用"呢 [ni⁰]"。为了避免过于烦琐，本书统一写作"哩"。吉安方言的 ccA 式状态形容词主要是作谓语，不能作定语、补语、状语等。ccA 式状态形容词充当谓语时，其后一般会有语音停顿，其前一般不受程度副词和否定词等的修饰。例如：

(28) 箇只橘哩揪揪酸哩，不好喫。这个橘子酸酸的，不好吃。

(29) 你跟箇哩揪揪转哩，做咋啯咯？你在这里瞎转悠，做什么呀？

(30) 箇件服哩拉拉松哩，就会跌落来掉。这条裤子松松的，就要掉下来了。

此外，ccA 式状态形容词在吉安方言中的数量也比较少，只有很少的一部分 cA 式状态形容词有其相应的 ccA 式。ccA 式状态形容词所表示的程度位于 cA 式和 cAcA 式之间，以"酸"为例，吉安方言的形容词形成这样一条由弱到强的程度链："酸→揪酸→揪揪酸哩→揪酸揪酸→酸麽酸却"。不过，由动词性词根构成的 ccA 式，则没有程度的变化，只是客观描述一种状态。

4.2.1.2 后缀式

后缀式状态形容词是指在词根后加语缀构成的状态形容词。这里所谓的语缀，包括构词语缀和构形语缀。吉安方言的后缀式状态形容词主要有 Acc 式。

吉安方言的 Acc 式状态形容词一般是由单音节词根后附双音节的叠音后缀（或近于后缀的叠音成分）构成。与普通话相比，吉安方言 Acc 式状态形容词的特别之处主要表现在丰富多彩的叠音后缀 cc 上。此外，吉安方言 Acc 式状态形容词的能产性也远低于普通话的 Acc 式状态形容词。

对 Acc 式状态形容词进行分类，可以从 A 的词性、后缀成分 cc 有无实际意义以及 A 与后缀成分之间的关系等角度进行。在这里，我们根据 A 的语法性质，将吉安方言的 Acc 式状态形容词分为以下三类：

1）A 为名词性语素：屁耸耸_{形容屁多}、肉嘿嘿_{形容肥肉多}、肉刮刮、肉甚甚、肉撒撒、肉狠狠、火□［tɔi³¹］□［tɔi³¹］、水□［sɛ⁴²］□［sɛ⁴²］、水洋洋、水□［tʰia¹²］□［tʰia¹²］、水窝窝、眼鼓鼓、眼直直、气鼓鼓、劲鼓鼓、油了了、汗流流、汗□［pʰia⁴²］□［pʰia⁴²］、苍蝇/蛆/人搞搞、苍蝇刚刚、苞鼓鼓、歌赛赛、花艳艳。

2）A 为形容词性语素：干巴巴、干焦焦、硬蹦蹦、硬翘翘、香喷喷、响当当、娇耶耶、新杠杠、红躺躺、红通通、灰通通、灰嘟嘟、黑嘟嘟、黑抹抹、乌栋栋、白萱萱、黄更更、黄霜霜、绿澄澄、绿盈盈、青盈盈、烂纷纷、老巴巴、湿哒哒、沉塔塔、实朵朵、饿牢牢、糊哒哒、急塔塔、急赖赖。

3）A 为动词性语素：笑眯眯、笑嘻嘻、叫/哭赖赖、醉熏熏、死沉沉、死得得、活跳跳（鱼）、活络络（人）、盖逼逼、叫耶耶。

通过上面对 Acc 式状态形容词的分类和举例，我们可以发现吉安方言这类形容词的词根与词缀的结合面都比较窄，大多数情况下为一对一的关系（如"屁耸耸、香喷喷"等）；少有一对多的关系（如"笑眯眯、笑嘻嘻"等）以及多对一的关系（如"眼鼓鼓、气鼓鼓、劲鼓鼓"等）。其中，一对多的几个 Acc 式，主要是从不同角度描写同一事物、动作或性状；多对一的几个 Acc 式，主要是用来描写不同事物、动作或性状的同一状态。

需要特别说明的是，上述三类 Acc 式状态形容词中的 cc 其实并非都是语缀。有的是词根语素，如"屁耸耸、眼直直、气鼓鼓"等；有的是词缀语素，如"干巴巴、娇耶耶、香喷喷"等。因为它们具有相同的形式特征以及近似的表义特点，所以在这里我们暂且把它们归为一类来通论。

当 A 为名词性语素时，A 与 cc 构成主谓关系，cc 是对主语 A 不同情态、性状的描述，如"眼鼓鼓、人搞搞"等；当 A 为形容词性语素时，A 与 cc 构成派生关系，cc 是对词根 A 语义上的补充或程度上的叠加，如"红通通、硬翘翘"等；当 A 为动词性语素时，cc 与 A 构成述补关系，cc 是对表示动作行为的词根 A 在情状、方式等方面的补充，如"笑眯眯、醉醺醺"等。不管 A 与 cc 之间是主谓关系、派生关系还是述补关系，它们的共同点都是对事物、动作或性状的描写，只是侧重点有所不同。

　　吉安方言没有 Ac 式状态形容词，与 Acc 式状态形容词相近的有单音形容词 A、前缀式状态形容词 cA 式和 ccA 式。吉安方言 Acc 式状态形容词的语义特征，只有在和这些相近的形容词的比较中才能凸显。我们前面讲到，单音节形容词 A 只能是性质形容词，意在客观描述事物的性质，cA 式与 ccA 式都是对相应状态的描写，且 ccA 式的程度高于 cA 式。Acc 式状态形容词的程度与 ccA 式状态形容词的程度相当。所以，这几个形容词可以形成这样一条程度链：A < cA < ccA／Acc。

　　由此可以看出，在这样的一条程度链上，Acc 式与 ccA 式的比较最有意义。二者的不同之处主要表现在以下几方面：①ccA 式状态形容词中的 A 可以是形容词性语素或动词性语素，而 Acc 式状态形容词中的 A 除上述两者之外还可以是名词性语素；②从能产性方面来看，吉安方言的 Acc 式状态形容词的能产性要远高于 ccA 式状态形容词；③对于单音形容词 A 而言，很少既有 ccA 式状态形容词，又有 Acc 式状态形容词，如"酸"有"揪揪酸"的 ccA 式就没有相应的 Acc 式，"老"有"老巴巴"的 Acc 式就没有相应的 ccA 式；④对于少部分既有 ccA 式又有 Acc 式的词来说，ccA 式侧重于对程度或某一方面的强调，Acc 式则侧重于对状态的描写，如"焦焦湿"侧重于对"湿"的程度的强调，而"湿哒哒"则侧重于对事物湿了之后黏哒哒状态的描写；又如"嗡嗡叫、哼哼叫、呼呼叫、咚咚叫"等是对"叫"时声音的强调，而"叫赖赖"是对"叫"时状态的描写。

　　从感情色彩方面来看，如果 A 本身带有感情色彩，那么吉安方言的 Acc 式状态形容词的感情色彩和 A 一致，如"烂纷纷、老巴巴、饿牢牢"等；如果 A 是中性的，那么整个 Acc 式状态形容词的感情色彩和叠音后缀 cc 一致，如"屁耸耸、肉嘿嘿、歌赛赛"等。

　　从句法功能方面来看，吉安方言的 Acc 式状态形容词在大多数情况下，需要后附"哩"才能进入句子充当句法成分，如"箇只鱼哩死了哩，硬翘翘哩 这条鱼死了，硬邦邦的"；也有少数不后附"哩"进入句子充当句法成分的情况，如"你当呐臭屁王样嗰，屁耸耸 你像臭屁王一样，很多尾"。不后附"哩"直接进入句子充当句法成分的 Acc 式状态形容词的叠音后缀 cc，一般语义偏实。此外，后附的"哩"有一个语音变体"呢"：当所附成分是开韵尾时，其后用"哩［li⁰］"；当所附成分是鼻韵尾时，其后用"呢［ni⁰］"。为了避免过于烦琐，本书统一写作"哩"。

吉安方言的 Acc 式状态形容词主要在句中作谓语、补语和定语。当要强调 Acc 式状态形容词的程度义时，一般需要在其前加上指代程度的代词"箇"。例如：

（31）箇两只饿牢牢哩，等吶从牢房兜放出来嗰样嗰。这两个很饿的样子，像是从牢房里放出来的一样。（作谓语）

（32）你今日箇屁耸耸，是麼喫多哩蒜子咯？你今天这么多屁，是不是吃多了蒜子哟？（作谓语）

（33）你都已经胖哩箇肉嘿嘿去哩，还要喫箇多。你都已经胖得这么多肉了，还要吃这么多。（作补语）

（34）你到做咋嗰咯？热哩箇汗盖盖哩。你去做什么哟？热得这么多汗。（作补语）

（35）沟底呗一只硬翘翘哩嗰鱼哩。沟里一条硬邦邦的鱼。（作定语）

（36）卬到银行取哩几张新杠杠哩嗰钱。我到银行取了几张崭新的钱。（作定语）

从语用功能来看，吉安方言 Acc 式状态形容词最突出的功能是描写功能，主要描写内容有以下几方面：①描绘状态，如"肉撒撒、水洋洋、新杠杠、沉塔塔"等；②描绘色彩，如"白萱萱、黄更更、绿盈盈、黑嘟嘟"等；③描绘程度，如"干巴巴、响当当"等；④描绘声音，如"笑嘻嘻、叫耶耶"等；⑤描绘氛围，如"死沉沉、乌栋栋"等；⑥描绘形象，如"老巴巴、饿牢牢"等。

4.2.2 重叠式

重叠可以分为构词重叠和构形重叠，构词重叠是构词法的研究内容，是语素通过重叠的方式构成一个新词；构形重叠是构形法的研究内容，是在原词的基础上通过重叠手段构成的重叠式。本书研究的重叠式状态形容词，是构形性质的重叠式，即在原形容词的基础上通过重叠的方式构成的重叠式,这就要求本书研究的重叠式状态形容词都有一个基式形容词。吉安方言的重叠式状态形容词可以分为单音形容词重叠式和双音形容词重叠式,前者可以表示为 AA 式,后者有 AABB 式和 cAcA 式两种形式。

4.2.2.1 单音形容词重叠式

单音形容词重叠式,是由成词的单音节形容词 A 重叠而成,如单音形容词"慢"可重叠为"慢慢",我们称为 AA 式。在实际的语言应用中,吉安方言还有一种同形的 AA 式,如"凳凳形容一个人爱出风头"。这类 AA 式是由不成词的单音节语素重叠而成的形容词,学界称为"重叠式形容词"。本部分的研究对象仅限于单音形容词重叠式,不包括重叠式形容词。

在吉安方言中,并不是所有的单音节形容词都可以重叠构成 AA 式状态形容词,目前调查主要有"慢慢、横横、瞎瞎、蠢蠢、得得、黑黑、乖乖、重重、冷冷、阴阴"等。

结合语音与语义特征,吉安方言的单音形容词重叠 AA 式状态形容词,可以分为两类:一类表示程度减弱,语音上第一个 A 读本调,第二个 A 读轻声,如"慢慢、得得"等;另一类表示程度加深,语音上两个 A 都读本调,如"横横、瞎瞎、蠢蠢"等。根据温爱华《新余方言三片形容词重叠式 AA 的比较研究》(2017),这里所谓的"程度加深",并不是形容词本身所表属性的程度,而是说话人对这种属性程度的一种感觉或知觉的鲜明程度。

从句法功能来看,吉安方言由单音形容词重叠构成的 AA 式状态形容词,一般不能单独使用,不受程度副词的修饰,主要是通过添加"哩"在动词前作状语,如"慢慢哩做、横横哩来、瞎瞎哩踹、蠢蠢哩喫、得得哩喫、黑黑哩用、乖乖哩曲到、重重哩骂、冷冷哩观、阴阴哩来"等,不过也有不添加"哩"的,如"酱酱走"。后附的"哩"相当于普通话的"地",有一个语音变体"呢":当所附成分是开韵尾时,其后用"哩 [li⁰]";当所附成分是鼻韵尾时,其后用"呢 [ni⁰]"。为了避免过于烦琐,本书统一写作"哩"。

从语用功能来看,这类 AA 式状态形容词一般用来叮嘱或请求听话人如何施行某种动作,也可用来描述某一行为。

此外，吉安方言中还有少数单音形容词重叠构成 AA 式附于"哩"之后能单独使用，可在句中作谓语和补语，不能位于动词前作状语，用于客观陈述某种状态。不过，这类用法在吉安方言中还是比较少见的。例如：

（37）箇只人个子高高哩，面圆圆哩。这个人个子高高的，脸圆圆的。（作谓语）

（38）把箇叽肉切哩薄薄哩。把这些肉切得薄薄的。（作补语）

（39）箇只人长得瘦瘦哩。这个人长得瘦瘦的。（作补语）

4.2.2.2　双音形容词重叠式

4.2.2.2.1　AABB 式

双音形容词重叠 AABB 式，是指由双音节形容词 AB 重叠而成的 AABB 式状态形容词，徐烈炯、邵敬敏《上海方言形容词重叠式研究》（1997）称为分体双重叠。普通话有大量的 AABB 式状态形容词，吉安方言相对而言数量比较少。

吉安方言的大多数 AABB 式是由双音节性质形容词 AB 重叠而来，如"干干净净、新新鲜鲜、舒舒服服、消消停停、痞痞赖赖、正正堂堂、笔笔直直、懂懂□［tiaŋ³⁴］□［tiaŋ³⁴］、急急忙忙、斯斯文文、慌慌张张、弯弯曲曲、疯疯癫癫、刻刻气气漂漂亮亮"等。

吉安方言的双音形容词重叠 AABB 式，语音上 AA 和 BB 都念本调。语义上，相对基式形容词 AB 而言，更具描绘性和生动性，语义程度也有所加强。句法功能上，主要在句中充当谓语、定语、状语和补语。分别举例如下：

（40）箇只人斯斯文文，看起来不像只恶人。这个人斯斯文文，看起来不像坏人。（作谓语）

（41）卬今早晨到园哩摘哩一篮哩新新鲜鲜嗰菜。我今天早上到菜园里摘了一篮子新新鲜鲜的菜。（作定语）

（42）叽窗子下擦哩箇干干净净，你还有咋嗰话得？窗户都擦得这么干干净净，你还有什么好说的？（作补语）

（43）辛辛苦苦大半辈子，一分钱都不能存到。辛辛苦苦大半辈子，一分钱都没有存到。（作状语）

邢福义等《形容词的 AABB 反义叠结》（1993）指出形容词的

AABB有双音形容词的AABB重叠和两个单音形容词的AABB叠结。石锓《从叠加到重叠：汉语形容词AABB重叠形式的历时演变》（2007）将这两类分别称为重叠和叠加。吉安方言的AABB式状态形容词除了由双音节形容词AB重叠而来之外，还有一类AABB式状态形容词的AB并不成词，如"排排浪浪、憨憨答答、黏黏嗒嗒、捻捻撅撅、紧紧昂昂、心心偷偷、姐姐渣渣、红红绿绿"等。这类AABB式状态形容词不是由AB形容词重叠而来的，AA和BB在吉安方言中也不能单说，甚至有些AABB的A和B也不能单说。这类状态形容词，在吉安方言中比较少见，常作谓语。

4.2.2.2.2 cAcA式

吉安方言的cAcA式重叠形容词，是由cA前缀式状态形容词重叠而来，前面谈到的cA式状态形容词都可以重叠为cAcA式，表示程度更深一层。这类形容词主要用来描写与感官相联系的声音、颜色、性状、样貌等性状，如"雪白雪白、冰冷冰冷、笔直笔直、梆硬梆硬、焦干焦干、津甜津甜、揪韧揪韧、劈薄劈薄、飞嫩飞嫩、瑞圆瑞圆、巷晕巷晕、揪青揪青、稀烂稀烂、郎光郎光、溜尖溜尖、刮邋刮邋、更黄更黄"等。

cAcA式状态形容词同cA式状态形容词相比，除了程度的加深之外，在表义上也多了一种主观评价的色彩，使表达的对象更加形象生动。

4.2.3 错综式

本书所谓的错综式是指由加缀和重叠两种方式综合得来的状态形容词。吉安方言的错综式状态形容词主要有"A哩AB"式、"c咕cA"式、"A麽A却"式和"A打A"式四种。

4.2.3.1 A哩AB

"A哩AB"式是由双音节形容词AB加中缀"哩"并重叠第一个语素A构成，其语义程度比"AB"本身要高，多具有贬义色彩，常见的有"牙哩牙板、聱哩聱㘄、古哩古怪、啰哩啰唆、慌哩慌张、麻哩麻烦、懵哩懵懂、糊哩糊涂、邋哩邋遢"等。此外，还有一系列"A哩A气"形式的错综式形容词，如"痞哩痞气、肮哩肮气、怪哩怪气、小哩小气、土哩土气、妖哩妖气、娇哩娇气"等。

吉安方言的"A 哩 AB"式状态形容词，是一种加缀半重叠式，由于本身已经有某种程度义，所以不受程度副词"蛮、几、最"等的修饰。在语义上，一般具有贬义色彩；在句法功能上，常直接作谓语。例如"做发艾米果麻哩麻烦，卬情敢不喫做点儿艾米果真麻烦，我宁愿不吃"。

吉安方言中与"A 哩 AB"式状态形容词相似的还有"A 啦 AB 式"，如"干啦干净、清啦清楚、滂啦滂饱"等；"A 呢 AB"式，如"神呢神气"。其中，"呢"为"哩"的语音变体：当所附成分是开韵尾时，其后用"哩 [li⁰]"；当所附成分是鼻韵尾时，其后用"呢 [ni⁰]"。为了避免过于烦琐，本书统一将这类错综式状态形容词写作"A 哩 AB"式。

"A 哩 AB"式状态形容词，相对于 AB 式而言，具有表示主观高量的语义特点，大致相当于很 AB 的意思。中缀"哩"（包括"啦""呢"）没有实际意义，只是参与构词，是提升计量的一种方式。

4.2.3.2　c 咕 cA

吉安方言有一部分 cA 式前缀式状态形容词，可以加中缀"咕"并重叠第一个语素 c 构成，如"瑞圆→瑞咕瑞圆，瑞壮→瑞咕瑞壮"等。我们前面讲到，前缀式状态形容词 cA 式可以重叠为 cAcA 式，也是表示量的增加。不过，一般而言，cAcA 式状态形容词的程度一般要低于"c 咕 cA"式状态形容词，如"瑞圆瑞圆＜瑞咕瑞圆，瑞壮瑞壮＜瑞咕瑞壮"。

4.2.3.3　A 麽 A 却

吉安方言的"A 麽 A 却"式状态形容词是能产性比较高的一类状态形容词，能进入该结构中的 A 多为单音节性质形容词，如"酸麽酸却、臭麽臭却、臊麽臊却、蠢麽蠢却"等。其中，插在两个 A 之间的"麽"主要是起停顿、调节音节的作用，"却"是个表示程度到达极致义的语缀。"却"有时候可以换成同样表达程度到达极致的"死"，如"干麽干死、急麽急死"等。此外，此类状态形容词常后接语气词"哩"，如"蠢麽蠢却哩、臭麽臭死哩"等。

4.2.3.4　A 打 A

这种错综式状态形容词中"打"的意义已经虚化，且位置固定，可以看作中缀。所以"A打A"式状态形容词也是一种加缀半重叠形式的错综式状态形容词。吉安方言中，能进入"A打A"式状态形容词的A多为单音节性质形容词，如"实打实、满打满、硬打硬、稳打稳"等。

4.2.4 四字式

这里所谓的四字式，是由四个语素组合而成的一个形容词，四个语素浑然一体，不好拆分，所以也不好分析其内部构成方式，我们统一称为"四字式"。吉安方言具有很多有地域特色的四字格式，如"卢皮了了、墨乌聚聚、路哩嘎啦腿蜕皮的样子、凉凉试哩、跌古赖赛、墨乌句哒、私气嘎啦像狗凶狠的样子、得意煞煞、大手大脚、碍手碍脚、撒手撒脚、搞手搞脚、动手动脚、停呢趟呢、土气巴咯、奇里古怪、奇巧古怪、死木烂孩、稀哩糊涂、雪白蓝翔、啰哩八嗦、揪揪瓜韧、稀子瓜烂、斜哩八倒、乌漆马黑、叽里咕噜"等。

4.3 小结

本章从性质形容词和状态形容词两方面描写了吉安方言的性状范畴。其中，性质形容词可以分为单音节性质形容词和双音节性质形容词，状态形容词分为加缀式、重叠式、错综式和四字式。吉安方言的加缀式状态形容词又有前缀式状态形容词和后缀式状态形容词，前者主要有cA式和ccA式两种形式，后者主要有Acc式。吉安方言的重叠式状态形容词可以分为单音形容词重叠式和双音形容词重叠式，前者只有AA式一种形式，后者则有AABB式和cAcA式两种形式。吉安方言的错综式状态形容词主要有"A哩AB、c咕cA、A麽A却、A打A"四种形式。此外，吉安方言还存在大量具有吉安地域特色的四字式状态形容词。

第5章 体貌

　　动词是最复杂的词类之一，体貌是和动词密切相关的语法范畴，是动词主要的时间范畴之一。体貌是通过特定的语法形式所表现的动作或事件与时间相关的状态。某种体貌的确定及其与其他体貌的区别，根本在于该体貌在语法形式和语法意义两方面的特征表现，同时也和体貌的其他辅助特征有很大的关系。本章在参考、借鉴前人研究成果的基础上提出自己对体貌及体貌系统的一点新认识，然后逐一描写吉安方言各体貌的语法形式，以期能展示吉安方言体貌系统的全貌，并反映其特点。

5.1　体貌概说

　　动词是人类语言最复杂的词类之一，和动词相关的体貌范畴自然也自带复杂属性。目前，学界关于体貌的研究也是众说纷纭。接下来，本节将在总结现代汉语体貌研究概况的基础上，结合汉语体貌的语言事实，谈谈对"体貌"的名称、定义以及如何研究一种语言或方言的体貌系统等问题的一点认识和看法。

5.1.1　关于体貌的名称

　　人类语言中，和动词相关的语法范畴有人称、时、体、态、貌、式、性、数、量、方向等。具体到个别语言，与动词相关的语法范畴又会各有差异。汉语有关"体貌"的种种说法都是来自印欧语，但由于印欧语的时、体、态有着界线分明的语言形式标示，而汉语的时、体、态是纠缠在一起、"综合在一个虚词之上实现"① 的。所以借用印欧语的时、体、态概念指称汉语的语法事实，会存在两方面的问题：一是概念的适用性问题，即印欧语的概念与汉语的语法事实存在不一致的问题；二是概念的区分度问题，即各概念所指称的事实之间存在交叉、重复等问题。反映在汉语语法学领域，则表现为国内学者关于"体貌"有各种各样的说法，如吕叔湘《中国文法要略》（1942：227-233）中的"动相"、王力《中国现代语法》（1985［1943］：216-228）中的"情貌"、高名凯《汉语语法论》（2011［1948］：186-199）中的"体"、龚千炎《汉语的时相时制时态》（1995：43-112）中的"时态"、伍云姬《湖南方言的动态助词》（2009［1996］）中的"动态"、张双庆《动词的体》（1996）中的"体貌"、郑懿德《福州方言时体系统概略》（1996）中的"时体"等。

以上关于"体貌"的诸多说法，并不是语言学家们仅凭个人喜好随意捏造出来的，而是各有各的理据、各有各的侧重点。这些各不相同的名称，一方面反映了汉语与动词相关的各语法范畴之间界线的模糊性，另一方面也反映了不同时期语言学家对各语法范畴认知的发展与成熟。以"时"和"体"这两个概念为例：一方面，汉语里的时、体是综合在一个虚词之上实现的，又都同时间信息相关，这就造成二者之间的界限很难划清；另一方面，语言学家与此相关的研究也经历着从早先的"时体不分"，到"有体无时"，再到"时体分立"的认知发展历程。所以说，这些各不相同的名称背后，隐含着不同的语言事实以及语言学家不懈努力的成果。

虽然这些各不相同的说法都有各自存在的意义和理由，但是我们最好还是有一个概念，做到既能全面反映汉语相关的语言事实，又能反映学界普遍认可的最新共识。这样不仅有利于国内各语言学家共同探讨和分析相关语言现象，也有利于中国的汉语语法学与国际语言学接轨，为国际学术交流营造良好的氛围。结合汉语的语言事实以及前贤们日趋成熟的研究成果，我们认为"体貌"这一术语比较合适，因为它一方面

---

① 左思民：《现代汉语中"体"的研究——兼及体研究的类型学意义》，《语文研究》1999 第 1 期。

涵盖了动词与时间相关的各个方面的语法事实，另一方面也是当前大家普遍采用的说法。

5.1.2 关于体貌的定义

"体、貌分立"说，最早是在1993年上海举行的"中国东南部方言语法研讨会"上提出的。与会学者们在讨论"体"的名称问题时，首次提出"貌"来指称包含动作主体一定意想和情绪的语法范畴，与表示人们对客观进程的观察和感受的"体"并列①。

此后，不断有学者用"体貌"统称动词与时间相关的语法范畴，但具体的定义又存在各不相同、互不统一的问题。例如，不同于张双庆《动词的体》（1996）里的"主、客观区分"之说，涂光禄《贵阳方言动词的体和貌》（2002）持"阶段、状态区分"的观点：认为"体"是动词与体助词配合，表达动作行为进行、完成及可能等各类语法意义，"貌"是动词和动词短语的各种形式的重叠再加上貌助词，表达动作行为的状态②。而陈前瑞《汉语体貌系统研究》（2003）则认为"体貌"包括由谓词内在语义特征构成的情状类型、由"起来、下去、完、好"与词语重叠等半虚化成分以及更为虚化的"着、了、过、来着"等所表示的各种语法意义，它是事件内在的时间结构的表现③。目前，大多数学者都认同"体貌"是动作或事件在时间进程中的方式或状态。

通过对现代汉语体貌系统涉及的层级分类视角的总结，结合普通话和各方言的体貌事实，我们不赞同体貌是动作或事件在时间进程中的方式或状态的观点，因为体貌不仅有时间进程中的方式或状态，还有不能置于时间进程中但又和时间有密切关系的方式或状态。例如，"完成、进行"等都可以在动作时间进程中有确定的某个时点或时段；而"尝试、反复"等则没有确定的时点或时段。所以，对此稍加修改，我们认为体貌是通过特定的语法形式所表现的动作或事件与时间相关的状态。

---

① 张双庆：《动词的体》，香港中文大学中国文化研究所吴多泰中国语文研究中心1996年版，第2－3页。

② 涂光禄：《贵阳方言动词的体和貌》，载戴庆厦编《中国民族语言文学研究论集2·语言专集》，民族出版社2002年版，第38页。

③ 陈前瑞：《汉语体貌系统研究》，博士学位论文，华中师范大学，2003年，第1页。

具体说来,"体貌"的定义应该包含以下五方面的内容:

第一,体貌是一种语法范畴,是语法形式和语法意义的有机融合,是在语法形式支持下的语法意义归纳成的语法范畴,没有离开意义的纯形式范畴,也没有离开形式的纯意义范畴。

第二,体貌的语法形式是与谓词性成分相关的一些已经虚化或半虚化的动态助词、副词、语气词及动词重叠等语法形式,可以是词汇手段,也可以是语法手段。在体貌研究的初始阶段,可以有宽严两种标准。

第三,体貌的主体是动作或事件,同时也与动作或事件的施动者有一定的相关性。

第四,体貌与时间有着密切的联系,表示动作或事件与时间相关的状态。这可以从两个方面分析:从体貌的内在时间性来看,体貌表示过程,强调动作或事件的时间线性铺展,即动作或事件在横向的时间轴上的不同状态,我们称为"体";从体貌的外在时间性来看,体貌表示非过程,强调动作或事件在时间轴之外又与时间相关的状态,我们称为"貌"。可以说,体貌是谓词性成分的内在时间性和外在时间性共同作用的结果。

第五,体貌的语法意义包含动作或事件一切与时间相关的意义。例如,[＋/－量化]、[＋/－完成]、[＋/－开始]、[＋/－终结]等语义特征。

5.1.3 关于体貌的研究

过去对体貌的各种系统的研究成果,归纳起来大致可分为两大版块:一是对现代汉语普通话体貌系统的研究,主要从表现体貌的语法形式和语法意义两方面着手对体貌系统进行划分;二是对现代汉语方言体貌系统的研究,主要借鉴普通话体貌系统研究的成果描写和研究各地方言的体貌系统,并在此过程中扩充了一些新的体貌系统的分类视角。

5.1.3.1 现代汉语普通话体貌系统研究概况

学界对现代汉语普通话体貌系统的研究,主流方法是结合体貌的语法形式和语法意义进行系统分类,可大致分为三类:一是先语法形式后语法意义,即先根据语法形式的不同分出第一层级,再根据语法意义的差异细分出第二层级；二是语法形式和语法意义并重，即同时结合语法形式和语法意义对现代汉语普通话的体貌系统进行分类；三是先语法意义后语法形式，即先根据语法意义的不同分出第一层级，再根据语法形式的差异细分出第二层级。

5.1.3.1.1　先语法形式后语法意义

最早采用"先语法形式后语法意义"的方法对现代汉语体貌系统进行研究的，属吕叔湘的《中国文法要略》（1942：227-233）。吕叔湘先生先根据不同"动相"所使用的标记词将之分为三大类：使用限制词表示的、使用白话里新发展出来的一些专以"动相"为作用的词表示的以及使用"动量"表示的，然后每一大类下又根据不同的语法意义分为不同的小类。如第二大类又从语法意义的角度将之分为六小类：方事相、既事相、起事相、继事相、先事相、后事相。

王力《中国现代语法》（1985［1943］：216-226）沿用吕叔湘的系统分类方法，先根据不同体貌所使用的形式手段将汉语的"情貌"分为"不用情貌成分者""用情貌记号者""用末品补语者"以及"用动词复说者"四大类，又从语法意义的角度将第二大类和第三大类细分成不同的小类，如"用末品补语者"又根据语法意义的不同细分为"开始貌"和"继续貌"两小类。

利用此方法对体貌系统进行分类的还有张秀《汉语动词的"体"和"时制"系统》（1957）、张国宪《现代汉语形容词的体及形态化历程》（1998）以及邹海清《从语义范畴的角度看量化体与体貌系统》（2010）等。不过，张国宪只描写了现代汉语形容词的体系统，邹海清则在体貌系统的语法形式层和语法意义层之间加入了"［+／-量化］层"。

5.1.3.1.2　语法形式和语法意义并重

利用"语法形式和语法意义并重"的方法对现代汉语的体貌系统进行研究，最典型的系统分类是简单列举，不分层级。最早利用此方法的属高名凯《汉语语法论》（2011［1948］：208-223），高先生将语法形式和语法意义放在同一层次综合考虑，将汉语的体分为"进行体（绵延体）""完成体（完全体）""结果体""起动体""叠动体"和"加强体"六类。赵元任《中国话的文法》（1980）、王松茂《汉语时体范畴论》（1981）、龚千炎《谈现代汉语的时制表示和时态表达系统》（1991）、石毓智《论现代汉语的"体"范畴》（1992）、邹崇理《自然语言逻辑研究》（2000）等也都是采用这种方法对现代汉语的体貌系统进行分类，只是在具体的体貌类型的名称和数量上有所差异。

利用"语法形式与语法意义并重"的方法研究而得的汉语体貌系统，也有分层级的，即在此基础上结合与体貌相关的其他方面对体貌进行系统的层级分类。如任学良《汉英比较语法》（1981：141-179）先根据语法形式和语法意义并重的原则将现代汉语普通话的体貌分为"完成体""进行体""完成进行体""经历体""尝试体（委婉体）"和"一次体"六大类，然后又根据体貌的外在时间性特征，将"完成体"细分为"现在完成体""过去完成体"和"将来完成体"三小类。戴耀晶《现代汉语时体系统研究》（1997）则是从体貌的内在时间性特征出发，将现代汉语普通话的体貌分为"完整体"和"非完整体"两大类，每大类又遵从"语法形式和语法意义并重"的原则再细分层级，如"完整体"又细分为"现实体""经历体"和"短时体"三小类。类似的还有乔全生《晋方言语法研究》（2000：230-241）、陈前瑞《汉语体貌系统研究》（2003）和李小凡《现代汉语体貌系统新探》（2004）等。他们之间的差别主要表现在从哪些"方面"再分类以及引入"方面"的多少，其中引入"方面"最多的是陈前瑞。陈前瑞（2003）在"语法形式和语法意义并重"的基础上，还引入了"体标记的语法化程度""量化特征""内在时间性特征"以及"语义特征"四个"方面"，将汉语的体貌系统概括为一个四层级的体貌系统。

5.1.3.1.3　先语法意义后语法形式

利用"先语法意义后语法形式"的方法对现代汉语的体貌系统进行研究的学者最少，有张志公、李临定和伍云姬等。张志公《现代汉语（试用本）》（1982）先从［+/-完成］的角度将汉语的"动态"分为"尚未完成"和"已经完成"两大类，然后从［+/-开始］的角度将"尚未完成"细分为"尚未开始"和"已经开始，正在进行"两类，最后再结合语法形式细分出不同的小类。李临定《现代汉语动词》（1990）先从［+/-持续］的角度将汉语的体貌分为"持续体"（包括开始）和"完成体"两大类，再结合语法形式和语法意义细分出不同的小类，如"持续体"又可细分出"开始继续体""持续体""过去延续体""将来继续体"和"惯常体"五小类。伍云姬《湖南方言的动态助词》（2009［1996］）先根据动作或状态有没有起点或终点，将动态系统分为"限制态"和"非限制态"两大类，然后"限制态"又从关联时间点的数量的角度下分为"完成态"和"已然态"，"已然态"又根据是否强调经验分为"经历态"和"非经历态"。

学界对体貌系统的研究，在上述主流系统之外，还有几位学者的研究颇具特色。张黎《关于汉语的"体"——以"着"、"了"为例》（1999）从三个与体貌相关的不同方面对体貌系统进行三分：一是从语法形式与语法意义的角度，将体貌分为"语义体"和"句法体"两大类；二是从动作的外在时间性特征，将体貌分为"时态体"和"非时态体"两大类；三是从体标记的语法化程度，将体貌分为"抽象体"和"具象体"两大类。孙英杰《现代汉语体系统研究》（2007）从表达体貌的形式载体出发，将汉语的体系统分为"动词词汇体""述谓体"和"语法体"三大类，每大类又根据不同的语义特征进一步细分。而杨素英《当代动貌理论与汉语》（2000）更是提出"我们没有必要对情状作硬性的分类"的观点，别具一格。

5.1.3.2 现代汉语方言体貌系统研究概况

现代汉语方言的体貌系统的研究成果，主要表现在两方面：一是对普通话体貌系统数量上的扩充，即借鉴普通话的体貌系统研究成果不断地去研究和描写各地方言的体貌系统；二是对普通话体貌系统质量上的补充，即在普通话体貌系统研究的基础上又创新性地增加了一些新的分类视角。为避免重复，下面我们主要介绍方言体貌系统研究中新出现的体貌系统分类法。

5.1.3.2.1 体、貌并列

所谓体、貌并列，是指区分体和貌，二者在体貌系统中是并列关系，共同构成体貌系统。这种体貌系统的分类方法，最早见于1993年在上海举行的"中国东南部方言语法研讨会"的论文集《动词的体》。参加该会议的学者在讨论"体"的名称问题时，首次将"体貌"分为"体"和"貌"，认为"体"是人们对客观进程的观察和感受，"貌"往往还体现着动作主体一定的意想和情绪。该会议的论文集里共13篇描写了某一地方言体貌系统的论文中,有9篇都是先将体貌分为体和貌,然后再具体描写各种体和貌的语法形式和语法意义,如项梦冰将连城(新泉)方言的体貌分为完成、进行、持续、经历、起始、继续、已然7种体和短时、尝试、反复、重行4种貌,每种体貌都详细分析了其语法形式和语法意义。

将体貌分立为并列的"体"和"貌",这也是后来学者采用最多的体貌系统分类法,有徐慧《益阳方言语法研究》(2001：193-221)、邢向东《神木方言研究》(2002：595-612)、石汝杰《明清吴语和现代方言研究》(2006：90-108)、孙叶林《邵东(火厂坪镇)方言的体貌表达》(2008)、岳佳《耀县方言体貌系统》(2011)、孙立新《关中方言语法研究》(2013：352-382)、张亚明《湖北郧西话的体》(2014)、王宏佳《咸宁方言研究》(2015：203-204)、李小芬《夏县方言的体貌系统》(2017)、陈凤华《商丘话体貌系统研究》(2018)等。

5.1.3.2.2 貌从属于体

所谓貌从属于体,是指区分体和貌,貌并无特殊概念内涵,只是约定俗成用来指称体的下位类别,二者共同构成体貌系统。这种描写体貌系统的方法,最早见于胡明扬主编的《汉语方言体貌论文集》中郑懿德对福州方言体貌系统的描写和饶长溶对长汀方言体貌系统的描写：前者将进行、持续体分为进行貌、持续貌、继续进行貌和尝试貌；后者将持续体分为进行貌、接续进行貌、尝试貌和持续貌,将完结体分为完成貌、先然貌、刚然貌和经历貌。

涂光禄《贵阳方言动词的体貌、情态、状态格式》(1997)也将贵阳方言动词的体和貌分开,貌从属于体,完成体下分完结貌、经历貌、确认貌、及物貌、结果貌和刚然貌,进行体下分动程貌、态势貌和保有貌。此后将"貌"作为"体"的下属类别的学者比较少,除上述三位先生外,目前我们发现的还有卢小群《湘语语法研究》(2007：217-249)和周玉洁《毕节方言体貌范畴与语气范畴》(2009)。

5.1.3.2.3 动态、事态并列

所谓动态、事态并列,是指将某一语言或方言的体貌类型先归为动态和事态两大类,每大类再细分成各具体体貌类型的体貌系统。最早用

这种方法描述体貌系统的，属李小凡《苏州方言的体貌系统》（1998）[①]。李小凡先生首先将苏州方言的体貌分为动态和事态两大类：动态是观察动作的发展变化的过程所区分的体貌类型，包括完成体、持续体、进行体、继续体、反复体、经历体、短时体和尝试体；事态是观察事件的发生、存在、变化与否所区分的体貌类型，分为已然态、将然态、未然态、仍然态和定然态。之后也有不少学者借鉴该方法描写体貌系统，有孟淑娟《淄博方言体貌系统及相关虚词研究》（2001）、赵学玲《章丘方言的体貌系统》（2002）、彭兰玉《衡阳方言的体貌系统》（2002）、吴云霞《万荣方言动词体貌考察》（2006）、张洁《萧山方言的体貌系统》（2006）、胡德荣《铅山太源畲话的体貌系统》（2008）、王双成《西宁方言的体貌》（2009）、史秀菊《晋语盂县方言的体态系统》（2011）、冯桂华和曹保平《赣语都昌方言初探》（2012：91-99）、史秀菊《山西兴县方言的体态系统》（2014）、邓永红《湖南桂阳六合土话研究》（2016：248-259）、习晨《赣语樟树方言的体》（2019）等。

不过，赵学玲（2002）、彭兰玉（2002）、吴云霞（2006）、胡德荣（2008）在李小凡的体貌系统基础上又有所改进：赵学玲（2002）在动态和事态之外，还单列一类"貌"与之并列；吴云霞（2006）以及胡德荣（2008）也在动态和事态之外还区分"貌"，只是把"貌"作为动态的下位类型；彭兰玉（2002）则是结合伍云姬（1996）研究湖南方言的动态助词系统时的线性分析与网状分析相结合的研究方法，以及李小凡的动态事态分类法，从动作情态、事件情态和体貌的交互关系三方面描写衡阳方言的体貌系统，首次谈及体貌之间的交互关系。

5.1.3.2.4　完整体、非完整体并列

所谓完整体、非完整体并列，是指将某一语言或方言的体貌系统分为完整体和非完整体两大类，每大类再细分各具体体貌类型的体貌系统。最早用这种方法描写体貌系统的，当属戴耀晶《论现代汉语的体》（1990）对普通话体貌系统的描写。而方言体貌系统研究中，直接应用该系统分类法对方言体貌系统进行描写的目前仅见于杨佳璐《咸丰方言体貌研究》（2018）。更多的是对该系统分类法的改造，比如乔全生

[①] 李小凡：《苏州方言的体貌系统》，《方言》1998年第3期。

《晋方言语法研究》(2000:230-241)将晋方言的体貌分为完全体和非完全体:完全体是指对事件的观察,着眼于整体,侧重于表现一个完整的动作;非完全体则不是着眼于整体,而是侧重于整体的一部分。完全体包括实现体和经历体,非完全体包括起始体、持续体和继续体。又如储泽祥《赣语岳西话过程体与定格体的标记形式》(2002)认为岳西话有语法标记的体可以分成两大类四小类:从事件外部观察,有经历体、完成体两类,可以归结为非持续体,句子表达一个完整的事件;从事件内部观察,有过程体和定格体两类,可以归结为持续体,句子表达一个被分解的不完整的事件。乔全生和储泽祥的系统分类法,实质上和戴耀晶的并无区别,只是在术语的使用以及关注的焦点方面稍有差异。借鉴该方法描写体貌系统的还有高永奇《浚县方言中的体貌系统初探》(2001)、郝素伟《陵川方言的体貌系统》(2009)等。

5.1.3.3 从体貌系统的研究概况中得到的启发

由上文的总结和分析我们可以看出,以往关于现代汉语普通话体貌系统的研究是从语法形式和语法意义两方面着手的,可以说是抓住了体貌的本质特征——体貌是在语法形式支持下的语法意义归纳成的语法范畴,同时也触及体貌的其他辅助特征(如体貌的内在时间性特征、外在时间性特征等)。

如果说现代汉语普通话体貌系统的研究抓住了体貌的本质特征,又触及体貌的其他辅助特征,那么,现代汉语方言体貌系统的研究则主要是详细展示了这些辅助特征在体貌系统分类中的具体应用。可见,现代汉语方言的体貌系统研究是对普通话体貌系统研究的继承和发展,二者相得益彰,互相补充,从不同方面帮助我们更加深刻地认识汉语体貌系统的全貌。

体貌系统是对一种语言中所有体貌类型的尽可能全面、客观的概括,该系统具有多样性、多层次性、模糊性等特点。不同研究者归纳出来的体貌系统会随研究者的研究角度、研究精细度、研究动机以及语言的体貌事实等的不同而不同。若要全面地考察一种语言的体貌系统,可以从以下几个方面着手:体貌的主体、体貌的内在时间性、体貌的外在时间性、表现体貌的语法形式以及体貌强调的语法意义。而根本方法还是根据体貌的语法形式和语法意义确立和区分不同的体貌,从而总结归纳出体貌系统。下面，我们根据体貌的语法形式和语法意义逐一介绍吉安方言的体貌，以期能展示吉安方言体貌系统的概貌。

5.2 体貌系统

吉安方言体貌系统的描写可以通过紧紧围绕吉安方言体貌的语法形式和语法意义确立和区分各具体的体貌类型，并详细描述其用法和功能。通过上文的分析，我们知道，方言体貌系统描写主要有以下四种分类法：①体、貌并列；②貌从属于体；③动态、事态并列；④完整体、非完整体并列。本书根据1993年在上海举行的"中国东南部方言语法研讨会"提出的体、貌并列的方法描写吉安方言的体貌系统。其中，"体"是人们对客观进程的观察和感受，"貌"往往还体现着动作主体一定的意想和情绪。限于总体体例与章节安排，本部分以线性分析的形式，一一列举吉安方言各体貌类型的语法形式、语法意义和语法功能。

5.2.1 完成体

完成体指的是句子所表述的动作、事件或性状在某个参照时间之前就已经成为现实，所以也叫现实体或实现体。郭锐（1993、1997）区分了汉语谓词性成分的过程和非过程两种外在时间类型，指出动词的过程结构由动词表示的动作或状态的内部过程可能具有的起点、终点和续段三要素构成。本书所讨论的完成体，考察的是在典型过程结构的基础上，再加上"实现"这一要素的情况，说话人从内部过程外的一个外部视角审视事件是否实现。将其用空间的形式表现出来，如图5-1所示：

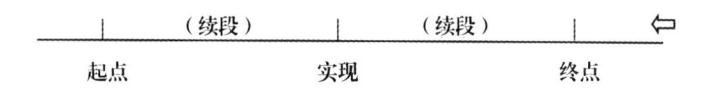

图5-1 完成体的空间形式

以普通话为例，普通话的完成体是通过谓词后加完成体助词"了₁"体现的，其语法意义是句子所表述的事件相对某个参照时间而言已经成为现实。例如：

（1）他借了我一百块钱。
（2）他在门口守了一天一夜。
（3）我把脏衣服都洗完了。

以上三个例句均表示谓词所述的事件相对说话时间而言已经成为现实，所以它们都是完成体。至于实现之后谓词所述的事件是继续维持现实状态，还是马上就会结束？何时结束？普通话的完成体要么不表现，如例（1）、例（2），要么需要借助其他成分来表现，如例（3），完成体标记"了₁"都没有负载这些信息，我们只能根据具体语境推测。

吉安方言的完成体则是通过后附不同的完成体助词表现谓词所述事件实现之后的不同情形，这一点与普通话相比有较大的差异。例如：

（4）渠借哩卬一百块钱。他借了我一百块钱。
（5）渠在门口守了一工一夜。他在门口守了一天一夜。
（6）卬把叽刮邋嗰衣裳下洗了哩。我把那些脏衣服都洗完了。

例（4）只客观地描述了在说话时间之前，"他借了我一百块钱"的事实，至于借了多久、借了之后还了没有，该句话并不能表现。例（5）不仅描述了"他在门口守了一天一夜"这样的事实，还强调了"守"的动作实现之后持续的时间比较长，并且暗含"守"的动作行为在说话时间已经结束。例（6）不仅描述了"我把脏衣服都洗完了"这样的事实，还强调"洗衣服"的动作行为在说话时间已经结束。

普通话用体标记"了₁"表达的完成体，吉安方言有三个语法形式来表达：①哩；②了；③了哩。下面我们先分别讨论吉安方言表完成体的各语法形式的具体用法，再详细辨析各语法形式之间的联系和区别。

5.2.1.1 哩

吉安方言的"哩"［li⁰］一般位于动词或动补、动趋式等结构之后，表示动作或事件相对某个参照时间而言已经完成或实现；也可位于形容词之后，表示某种性状相对某个参照时间而言已经成为现实。这里所谓的参照时间，可以是说话人的说话时间，也可以是话语中提到的某个过去或将来的时间。也就是说，吉安方言中用"哩"表达的完成体，可以是现在的完成，也可以是过去的完成，还可以是将来的完成。例如：

（7）渠来哩，你还不走啦？他来了，你还不走吗？（动词＋哩）

（8）渠已经猜到哩答案。他已经猜到了答案。（动补＋哩）

（9）渠早晨一起来就出去哩。他早上一起床就出去了。（动趋＋哩）

（10）箇叽熟哩，可以喫。这些熟了，可以吃。（形容词＋哩）

（11）卬到买哩三斤苹果，两斤香蕉。我去买了三斤苹果，两斤香蕉。（现在的完成）

（12）渠早几年就买哩房子。他早几年就买了房子。（过去的完成）

（13）明日箇时间呢渠应该到哩北京。明天这个时候他应该到了北京。（将来的完成）

其中，表现在完成的句子，其参照时间为说话人的说话时间，一般是隐含在句子中，没有专门的词语表示。而表过去完成和将来完成的句子中则一般有词语专门表示其参照时间，如例（12）中的"早几年"以及例（13）中的"明日箇时间呢"。

吉安方言中含"哩"的完成体句子，谓词所带的宾语或时量、动量补语等，一般放在"哩"的后面。例如：

（14）卬今日买哩羽绒服跟鞋哩。我今天买了羽绒服和鞋子。（带宾语）

（15）炮筒卬买哩三块，蜡烛卬买哩一包。鞭炮我买了三块，蜡烛我买了一包。（带物量宾语）

（16）渠劳比学哩两年。他总共才学了两年。（带时量补语）

（17）香港卬去哩三回。香港我去了三次。（带动量补语）

（18）半年冇看到你，你嘎胖哩蛮多嘿。半年没有看到你，你现在胖了挺多呢。（带程度补语）

即使完成体谓词所带宾语为动词时，谓词所带的动词宾语也要放在"哩"的后面，这一点与普通话不太一样。例如：

（19）普通话：a. 他答应参加了。

b. *他答应了参加。

吉安话：a. *渠答应参加哩。

b. 渠答应哩参加。

（20）普通话：a. 我决定明天动身了。

b. *我决定了明天动身。

吉安话：a. *卬想好明日动身哩。

b. 㧯想好哩明日动身。

吉安方言中的"哩"与普通话的"了1"相比,普通话的动词带复合式趋向补语作谓语时,"了1"既可位于趋向补语前,也可位于趋向补语后;吉安方言的"哩"只能位于趋向补语后。例如:

(21) 普通话:a. 那两个人打了起来。
　　　　　　b. 那两个人打起来了。
　　吉安话:a. *个两个人打哩起来。
　　　　　　b. 个两个人打起来哩。

吉安方言的完成体标记"哩"在其他一些句式中的语法位置,简要列举如下:

(22) 渠借哩㧯一百块钱。他借了我一百块钱。(双宾句)

(23) 㧯过生日间呢请哩芬芬喫蛋糕。我过生日的时候请了芬芬吃蛋糕。(兼语句)

(24) 渠日日喫哩晚饭就去散步。他天天吃了晚饭就去散步。(连谓句)

(25) 王老师教书教哩二十多年。王老师教书教了二十多年。(重复动词)

(26) 㧯找哩渠几回,下不能找到。我找了他几次,都没有找到。(带宾、补)

(27) 㧯到哩武汉就打电话跟你嘞。我到了武汉就打电话给你哈。(紧缩句)

(28) 墙上贴哩箇多奖。墙上贴了很多奖状。(存现句)

吉安方言的完成体标记"哩"还可位于句末,只是位于句末的"哩"不是单纯的完成体标记,而是完成体标记与语气词的融合体。既表示完成或实现的语法意义又表示某种语气,只不过存在二者孰强孰弱的倾向性,具体情况还要根据不同的语境来判断。下述例句中的"哩"都是位于句末的完成体标记与语气词的融合体,二者孰强孰弱,离开具体的语境和说话人的语气,就难以辨析。例如:

(29) 富德来哩。富德来了。

(30) 作业做完哩。作业做完了。

(31) 箇叽熟哩。这些熟了。

(32) 大家下话好哩。大家都说好了。

(33) 㧯早就起来哩。我早就起床了。

吉安方言用"哩"标示的完成体，其否定形式是通过在动词前加否定副词"（还）不能""（还）冇"等，并把完成体标记"哩"去除来实现的，相当于普通话的"（还）没有"加谓词。例如：

（34）茶缸底呗不能放茶叶。茶缸里面没有放茶叶。

（35）卬今日不能买羽绒服。我今天没有买羽绒服。

（36）日头还冇出来，你瞓下添嘞。太阳还没出来，你再睡会儿吧。

（37）箇叽还冇熟，不可以喫咯。这些还没熟，不可以吃哟。

吉安方言对用"哩"表完成体的疑问，可以分为对肯定式的疑问和对否定式的疑问。二者都是通过在肯定式或否定式句末加上相应的疑问语气词实现，其中肯定式疑问句要加上句末疑问语气词"麽"，否定式疑问句要加上句末疑问语气词"啦"。例如：

（38）a. 日头出来哩。太阳出来了。

　　　b. 日头出来哩麽？太阳出来了吗？

（39）a. 卬物做哩作业。我们做了作业。

　　　b. 你物做哩作业麽？你们做了作业吗？

（40）a. 渠家不能买电视。他家没有买电视。

　　　b. 渠家不能买电视啦？他家没有买电视吗？

（41）a. 箇叽还冇熟。这些还没熟。

　　　b. 箇叽还冇熟啦？这些还没熟呀？

对疑问式的回答，除了完整形式的肯定式或否定式回答，吉安方言更多的是用其简略形式回答。例如：

（42）A：日头出来哩麽？太阳出来了吗？

　　　B：a. 日头出来哩。太阳出来了。/日头不能出来。太阳没有出来。

　　　　　b. 出来哩。出来了。/不能出来。没有出来。

（43）A：箇叽还冇熟啦？这些还没熟吗？

　　　B：a. 箇叽熟哩。这些熟了。/箇叽还冇熟。这些还没熟。

　　　　　b. 熟哩。熟了。/不能熟。没有熟。

上述两例，a 都是完整形式的回答，b 都是简略形式的回答。简略形式的肯定式是"动词+哩"，动词和"哩"都不能省；否定式是"不能/还冇+动词/形容词"，"不能"不能省去，但动词可以省去，而且以省去为常见，即否定式的回答可以仅用"不能"。例如：

（44）A：你家爸爸今年种哩田麽？你爸爸今年种田了吗？

B：a. 种哩。种了。/＊种。/＊哩。

b. 不能。没有。/不能种。没有种。

如果用"哩"字的疑问式中谓词带上了经历体标记"过"，则在用简略形式作肯定回答时，动词、"过"和"哩"都不能省；否定回答仍可以仅用"不能"，但以"不能＋动词＋过"为常用回答。例如：

（45）A：你家婆婆看过哩电影麽？你奶奶看过了电影吗？

B：a. 看过哩。看过了。/＊看过。/＊过哩。/＊看哩

b. 不能看过。没有看过。/不能。没有。

5.2.1.2 了

吉安方言用"哩"标示的完成体，只表达了句子所述的动作行为或事件、性状相对某个参照时间而言已经实现，对其是否结束并不表现，可以是结束了，也可以是没结束，只强调其实现性。例如：

（46）渠在祠堂上坐哩一个小时。他在祠堂里坐了一个小时。

说话人说出这句话时，只是意在告诉听话人"他在祠堂里坐了一个小时"这样的事实，至于"他"是否继续在祠堂里坐，该句话并没有说明，我们需要根据上下文来判断。如接下来可以有如下两种补充：

（47）渠在祠堂上坐哩一个小时咯，你还不赶快去。他在祠堂里坐了一个小时了，你还不赶快去。（事件未结束）

（48）渠在祠堂上坐哩一个小时，冇看到你就回去哩。他在祠堂里坐了一个小时，没看到你就回去了。（事件已结束）

吉安方言的"了"［le⁰］也是完成体助词，不同于"哩"的是，"了"不仅表现了动作、事件或性状的现实性，更侧重对实现之后相关状态的强调，同时还隐含着动作事件的终结。例如：

（49）渠在祠堂上坐了一个小时。他在祠堂里坐了一个小时。

该例不仅描述了"他在祠堂里坐了一个小时"这样的事实，还强调了"坐"的时间之长，同时也暗含了"坐"的行为在说话时间已经结束。

所以，相对于"哩"只表达现实性不关注其他方面，吉安方言的"了"不仅体现了现实性，更强调动作实现之后的相关状态，同时也暗含了动作行为的终结，这是吉安方言表完成体的"哩"和"了"在语

法意义上最主要的区别。

吉安方言的"了"主要用在谓语动词带有补语或宾语的句子中，且补语以时量补语居多，带宾语的句子又多为连动句。例如：

（50）话来话去话了两个小时。说来说去说了两个小时。

（51）𠮾在娘家住了一段时间。我在娘家住了一段时间。

（52）渠跑了三四回都冇找到人。他跑了三四次都没有找到人。

（53）大伯嘅身子比以前差了蛮多。大伯的身体比以前差了蛮多。

（54）昨日𠮾物去𠮾物后呗箇咕山后呗，渠又摘了一桶。昨天我们去我们（小区）后面这个山后面，她又摘了一桶。

（55）上回话咕腰骨痛，去下医院花了五百多块钱。上次说腰痛，去一趟医院花了五百多块钱。

（56）明日𠮾喫了早饭再去学堂。明天我吃了早饭再去学校。

（57）渠总是喫了箇叽又会去做哇。她估计是吃完这些又会去做吧。

上述例句中，例（50）—（53）是谓语带补语的含"了"的完成体句子，其中例（50）和（51）所带的是时量补语，例（52）和（53）谓语动词所带补语分别是动量补语和程度补语。例（54）—（57）是谓语动词带宾语的含"了"的完成体句子，其中例（54）和（55）分别是带物量宾语和名词宾语，例（56）和（57）是带宾语的连动句。

吉安方言的"了"与"哩"相比，除了在语法意义方面有差别之外，在语法功能上也有不少差别。二者之间的差异主要表现在以下四方面。

第一，"了"所附的谓词只能是单音节动词或形容词，不能是双音节的动补、动趋式等结构；而"哩"所附的谓词不仅可以是单音节的谓词，还可以是多音节的谓词或谓词结构。例如：

（58）a. 王老师教书教哩二十多年。王老师教书教了二十多年。
　　　 b. 王老师教书教了二十多年。王老师教书教了二十多年。

（59）a. 渠早就瞓着哩。她早就睡着了。
　　　 b. *渠早就瞓着了。

例（58）中的谓词"教"是单音节动词，"哩"和"了"都可以用，但是用"哩"的 a 句，只表达了"王老师教书教了二十多年"这样的事实，至于王老师是否继续教书，说话人觉得"二十年"的时间是长是短，句中都没有交代，需要根据上下文语境推知。但用"了"的 b 句，则不仅表达了"王老师教书教了二十多年"这样的事实，还强调了"二十年"时间比较长，同时也暗含了"王老师教书"的行为已经终结。例（59）中的谓词是双音节的"瞓着睡着"，所以只能用"哩"表完成，用"了"则是一个不合语法的句子。

第二，若谓词性成分带有宾语、补语等，"哩"与"了"都是位于谓词和宾语或补语成分之间，但存在语法意义上的差别。"动+哩+O/C"式完成体只能客观描述现实事件以及后接表主观小量或消极义的成分；"动+了+O/C"式完成体往往含有浓重的主观大量或积极义的强调意味。例如：

(60) a. 卬到买哩三斤苹果，两斤香蕉。我去买了三斤苹果，两斤香蕉。
　　 b. 卬到买了三斤苹果，两斤香蕉。我去买了三斤苹果，两斤香蕉。

(61) a. 渠在出呗守哩一工一夜。他在外面守了一天一夜。
　　 b. 渠在出呗守了一工一夜。他在外面守了一天一夜。

(62) a. 渠早几年就买哩房子。他早几年就买了房子。
　　 b. 渠早几年就买了房子去哩。他早几年就买了房子了。

上述 3 例中的 a 句都是"动+哩+O/C"式完成体，都只是客观描述句子所述事件已经成为现实。而 3 例中的 b 句都是"动+了+O/C"式完成体，除了表达句子所述事件已经成为现实并已终结之外，更主要的语法意义是强调句子所述动作实现之后的相关状态，所强调的内容或量多（例 60b），或时长（例 61b），或是说话人认为的积极的一面（例 62b）。"哩""了"的这种语法意义的区别，有时候还可通过添加相关副词或语气助词等强化。例如：

(63) a. 渠劳比学哩两年。他总共才学了两年。
　　 b. 渠学了两年去哩咯。他学了两年了。

(64) a. 你一工人工只喫哩三块面包，羌不肚饥嘞。你一天只吃了三块面包，怎么会不肚子饿呢。
　　 b. 你得妾自一下就喫了三块面包，哪还有肚饥咯。你倒是一口气吃了三块面包，哪还会肚子饿哟。

"哩"与"了"在一些复杂句子中的区别与上述情形是一样的，不再赘述。下面简单列举几例以展示"了"在一些复杂句式中的句法位置。例如：

（65）渠偷了卬几十块钱。他偷了我几十块钱。（双宾句）

（66）卬物学堂旧年派了箇多人去上海学习。我们学校去年派了很多人去上海学习。（兼语句）

（67）卬家大伯日日喫了饭就去田哩。我大伯天天吃了饭就去田间。（连谓句）

（68）小花家叔叔开车开了几十年。小花叔叔开车开了几十年。（重复动词）

（69）卬话了渠几回，渠冇听卬话。我说了他几次，他不听我说。（带宾、补）

（70）墙上贴了箇多奖。墙上贴了很多奖状。（存现句）

第三，"哩"可位于句中谓词后，也可位于句末；但"了"只能位于句中谓词后，不能位于除否定式之外的句末。而且，能用"了"的否定式完成体多是作为对疑问句的简略形式的否定回答，有足够的语境提示补充"了"后的信息。因为"了"往往暗示句子意思未表达完整，这大概与其强调动作实现之后的相关状态的语义内涵相关。例如：

（71）a. 电饭煲兜嗰饭熟哩。电饭煲里的饭熟了。
　　　b. *电饭煲兜嗰饭熟了。

（72）a. 渠早就来哩。他早就来了。
　　　b. *渠早就来了。

第四，"了"不能用于完成体的疑问形式，"哩"则无此限制。例如：

（73）A：渠物来哩麽？他们来了吗？
　　　B：来哩。来了。/不能。没有。

（74）A：渠物喫了哩饭麽？他们吃完饭了吗？
　　　B：喫了哩。吃完了。/不能喫了。没有吃完。/不能。没有。

要对同时具有实现和终结意味的完成体进行疑问，只能用"了哩"，不能用"了"。只有疑问的否定回答才可以用"了"，不过这也是依赖语境省略了"了"后本应有的信息。

5.2.1.3　了哩

"了哩"[le⁰li⁰]也是吉安方言表完成的体貌标记，实际上是

"了"和"哩"二者的合体,在语法意义上也是兼具二者,不仅描述动作、事件或性状的现实性,更重在强调其完结性。徐奇(2010)指出,"赣方言中很多方言点都存在着完成体标记连用共同表达完成意义的情况"①,但是不同方言点的连用情况又有所区别。就吉安地区而言,戴耀晶《赣语泰和方言语法的完成体(上)、(下)》(1995)指出泰和方言的完成体标记"改"是另外两个完成体标记"刮"和"矣"的合音形式;杨冬梅《赣语安义方言的完成体》(2010)则把安义方言中完成体标记连用的"刮个"和"起个"当作一个词看待;温美姬《赣语吉安横江话的两个完成体标记:哩、刮》(2017)也指出吉安横江话表完成的"刮"与"哩"也可连着出现,但"刮"都是前面动词或形容词表完结的补语,"哩"是体助词或体助词兼表语气词(出现在句尾),两个单位还是处于跨层结构,只不过在线性次序上紧密相连。吉安方言的"了哩"介于跨层结构和合音形式之间,同安义方言中的"刮个"和"起个"一样,是一个表完成的体貌助词,主要是因为吉安方言中的"了"和"哩"中间不能再插入其他成分,也不能有语音上的停顿,并且"了哩"除了位于句末之外,偶尔也能位于句中谓语动词和其后接宾语之间。例如:

(75)渠上半日喫了哩一袋哩橘哩。他上午吃完了一袋橘子。

(76)昨日死了哩一只讨饭嘎。昨天死了一个讨饭的。

和"哩""了"相比,"了哩"的语法意义内涵最大,使用范围最小,限制最多,表现在以下三方面。

第一,"了哩"只能附着在单音节谓词之后表完成,例如:

(77) a. 山上嘎茶子下把人家偷了哩。山上的茶子被人家偷掉了。
    b. *山上嘎茶子下把人家偷完了哩。

第二,"了哩"主要位于句末,或者紧缩句中分句的句末,"了哩"后不加任何成分,因为"了哩"具有较强的足句作用。例如:

(78)菜馊了哩。菜馊掉了。

(79)印把叽衣裳下洗了哩。我把这些衣服都洗完了。

---

① 徐奇:《江西境内赣方言动词完成体考察》,硕士学位论文,南昌大学,2010年,第35页。

(80) 心死了哩就冇咋嗰活场。心死了就没什么盼头了。

(81) 渠箇只样子，渠老了哩渠一个人活得下去？她这样子，她老了一个人活得下去？

第三，"了哩"只能用于肯定句和疑问句中，不能用于否定句中。例如：

(82) A：箇叽作业你做了哩麽？这些作业你做完了吗？

　　　B：做了哩。做完了。/不能做了。没有做完。/*不能做了哩。

(83) A：箇条鱼哩就死了哩啦？这条鱼就死了呀？

　　　B：死了哩。死了。/不能死了。没有死。/*不能死了哩。

5.2.1.4　三者的比较

"哩""了""了哩"都是吉安方言中的完成体标记，三者既有联系又有区别，各有分工，共同表达了吉安方言完成体的表义系统。"哩""了""了哩"三者在上文已有具体描述，本节主要概括三者在语法意义、所强调的语义、语法功能三方面的联系与区别。

从语法意义方面看，"哩"只是客观地表达了句子所述的动作行为或事件、性状相对某个参照时间而言已经实现，对其实现之后是否持续、是否终结等状态并不表现；"了"不仅表现了动作、事件或性状的现实性，更侧重对实现之后相关状态的强调，同时还隐含着动作事件的终结；"了哩"不仅描述动作、事件或性状的现实性，更重在强调其完结性，有时也强调消失义。卢英顺《从凸显看"了"的语法意义问题》（2012）将普通话的了1分为"结束""告一段落"和"开始"三个次语法意义，并认为"不同次语法意义的形成就是人们对整个事件/状态不同阶段予以关注的结果"[①]。吉安方言"哩、了、了哩"的意义区分能很好地支持卢英顺（2012）的观点，如图5－2：

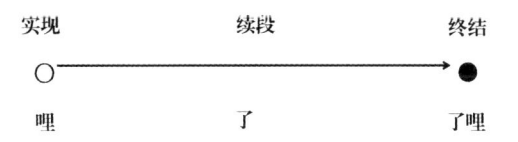

图5－2　哩、了、了哩的意义区分

[①] 卢英顺：《从凸显看"了"的语法意义问题》，《汉语学习》2012年第2期。

从所强调的语义方面看,"哩"很少用来强调语义,偶尔会在"动+哩+O/C"结构中用来强调消极意义;"了"一般用来强调主观大量或积极义;"了哩"一般用来强调完结性和消失义。

从语法功能方面看,"哩"的使用范围最广,"了"次之,"了哩"的使用范围最小。具体表现在以下四方面:①"哩"既可以用在单音节动词或形容词之后,也可以用在动补、动趋等多音节谓词性结构之后,而"了"和"了哩"都只能用于单音节动词或形容词之后;②"哩"可以比较自由地位于句中或句末,而"了"一般只能位于句中谓词后,不能位于除否定式之外的句末,"了哩"则主要位于句末,较少用于句中;③"哩"和"了"都可后附于谓语动词,后接宾语、补语,也可用于双宾句、兼语句、连谓句等复杂句式中,"了哩"一般位于句末,或是紧缩句前分句的句末;④"哩"既可用于疑问形式中,又可用于否定形式中,"了"只能用于否定形式,不能用于疑问形式中,而"了哩"与"了"相反,只能用于疑问形式,不能用于否定形式中。

需要补充说明的一点是,吉安方言的三个完成体标记在实际语流中,都有语法意义和语法功能相同、只是语音有所差别的语音变体。"哩[li⁰]"有一个条件变体"呢[ni⁰]":当谓词是开韵尾时,其后用"哩[li⁰]";当谓词是鼻韵尾时,其后用"呢[ni⁰]"。"了[le⁰]"也有一个条件变体"呐[ne⁰]":当谓词是开韵尾时,其后用"了[le⁰]";当谓词是鼻韵尾时,其后用"呐[ne⁰]"。此外,"了[le⁰]"还有一个自由变体"哇[ue⁰]","哇"使用得比较少,只见于老年人或受普通话影响较小的人的话语之中。与"哩""了"的变体相对应,其合体"了哩[le⁰li⁰]"也有两个变体"呐哩[ne⁰li⁰]"和"哇哩[ue⁰li⁰]",但没有"了呢""呐呢"和"哇呢"之说,这主要是因为"了、呐、哇"都是开韵尾。为避免过于烦琐,本书不区分变体,即上文对"哩、了、了哩"的分析,也包含对其各自的变体的分析。

5.2.2 进行体

"进行体"指的是句子所表述的动作、事件在某一时间里正在进行。它不关注动作的起点和终点,只是从一个内部视角观察事件的当下现实发生,有别于完成体从外部视角审视事件的曾经现实发生。进行体的语义特征是动态性、持续性、当时性。从郭锐提出的动词的过程结构的角度看，本书所讨论的进行体是在典型过程结构的基础上再加上"进行"这一要素的情况，说话人站在动作起点和终点之间的某个时间点审视动作、事件是否正在进行。将其用空间形式表现出来，可如图5-3所示：

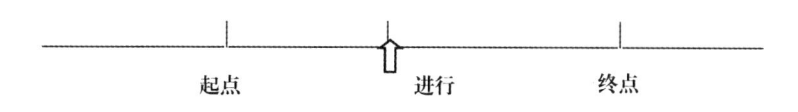

```
————————|——————————⇧——————————|————————
        起点        进行         终点
```

图5-3　进行体的空间形式

进行体主要表示从事件内部结构的起点和终点之间的某一时间点观察句子所述动作、事件是否正在进行。这里所谓的"正在进行"，可以是某一时间点上正在进行，也可以是某一时间段内正在进行，可以是现在进行，也可以是过去进行或将来进行。例如：

（84）我进去的时候，他在看书。（某一时间点上的进行）

（85）小区后面的山在开发，准备建成一个绿道。（某一时间段上的进行）

（86）外面下着雨呢，等会儿再出去吧。（现在进行）

（87）我昨天路过超市的时候，看到超市正在促销。（过去进行）

（88）明天这个时候，我应该在开会。（将来进行）

普通话进行体主要有三种形式：一种是动词前加副词"正在、在"等，另一种是动词后附助词"着"，还有一种是二者糅合同时出现。普通话的进行体有时候还会在句末加上语气词"呢"或"着呢"，强调其正在进行的意义。吉安方言的进行体主要是通过前加副词"在"表示。此外，吉安方言的"在/跟/得箇哩"在语法化的情况下也可以表示进行。下面详细分析吉安方言各进行体标记的句法分布、语义特征及其使用条件。

5.2.2.1　在

吉安方言的"在"[tsʰuai³¹]同普通话一样，有动词、副词和介词三种词性，副词"在"是进行体的常用标记。此外，吉安方言的"在箇哩"结构虚化之后也可以作进行体标记。下面分别介绍吉安方言这两个进行体标记的用法。

5.2.2.1.1　副词"在"

吉安方言的副词"在"一般位于"(S)+在+V+(O)"格式中，表动作正在进行。主语和宾语有时候可以省略不说，"在"和"V"不能省略。不省略的情况下，主语可以是施事、受事，也可以是处所词；宾语可以是光杆名词，也可以是复杂的名词性短语。例如：

(89) 落来喫点心咯，箇叽人咯。在端菜咯。下来吃中饭了，这些人哟。在上菜哟。

(90) 卬物在摘，问卬物羌做，卬就告诉渠羌做。我们在摘，问我们怎么做，我就告诉她怎么做。

(91) 卬还在洗衣裳，等下喫点心。我还在洗衣服，等一会儿吃午饭。

(92) 箇咕山嘎在开发，上呗修水泥路。这个山现在在开发，上面在修水泥马路。

(93) 敦厚在落雨。敦厚在下雨。

(94) 渠在喫饭，你跟箇哩坐下嘚。她在吃饭，你在这里坐一会儿吧。

(95) 卬去进间呢，渠在看一本从图书馆借嗰书。我进去的时候，他在看一本从图书馆借的书。

"(S)+在+V+(O)"格式表示的进行体，谓语可以是动词或形容词，而且谓词一般都需含有"动态性""持续性"和"自主性"的语义特征，不能是关系动词、短暂动词、有无动词和存在动词。例如：

(96) 你看到朋友圈麽，下在晒堵，你物去哪头？你看到朋友圈吗？都在晒堵，你们去哪里？

(97) 渠在伤心，让渠一个人待下。她在伤心，让她一个人待一会儿。

(98) a. 田呢兜嗰禾在变黄，过不得好久就要割禾掉哩。田里的水稻在变黄，过不了多久就要割水稻了。

　　　b. *田呢兜嗰禾在黄，过不得好久就要割禾掉哩。

(99) *渠在是大学生。

(100) *渠在死，你快去看下嘚。

(101) *卬在有笔记本电脑。

例(98)b句中的"黄"是一个非自主性且不含持续性的形容词，所以不能用"(S)+在+V+(O)"格式表示进行体意义；而a句中的"变黄"虽然也是非自主性动词，但有"持续性"的语义特征，所以能用"（S）+在+V+（O）"格式表示进行体意义。例（99）中的动词"是"是关系动词，例（100）中的动词"死"是短暂动词，例（101）中的动词是有无动词，所以上述几个例句都不能成立。

"（S）+在+V+（O）"格式中，"在"的前面还可以加上"是""到底""居然""好像""还"等词，也可以加上"看起来""你听"之类引起听话人注意的插入语。例如：

(102) 渠是在写作业。他是在写作业。

(103) 你到底在做咋啯咯？你到底在做什么哟？

(104) 你居然在学打毛线衣。你竟然在学织毛衣。

(105) 渠好像在撒气。她好像在生气。

(106) 润伢，又在灌酒得渠喫嘿！润伢，又在倒酒给他喝呀！

(107) 渠看起来像在生气。她看起来像在生气。

(108) 你听嘞，出呗在落雨。你听，外面在下雨。

吉安方言没有与普通话"正在"对应的词，普通话的"正在"既表示动作行为正在进行，又强调了是在说话时刻的进行。吉安方言要表示相同的意思，是通过在"在"字进行体句子的基础上加上时间副词"嘎现在"表示。"嘎"一般位于"动词"前，可位于主语后，也可位于主语前，以位于主语后为常见用法。例如：

(109) 渠物两兄弟嘎在慢慢哩做。他们兄弟俩现在在慢慢做。

(110) 印物箇哩嘎在落雨。我们这里现在在下雨。

(111) 你物嘎在做咋啯？你们现在在做什么？

(112) 嘎你物在做咋啯咯？现在你们在做什么哟？

(113) 嘎润伢在住院。现在润伢在住院。

吉安方言"（S）+在+V+（O）"格式的进行体，其疑问形式有三种形式：①在句末加语气词"啦"；②在"在"的前面加"是麽"；③在"在"的后面加"麽"。例如：

(114) 屋下在落雨啦？家里在下雨呀？

(115) 渠物还在喫饭啦？他们还在吃饭呀？

(116) 三姑是麽在瞓觉咯？三姑是不是在睡觉哟？

(117) 老童，是麽在进厂咯？老童，是不是在进厂呀？

(118) 渠嘎在麽喫奶咯？她现在在不在喝奶呀？

吉安方言"(S)+在+V+(O)"格式的进行体的否定式是通过在"在"字前面加"不"表达的，吉安方言没有"冇在"的说法。比较：

(119) 出呗<u>不在</u>落雨。外面不在下雨。

(120) *出呗<u>冇在</u>落雨。

(121) 出呗<u>不能</u>落雨。外面没有下雨。

上述三例中，例（120）是不合语法的句子，例（119）是对进行体的否定，例（121）是对完成体的否定。

5.2.2.1.2　在箇哩

吉安方言的"在箇哩"除了表示实在的处所义之外，还有一种虚化的用法。虚化了的"在箇哩"不表示处所意义，而是一种进行体标记。例如：

(122) 马上就开考咯，你还<u>在箇哩</u>睏觉。马上就开考哟，你还在这里睡觉。

(123) 你<u>在箇哩</u>做咋啯啦？你在这里做什么呀？

上述例子中的"在箇哩"已经不是纯粹的表示处所的介宾结构了，而是发生了一定的虚化。"在箇哩"并不一定表示实在的处所，而是转向兼表时间意义了。值得说明的是，吉安方言"在箇哩"作进行体标记用时，"箇哩"不能替换成远指的"个哩"，主要是因为"个哩"中的"个"语音比较重，没有发生虚化，"在个哩"只能表达处所意义。

5.2.2.2　跟/得箇哩

吉安方言的介词"跟、得"和"在"一样，也可形成"介词+处所词+VP"结构，在"介词+箇哩"虚化的情况下表示进行。与"在箇哩"不一样的是，"跟/得箇哩"结构虚化程度更高，进行意味更强。例如：

(124) 卬<u>跟箇哩</u>写作业，渠就<u>跟箇哩</u>打游戏。我在这里写作业，他就在这里打游戏。

(125) 昨晚一发下工资咯，叽人就不做事去哩，就<u>得箇哩</u>旷工。昨晚一发工资哟，这些人就不做事了，就在这里旷工。

5.2.3　持续体

进行和持续是两个密切相关但又不尽相同的概念。目前学界对普通话以及方言体貌中进行体和持续体的研究,对进行体和持续体的关系存在三种观点:一种是不区分进行体和持续体,另一种是区分进行体和持续体为同一层次上的两个不同的体貌,还有一种是将进行体作为持续体的下属类别来区分二者。不同观点的形成,一方面与学者对问题的研究角度、思路、认识等相关;另一方面也与语言事实相关,比如普通话的进行体和持续体共用助词"着",有的方言通过助词是位于谓词前还是位于谓词后来区分进行体和持续体。本书所说的"持续体"是狭义的持续体,是和进行体同层次的一种体貌。

"进行体"指的是句子所表述的动作、事件在某一时间里正在进行,它主要表示从事件内部结构的起点和终点之间的某一时间点观察句子所述动作、事件是否正在进行。这里所谓的"正在进行",可以是某一时间点上正在进行,也可以是某一时间段内正在进行,可以是现在进行,也可以是过去进行或将来进行。"持续体"表示某种动作状态在一段时间内保持不变,它主要从外部视角观察动作、事件是否有持续段。这里所谓的"持续段",可以是起点和终点之间的持续段,也可以是动作、事件实现之后的持续段。前者表示动作本身在某一时间段内持续,我们称为"动作的持续";后者表示动作实现之后所形成的状态的持续,我们称为"状态的持续"。所以说,进行体和持续体最本质的语义区别特征是:进行体是从事件内部视角观察动作、事件是否正在进行;持续体是从事件外部视角观察动作或事件是否正在持续。将持续体用空间的形式表现出来,如图5-4所示:

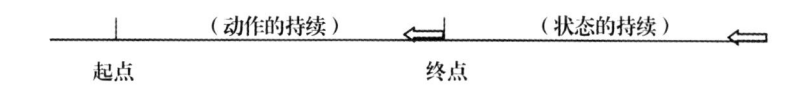

图5-4 持续体的空间形式

无论是动作的持续还是状态的持续,普通话都是通过"动词+着"表现的。例如:

(126)村子里流传着谣言。(动作的持续)

(127)他冒着雪,到处找猎物。(动作的持续)

(128)说着说着就骂起来了。(动作的持续)

(129) 他在沙发上坐着。(状态的持续)

(130) 墙上挂着一幅画。(状态的持续)

与普通话不同的是，吉安方言没有专门表"状态的持续"的体貌助词或语法形式，而是用完成体助词"哩"和"了"兼表持续。因为这两个体貌助词是与普通话"了"对应的，且其核心语义特征是动作行为的现实性，其持续义只是其附加意义，所以我们把这两个助词归入完成体标记，而不看作持续体标记。

"哩"主要是表现动作行为或事件的实现，实现之后可以继续维持，也可以马上结束。因为动词的语义规约着实现之后还会继续维持，所以也暗含"持续"义。例如：

(131) 门口坐哩一只讨饭啹。门口坐着一个讨饭的。

(132) 箇哩堆哩一堆柴。这里堆着一堆柴。

(133) 桌上放哩一碗水，小心不要碰到。桌上放着一碗水，小心不要碰到。

(134) 卬放哩发哩钱在枕头下呗。我放了点儿钱在枕头下面。

上述四例中，句子所述事件实现之后，若没有外力因素，就会一直保持着实现后的状态，所以他们在表达实现义的同时，也暗含着状态的持续。因为"哩"不是主要表持续，所以不能把它们看作持续体标记。

按前文所说，吉安方言的"了"不仅表现了动作、事件或性状的现实性，更侧重对实现之后相关状态的强调，同时还隐含着动作、事件的终结。用"了"的完成体句子，所强调的状态可以是动作行为实现之后现状的维持，也可以是动作行为实现所涉及的时间以及相关物量、动量等。所以"了"体现出的持续性，可以是源于"了"对动作实现之后现状维持的强调，也可以源于"了"隐含动作事件终结之后所形成状态的自然持续。例如：

(135) 渠借了卬两百块钱。她借了我两百块钱。

(136) 画帖了在墙上。画贴在墙上。

(137) 衣裳挂了在箇哩，你等下自家拿哩穿咯。衣服挂在这里了，你等会儿自己拿了穿哟。

(138) 菜放了在桌上。菜放在桌子上了。

(139) 人走了哩，灯还光了在箇哩。人走了，灯还亮着。

上述五例中，例(135)与"渠借哩卬两百块钱"相比，具有强调

"两百块钱"数量之多以及"借钱"状态还在持续的意思,从而体现了动作、事件的"持续义"。后四例都是以介词短语后置的形式强调了动作完成后的状态,这种状态若没有外力的干预,也是会一直持续的。

由此可见,吉安方言表示状态的持续,并没有特殊的体貌助词或形式标记,而是以完成体的形式兼表持续义。吉安方言的持续体只有表动作的持续,主要是通过添加"倒""紧""趁倒"以及动词重叠的形式表示。

5.2.3.1 倒

吉安方言的持续体标记"倒"[tau⁰],一般附着在动词之后表示动作行为在某一时间里持续,大概相当于普通话的"着"。持续体标记"倒"在吉安方言有以下两种句法分布。

5.2.3.1.1 动词+倒

"倒"附着在动词之后,多构成祈使句。句中的动词多为持续动词,即动作在短时间内完成后便持续着某种状态。"动词+倒"结构可以单独使用,也可以带宾语。"动词+倒"前还可以有表示处所的介宾短语来表示动作持续的处所。例如:

(140)坐倒！坐下!（单独使用）

(141)你端倒,有块哩放。你端着,没地方放。(不带宾语)

(142)闹倒箇叽箱哩,不准人家动咯。看着这些箱子,不准人家动哟。(带宾语)

(143)渠在铺上瞓倒。她在床上躺着。(前加介宾短语)

(144)印物跟箇哩闹倒叽箱哩,你放心嘞。我们在这里看着这些箱子呢,你放心吧。(前加介宾短语)

5.2.3.1.2 动词₁+倒+动词₂

"倒"作为连谓成分的一部分,位于"动词₁"和"动词₂"之间,表示"动词₁"是"动词₂"的方式或手段。例如:

(145)瞓倒看书对眼珠不好。躺着看书对眼睛不好。

(146)坐倒喫比立倒喫好。坐着吃比站着吃好。

(147)戴倒帽子□[tɕin¹²]找帽子。戴着帽子找帽子。

(148)渠物立倒话话。他们站着说话。

此外,吉安方言的持续体标记"倒"还可以和进行体标记"在"

共同出现在一个句子中，构成"在+动词+倒"格式，添加进行体标记"在"表示对动作持续的强调。例如：

（149）渠在坐倒。她在坐着。

（150）渠在端倒叽菜，你赶快把桌哩擦干净嘞。她在端着菜，你赶快把桌子擦干净呀。

5.2.3.2 紧

吉安方言的"紧 [tɕin⁰]"有助词和副词两种用法：助词"紧"一般附着在动词之后表示动作的持续，大致相当于普通话的"着"；副词"紧"一般位于动词前表示动作的持续，大致相当于普通话的"老是、总是、一直"等。

助词"紧"在表示动作持续的同时，还有强调说话人对持续中的动作的主观评判或主观情绪。例如：

（151）累紧脑婆跟箇哩不话话。低着头在这里不说话。

（152）渠抱紧细伢哩打麻将。她抱着孩子打麻将。

（153）一日到晚板紧只面。一天到晚绷着脸。

（154）渠又冇咋唰文化，还戴紧只眼镜。她又没什么文化，还戴着眼镜。

（155）闹紧你物得屋下喫好嘚，卬物闹灯灯。看着你们在家里吃好的，我们干看着。

副词"紧"放在动词前，表示动作一直在持续，且有对其持续时间较长的强调，意思大致相当于普通话的"老是、总是、一直"等，其后的动词可以是动态动词，也可以是状态动词，可以是光杆动词，也可以是动词短语。用"紧+V"的句子，除了表示持续义之外，往往含有说话人对句子所述动作行为或事件的夸赞或贬损、不满等情绪，一般以表达负面评价、消极情绪为多。例如：

（156）这种酒紧吃都不会醉。这种酒一直喝都不会醉。

（157）紧教都教不会，蠢却哩。一直教都教不会，真蠢。

（158）渠家外公紧坐了跟卬家不走。她外公一直坐在我家不走。

（159）你不要紧话人家嘞，哪个听哩都是烦。你不要老是说人家呀，谁听了都会烦。

（160）箇只桌哩不平，紧歪箇边歪个边。这个桌子不平，老是倒这边倒那边。

此外，"紧+V"还可以重复出现，构成"紧V紧V"，其后的动词只能是单音节动词。与"紧+V"相比，说话人的主观评价或情绪就更明显了，且只能是负面情绪。例如：

（161）紧话紧话，你不去回啦？一直说一直说，你不回去吗？

（162）箇篇作文紧改紧改都改不好。这篇作文一直改一直改都改不好。

5.2.3.3　趁倒

"趁倒"也是吉安方言表持续的副词，相当于普通话的"一直"，一般位于动词前，强调动作行为持续时间较长的同时也表达了说话者的主观态度，但比"紧+V"的主观性要弱一些。"趁倒+V"不可以像"紧+V"那样重复出现，即没有"趁倒V趁倒V"的形式。例如：

（163）渠趁倒看电视，作业都不写。她一直看电视，作业都不写。

（164）雨趁倒落，卬物今日不要出门去哩。雨一直下，我们今天不要出门了。

（165）趁倒话来，来到嘎还有来。一直说来，到现在还没来。

5.2.3.4　动词重叠

吉安方言还可以通过动词重叠"VVVV"的形式表示一个动作在持续的过程中出现了另一种情况。读音上，前三个V之间不能有停顿，第三个V和第四个V之间可以是简单的语气上的略微停顿，也可以再插入其他副词。最后一个V必须有后加成分，可以是宾语，也可以是补语。例如：

（166）你物跟箇哩舞舞舞舞咋嘔名堂咯？你们在这里做做做做什么哟？

（167）跟你物得箇哩话话话话哩饭都冇煮。跟你们在这里说说说说得饭都没有煮。

（168）趁倒跟箇哩叫叫叫，嘎叫出尿来哩哇？一直在这里哭哭哭，现在哭出尿来了吧？

综合以上分析，吉安方言的持续体标记有助词"倒"和"紧"、副词"紧"和"趁倒"以及动词重叠"VVVV"五种。

从句法功能来看，助词"倒"和助词"紧"是加在动词之后表示持续意义，副词"紧"和"趁倒"是加在动词之前表示持续意义，动词重叠"VVVV"一般单独表示持续意义。

从语法意义来看，助词"倒"附于动词之后一般表示较为客观的持续意义，相当于普通话的助词"着"；助词"紧"附于动词之后表示持续意义之外还有所强调：或者隐含着"正在进行"的意味，或者强调说话者的主观评判或情绪；副词"紧"附于动词之前一般表示动作的持续，而助词"紧"附于动词之后一般表示状态的持续；动词重叠"VVVV"形式除表示持续意义之外，还有强调动作重复的意味。

5.2.4 经历体

经历体表示句子所述动作行为、事件或状态在过去已经发生或存在过并且已经终结。在说话时刻，对句子主语来说已经成为一种曾经的经历。与完成体、进行体和持续体客观描述句子所述动作行为、事件或状态在时间历程中的客观状态不同的是，经历体强调句子所述动作行为、事件或状态对句子主语的意义——经历。它同持续体一样，也是从一个外部视角观察和审视动作行为。将其用空间的形式表现出来，如图 5-5 所示：

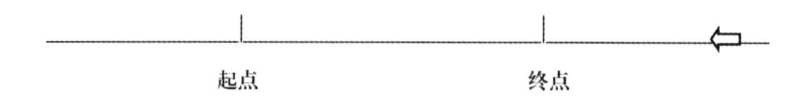

起点　　　终点

图 5-5　经历体的空间形式

普通话的经历体是通过动词后加助词"过1"体现的，表示某个动作行为、事件或状态曾经发生或存在过，并在说话时间已经终结。

吉安方言的经历体也可以通过动词后加助词"过"体现。吉安方言的体貌助词"过"和普通话的体貌助词"过"的不同表现在两方面：一是普通话的"过"可以表完成，吉安方言的"过"不可表完成，比如普通话的"吃过饭再写作业"，吉安方言只能说"喫了饭再写作业吃完饭再写作业"，而不能说"喫过饭再写作业"；二是吉安方言的"过"能表示重复已发生过的动作或事情，普通话的"过"没有这个意义，比如吉安方言可以说"箇盘不算，来过这盘不算，重来"，普通话不能说"这局不算，来过"，而是说"这局不算，重来"。我们称吉安方言表经历的"过"为"过1"，称表重行貌的"过"为"过2"。本节主要描写吉安方言经历体标记"过1"的用法。

吉安方言的经历体助词"过₁"一般后附于动词之后，表示动作行为、事件或状态曾经发生或存在。"V+过₁"之后还可带宾语、补语，其中宾语可以是光杆名词，也可以是短语甚至小句。例如：

（169）卬在深圳打过工，嘎不想去哩。我在深圳打过工，现在不想去了。

（170）箇种鞋哩卬穿烂过一双，箇双是正买嗰。这种鞋子我穿坏过一双，这双是新买的。

（171）冇喫过猪，还冇看过猪跑？没吃过猪（肉），还没见过猪跑？

（172）卬不能听过渠话去出做生意哇。我没听她说过出去做生意呀。

若动词后需同时带宾语和补语，两者的位置可宾语在前，也可补语在前。一般而言，若宾语和谓词本来就是一个动宾结构的词，补语需置于宾语之前；若宾语和谓词只是动宾结构的短语，补语一般置于宾语之后。例如：

（173）渠话渠出过三次国。他说他出过三次国。

（174）渠年轻间呢当过几年兵。他年轻的时候当过几年兵。

（175）卬找过渠三回都冇找到。我找过他三次都没有找到。

（176）渠去过上海几回。他去过上海几次。

上述四例中，前两例的动宾"出国"和"当兵"原先就是一个结合比较紧密的动宾结构的词，所以补语成分"三次"和"几年"需置于宾语之前。后两例的动宾"找他"和"去上海"只是动宾短语，所以补语成分"三回"和"几回"需置于宾语之后。

经历体的否定式一般是在动词前加否定副词"不能"或"冇"，其中"不能"前很少加副词修饰，而"冇"则常加"从来、一直、还、下"等副词修饰。例如：

（177）卬不能去过北京。我没有去过北京。

（178）卬不能到过医院哩，卬又不晓得。我没有去过医院，我又不知道。

（179）横溪冇喫过，卬来箇哩冇喫过咋嗰。横溪没吃过，我来这里就没吃过什么。

（180）渠跟隔壁邻舍从来冇扯过皮。他和邻居从来没有吵过架。

（181）土家垄、横溪下冇舞过嘞？土家垄、横溪都没有弄过呀？

（182）从正月落雨一直冇停过。从正月下雨一直没有停过。

吉安方言用"过₁"表示的经历体，"过₁"之后往往可以加完成体

助词"哩"强调某种动作行为已经经历过。"过1"一般重读,"过1哩"后可带宾语或补语,也可同时带宾语和补语。例如:

(183) 卬物用过哩箇种油。我们用过了这种油。(带宾语)

(184) 卬跟渠话过哩三回。我跟他说过了三次。(带补语)

(185) 卬物今年喫过哩五回饺子。我们今年吃过了五次饺子。(同时带宾语和补语)

不过,"哩"只能插入肯定式经历体,否定式经历体中一般不能出现"哩",如上述例(177)—(182)六个否定式经历体中都没有"哩"。此外,当谓语动词是单音节时,"哩"可用可不用,如例(186);当谓语动词是双音节或多音节时,"过1"后不能插入完成体助词"哩",如例(187)。若谓语动词同时带宾语和补语,当补语在前宾语在后时,"哩"可用可不用,如例(188);当宾语在前补语在后时,"过1"后不能插入完成体助词"哩",如例(189)。

(186) a. 卬试过哩箇件衣裳,太大哩。我试过了这件衣服,太大了。

b. 卬试过箇件衣裳,太大哩。我试过这件衣服,太大了。

(187) a. *卬爬上过哩箇只山。

b. 卬爬上过箇只山。我爬上过这个山。

(188) a. 卬物今年喫过哩五回饺子。我们今年吃过了五次饺子。

b. 渠年轻间呢当过几年兵。他年轻的时候当过几年兵。

(189) a. *卬物今年喫过哩饺子五回。

b. 渠去过上海几回。他去过上海几次。

经历体的疑问式一般用"麽"或"啦"加在陈述句后表示,其中肯定句的疑问形式"过1"后一般需加上完成体助词"哩"。否定句的疑问形式只需在句末加上疑问语气词,但只能用疑问语气词"啦",不能用"麽"。例如:

(190) a. 渠出过哩国麽?他出过了国吗?

b. 你出过哩国啦?你出过国呀?

(191) a. 你养过哩金鱼麽?你养过了金鱼吗?

b. 你养过哩金鱼啦?你养过了金鱼呀?

(192) 你不能去过北京啦?你没有去过北京呀?

(193) 渠跟隔壁邻舍从来冇扯过皮啦?她跟邻居从来没有吵过架呀?

吉安方言的"过"还有表示重复已发生过的动作的重行貌用法，不过二者在读音上有较明显的区别：经历体的"过₁"在句中一般读得又短又轻，重行貌的"过₂"一般会重读。吉安方言"过₂"表重行貌，将在下文论述。这里仅列举两例以便与"过₁"相比较与区分。

（194）箇盘不算，来过！这盘不算，重来！

（195）十只题目错了九只，你跟朆擦了嗟写过！十个题目错了九个，你给我擦掉重写！

5.2.5 将行体

将行体表示从某个参照时点来说，句子所述动作行为将要发生或情况状态将要出现。部分学者将此称为"将始体"，如阮桂君《五峰方言研究》（2014：251）、张义《钟祥方言研究》（2016：220）、刘立恒和练春招《河源水源音的体貌系统》（2010）等；更有学者在同一本专著中既提及"将始体"，又提及"将行体"，如冯桂华和曹保平《赣语都昌方言初探》（2012）一书中对"快要吃饭罗、路要修成罗"这种语法现象，就有"将始体"（见该书196页）和"将行体"（见该书91页）两种说法。由此可见，"将始体"和"将行体"两个术语的使用，目前还存在一定的混乱状态。不过，我们发现使用"将行体"这一术语的占绝大多数，并且"将始体"这一术语容易让人误解为是一种时态，所以本书将这种体貌称为"将行体"。

将行体的参照时间一般来说是说话时间，但有时也可以是话语中提到的某个过去或将来的时间。例如：

（196）我马上去上班了。（说话时间）

（197）我昨天赶到火车站的时候，火车马上就要开了。（过去时间）

（198）等明年退了休，我马上去乡下住。（将来时间）

从时间的线性发展角度来看，起始体是站在起点的右边描述动作行为、事件或性状已经开始进行或存在，而将行体则是站在起点的左边描述动作行为、事件或性状将要开始进行或存在。同起始体一样，将行体在侧重表达动作行为或性质状态将要开始之外，还暗含动作行为或性质状态将持续下去，只不过其持续意味要比起始体弱些。将将行体用空间的形式表现出来，如图 5-6 所示：

图 5-6　将行体的空间形式

普通话一般是通过词汇手段表达将行义，如在动词前加"快、要、快要、就、马上"等助动词或副词。这些词往往还能同时使用两个或多个，句末有时候会再加"了"（有时候句末的"了"还是足句的必要成分，不能省略），以此强调"将行"时间上的迫近。例如：

(199) a. 快下雨了。
　　　b. 他们要迟到了。
　　　c. 我都快要睡着了。
　　　d. 你等一下，我就来。
　　　e. 他马上要去上班了。

吉安方言的将行体同普通话一样，也可以通过谓语中心前加"就、要、就要、快要、马上"等助动词或副词表示动作行为将要发生或情况状态将要出现。这些词也能同时使用两个或多个强调"将行"时间上的迫近。句末往往要配合语气词"咯"一起使用。例如：

(200) 等卬明年退哩休，卬就去乡下住。等我明年退了休，我就去乡下住。
(201) 外婆嘎马上六十岁。外婆现在马上六十岁。
(202) 卬马上要下岗咯。我马上要下岗哟。
(203) 卬马上就要走咯。我马上就要走了。
(204) 卬昨日走到火车站间呢，火车就快要开咯。我昨天到火车站的时候，火车就快要开了。

此外，吉安方言有些助动词或副词，如"快、要、就要"等，不能出现在"助动词/副词+动词（+咯）"的结构中，如以下句子是不成立的：

(205) *快落雨咯。
　　　*渠物要迟到咯。
　　　*箇只天就要暗咯。

上述句子不成立，主要是因为"快、要、就要"等助动词或副词不是吉安方言中专门表示将行体的体貌助词，它们在该结构中还不足以表达将行义。对上述不成立的句子的补救方法可以有三个：一是同时使用两个及以上的助动词或副词位于动词前，二是在句尾语气词前加将行体标记"掉"，三是同时重复使用助动词或副词并添加将行体标记"掉"。助动词或副词或"掉"的添加，都能使原先不是专门表达将行义的词在语境规约下成为表将行的词。例如：

(206) a. 快要落雨掉咯。快要下雨了。
　　　b. 渠物马上就要迟到掉咯。他们马上就要迟到了。
　　　c. 箇只天马上就要暗咯。这个天马上就要黑了。

除"掉"之外，吉安方言还可以用"来"专门表示将行义。和"掉"相比，"来"有突出将行之前的动态性的语义特点。"来"一般需要和将行体标记"掉"或语气词"哩"配合使用。此外，吉安方言还可以通过"嗟"附着在"V+了"之后表示将要实现。下面将详细描述吉安方言中三个将行体标记的具体意义和用法。

5.2.5.1　掉①

"掉"是吉安方言中一个典型且纯粹的将行体标记，"掉"一般附着在谓语中心之后表示动作行为将要发生或情况状态将要出现，也可附着在句子末尾。谓语中心可以是动词，也可以是具有显示变化功能的形容词，或者是具有［+推移性］语义特征的时间名词或数量短语等，还可以是动词短语。例如：

(207) 渠下班掉。她快下班了。

(208) 饭马上熟掉。饭马上熟了。

(209) 六点钟掉咯，还不要去。快六点了，还不快去。

(210) 渐哆嘎一米二掉。渐哆现在快一米二了。

(211) 你今晚肯定喫哩两杯酒，你嘎瞓了铺上话酒话掉。你今晚肯定喝了几杯酒，你现在躺在床上开始说酒话了。

(212) 箇只鞋哩马上补好掉哩。这个鞋子马上就要补好了。

---

① 本书所谓将行体标记"掉"，用法与温美姬（2014）描写的江西吉安永阳方言将然体标记［tiau^{53}］相同，温文考证该标记的本字为"了"，本书为了与吉安方言完成体标记"了"相区别，暂以其音近字（声韵同、调不同）"掉"记之。

（213）嘎叽白话听还听得发哩懂掉。这些白话听也听得懂点儿了。

谓语中心前往往可以再加上"开始"等动词以及"要、快、马上"等助动词或副词中的一个或多个，表达动作行为或性质状态将行时间上的迫近。例如：

（214）卬嘎开始要去跑步掉。我现在开始要去跑步了。

（215）不跟你物开玩笑去哩，卬要去洗衣服掉，明日要上全工班。不跟你们开玩笑了，我要去洗衣服了，明天要上一整天的班。

（216）等到下卬，马上到掉，来喫两碗酒。等一下我，马上到了，来喝两碗酒。

（217）渠话渠物公司今年嗰体检马上要开始掉。他说他们公司今年的体检马上就要开始了。

置于谓语中心或句末的将行体"掉"，其后还可接各种表肯定、加强、疑问等的语气词。语气词属于整个句子的语气词，所以要位于将行体标记"掉"之后。例如：

（218）臭也臭了掉哇？臭也要臭掉了吧？

（219）卬听到话去了几工掉了，还在个哩还有好哇？我听说去了几天了，还在那里还没好呀？

（220）来咳死掉哩，熬发哩金橘喫。快咳死了，熬点儿金橘吃。

（221）日日得咕医院哩还住得起，嘎总有咋嗰咳掉吧？天天在医院里还住得起？现在没怎么咳嗽了吧？

（222）十点钟来喫早餐，卬箇头都要喫点心掉咯。十点钟吃早餐，我这边都要吃中饭了。

吉安方言的将行体标记"掉"还可与完成体标记连用，形成"动词＋完成体标记＋将行体标记"的形式，表示将要完成或实现。例如：

（223）倒了掉，马上就倒，放下落来就倒。快倒下了，马上就会倒，放下来就会倒。

（224）细时间呢皮肤不好看，嘎皮肤越来越白，跟你家建建越来越像去哩，长大哩掉。小时候皮肤不好看，现在皮肤越来越白，跟你家建建越来越像了，长大了。

（225）撑却了，两个人下撑蠡了掉。撑死了，两个人都要撑蠡了。

（226）十二点半卬都喫了哩掉。十二点半我都要吃完了。

吉安方言用"掉"表示的将行体，其否定形式一般是在谓词前面加否定副词"不能""冇""不"等。若谓词前面有"快、要、就要"等词时，否定词位于这些词与谓词之间。例如：

（227）卬不能卖鞋哩掉。我没有卖鞋子了。

（228）渠话嘎不买，倒估哪日会冇买掉。他说现在不买，估计以后会没得买了。

（229）卬不跟你聊掉。我不跟你聊了。

（230）走廊都快冇得住掉，病房啯边都挨不到。走廊都快没得住了，病房的门都挨不到。

5.2.5.2 来+掉/哩

吉安方言的助动词"来"也可用来表将行体，但"来"不能单用，一般需配合将行体标记"掉"或语气词"哩"使用。常附着在动词或形容词之后，表示动作行为即将发生或性质状态即将转变，有时也可位于名词短语之后表示某种状态即将达成。与"掉"相比，"来掉、来哩"有突出将行之前的动态性的语义特点。用"来"表示的将行体对谓语的要求和用"掉"表示的将行体是一样的，能进入"掉"表示的将行体句子中，也能进入用"来"表示的将行体中。"来+掉/哩"在吉安方言中主要有以下三种句法分布。

第一，VP/AP/NP+来掉。"来掉"指动作行为在即将开始进行的路途中或性质状态在即将转变的过程中，动作行为或性质状态即将开始。和"VP+掉"相比，更突出了将行之前的动态性。例如：

（231）落雨来掉，还不赶快走。快下雨了，还不快走。

（232）快发哩做，箇只天暗来掉。快点儿做，这个天快要黑了。

（233）八点多钟，九点钟来掉咯，还不要喫完。八点多钟，快九点了，还没有吃完。

第二，VP/AP/NP+来哩。"哩"表示确认、肯定的语气，有成句的作用。例如：

（234）落雨来哩，赶快去回。快下雨了，赶快回去。

（235）话渠物两只打辣啯刮邋啦，渠比渠物还刮邋来哩。说他们两个小混蛋脏呀，她比他们还脏。

（236）箇晏喫饭啦，六点来哩咯。这么晚吃饭呀，快六点了哟。

第三，"快、要"等+来+VP+掉。例如：

（237）看快来养掉，问渠羌子发哩。看快要生了，问他怎么样。

（238）昨日上半日𠊎快来走掉，渠就过来哩。昨天上午我快走的时候，他就过来了。

5.2.5.3 嗟

吉安方言表将行体的"嗟"只能和表完成的"了"一起附着在动词之后，构成"VP＋了＋嗟"的形式，表示相对某一参照时间动作行为的实现或完成将要开始，即将要实现或完成。"了嗟"只能用于动词之后，不能用于体词性成分或形容词性谓语之后。因为用"了嗟"的将行体不仅蕴含了"将来"的时间信息，还蕴含了说话人对句子所述动作或事件的预测或意图。当主语是第一人称且谓语是自主动词时，句子往往表达主语将要做某事的意图，其他情况一般是表示说话人对句子所述动作或事件的预测。用"了嗟"表示的将行体，可以是陈述句、祈使句和疑问句，句末有时还可以再加上语气词。例如：

（239）a. 𠊎挂了嗟咯。我挂掉了哟。

b. 𠊎排都排了哩，𠊎还不作紧领了嗟。我排都排了，我不干脆领了。

（240）哪日要抱了嗟，做好不得好就是箇哩，晓得麽哪。哪天要抱走，做好不得好就是这样，知道吗？

（241）a. 把衣裳脱了嗟。把衣服脱了。

b. 你去把箇本书还了嗟。你去把这本书还了。

（242）a. 箇就喊爸去换了嗟。那就叫爸爸去换掉。

b. 眼珠看不得到越加不要喫酒，你把只酒戒了嗟哇。眼睛看不到更加不要喝酒，你把酒戒了吧。

（243）a. 箇就挂了嗟嘿？那就挂了哈？

b. 黑板上嗰字可以擦了嗟麽？黑板上的字可以擦了吗？

上述各例中，例（239）的主语都是第一人称，且谓语是自主动词，所以句子表达了主语将要做某事的意愿或打算；当主语为非第一人称时，带"了嗟"的将行体往往表达将要进行的动作，如例（240）。"了嗟"用于祈使句中，往往表示命令或建议别人即将做成某事，如例（241）和例（242）。"了嗟"用于疑问句中，往往表示征询听话人某个动作能否即将进行，如例（243）。

5.2.6 起始体

起始体表示动作行为、事件或性状在某个时间点上开始进行或存在，它反映了说话人在动词过程结构的起点位置对事件的观察，强调事件处于起始阶段，所以又叫"开始体""始行体"等。就整个事件而言，起始体在侧重表达动作行为或性质状态处于起始阶段之外，还暗含动作行为或性质状态将继续下去的事实，至于持续到何时，则不在起始体的讨论范围内。刘丹青（2008）称这种体为"凸显行为事件的起点而未指明其终点的体"[①]。将起始体用空间的形式表现出来，如图 5-7 所示：

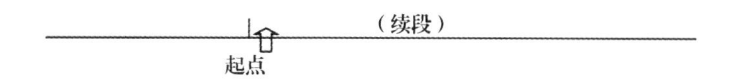

图 5-7 起始体的空间形式

普通话的起始体是通过"动词+起来"体现，如果动词带有宾语，则一般是"动词+起+O+来"形式。作为起始体标记的"起来"必须是虚化了的助词用法；在实际语流中，常常以轻声的形式和直接作谓语的动词"起来"以及用在谓语动词后表趋向的"起来"相区别开。例如：

（244）他们吵起来了。
（245）他发起脾气来十分恐怖。

吉安方言的起始体也是通过"动词+起来"体现，吉安方言的起始体助词"起来"和普通话的"起来"功能相似，但使用范围要小一些。吉安方言的"起来"同普通话的"起来"一样也有直接作谓语、趋向补语以及起始体标记三种用法。吉安方言的起始体标记"起来"在句中读作轻声，一般后附于动词或形容词。用在动词之后，表示某种动作行为开始进行并将继续进行下去；用在形容词之后，表示某种状态开始形成，并且程度将继续逐步加深。如果谓词带有宾语，则宾语一般

---

① 刘丹青：《语法调查研究手册》，上海教育出版社 2008 年版，第 469 页。

置于"起"和"来"之间，形成嵌宾式。例如：

（246）渠物两兄弟打起来哩，你赶快去劝下嘞。他们兄弟俩打起来了，你快去劝一下吧。

（247）箇只天嘎一日一日热起来哩。这个天现在一天天热起来了。

（248）今日又落起雨来哩。今天又下起雨了。

不论是"V+起来"还是"V+起+O+来"，置于句末时一般要加上表示动作完成的"哩"，表示动作行为或性质状态已经开始发生或存在，如例（246）—（248）；置于句中或者复句的前分句尾时一般不能加上"哩"，表示"提起某事"的意义，起承接先行话语、引出下文的作用。例如：

（249）话起来容易，做起来难。说起来容易，做起来难。

（250）箇种花一开起来就要开整个月。这种花一开起来就会开一整月。

（251）渠走起路来就有闹别嘓。他走起路来就不会看别的。

（252）老张话起事来，一股子嘓劲。老张说起话来，一股子劲。

以上讨论的是陈述句的起始体的情况，祈使句中的起始体，因为是表示动作行为将要开始，所以即使起始体助词"起来"位于句末，也不加表示动作完成的"哩"。例如：

（253）坐倒，不要立起来。坐下，不要站起来。

（254）大家快发哩唱起来，跳起来。大家快点儿唱起来，跳起来。

上述各起始体的例句中出现的动词都具有[+持续]义，形容词都是具有"有级差、可加强"[①] 语义特征的性质形容词，这都是由起始体暗含动作行为或性质状态开始之后会持续下去的语法意义决定的。同理，瞬间动词如"死、见、出发"等因为其起点和终点相重合，没有持续段，所以不能带起始体标记；状态形容词如"黏咸、冰冷、溜滑"等因其语义上已经表达了一定层级的程度，不能变化，所以也不能带起始体标记。但是瞬间动词如果是可以重复进行的，如"踢、敲、拍、咳嗽"等，则可以带起始体标记，表示一系列重复的瞬间动作的开始。例如：

---

① 邢福义：《形容词动态化的趋向态模式》，《湖北大学学报》（哲学社会科学版）1994年第5期。

（255）箇叽学生一下课就敲起碗来哩，等了野物样嗰。这些学生一下课就敲起碗来啦，像牲畜一样。

（256）渠箇尚呢日日一开眼就咳起来哩。他这段时间天天一睁眼就咳嗽起来了。

以上所述吉安方言起始体助词"起来"的语法功能，以及起始体对谓词的要求与普通话的情形是一样的。与普通话的起始体貌"起来"相比，吉安方言的起始体貌"起来"的使用范围要小一些，主要表现在以下两方面。

第一，普通话的起始体助词"起来"可后附于单音节的动词或形容词，也可后附于双音节的动词或形容词；而吉安方言的起始体助词"起来"只能后附于单音节的动词或形容词。如果动词或形容词是双音节，需要表示"起始"意义，则需采用其他方式，如在动词前加表示"起始"义的"开始"等。例如：

（257）日日八点钟一到，班主任就开始点名。天天八点钟一到，班主任就开始点名。

（258）渠五岁就开始学钢琴。她五岁就开始学钢琴。

第二，普通话的起始体谓词和"起来"之间可以插入表示动作行为或性质状态实现的"了"，而吉安方言的起始体谓词和"起来"之间不可以插入相应的"哩"，"哩"只能位于谓词和"起来"之后，例如：

（259）普通话：说着说着她就哭了起来。

　　　　吉安话：a. *话哩话哩渠就叫哩起来。

　　　　　　　　b. 话哩话哩渠就叫起来哩。说着说着她就哭起来了。

5.2.7　继续体

目前学界对"继续体"的定义有广义和狭义两种：广义的继续体指的是动作或变化开始并将继续下去，包括刚开始并将继续以及已经进行一段时间并将继续；狭义的继续体指的是动作行为已经进行一段时间并将继续下去。本书采用"继续体"的狭义概念，认为继续体是进行了一段时间未完成动作的继续。而刚开始并将继续的动作我们称为起始体，在上文已经讨论过。继续体所要继续的动作行为或性质状态，可以有中断，也可以一直继续下去。将继续体用空间的形式表现出来，如图

5-8 所示：

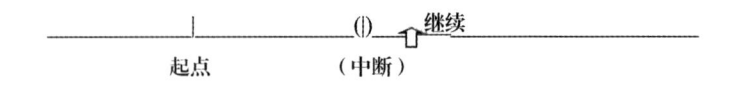

```
_____|_____(|)↑继续_____
                起点              （中断）
```

图 5-8　继续体的空间形式

普通话的继续体由趋向意义已经虚化了的"下去"附在动词或形容词之后构成，如"让他说下去"，"下去"一般读轻声，"下去"之后一般不能带宾语和补语。

吉安方言的继续体同普通话一样，也是通过在动词或形容词后附加虚化了的"下去"表现。因为继续体有继续下去的持续意义，所以静态动词、终结动词和瞬间动词等一般不能有继续体，其他表动作行为、发展变化或心理活动等的动词一般都能有继续体的形式。吉安方言继续体的基本格式是"V/A+下去"，"V/A"前一般可以再加上"再、一直、港这样"等词构成"再/一直/港+V/A+下去"格式。例如：

(260) 让渠话下去，不要插嘴。让他说下去，不要插嘴。

(261) 箇只病再拖下去就难治咯。这个病再拖下去就难治哟。

(262) 人要是得哩胃病，就会一直瘦下去。人要是得了胃病，就会一直瘦下去。

(263) 你再港忙下去，会喫不消咯。你再这样忙下去，会吃不消哟。

"再/一直/港+V/A+下去"格式还可添加表"继续"义的实义动词"继续"，强调句子所述动作或事件的继续语义特征。"继续"可位于"再/一直/港"和"V/A"之后，也可位于其前。例如：

(264) 嘎劳比五月份就港热，再继续热下去羌办咯。现在才五月份就这么热，再继续热下去怎么办哟。

(265) 箇只天要还是港继续冷下去，园哩啁菜下会冻死。这个天要是还这样继续冷下去，菜园里的菜都会冻死。

(266) 箇只天要是继续港冷下去，园哩兜啁菜下会冻死。这个天要是继续这样冷下去，菜园里的菜都会冻死。

吉安方言继续体的否定形式有两种情况：在句中不含动词"继续"时，否定形式为"V/A+不+下去"，句末常加语气词"哩"；在句中含动词"继续"时，否定形式为"不+继续+V/A+下去"。例如：

(267) 这种事卬看不下去哩。这种事我看不下去了。

(268) 卬日日话卬跟箇家人家嗰日子过不下去哩。我天天说我在这户人家的日子过不下去了。

(269) 你答应哩做一年，嘎不继续做下去人家不会话？你答应了做一年，现在不继续做下去人家不会说？

(270) 你不要继续港赌下去哩，屋下叽人你要嚒管下？你不要继续这样赌下去了，家里的人你要不要顾一下？

5.2.8 已然体

已然体是一种相当于普通话"了2"所表达的语法范畴，它的语法意义是"主要肯定事态出现了变化或即将出现变化"[①]，是对全句所述事件的确认。已然体的观察点可以是事态出现变化的正当时，也可以是事态变化后的某一时间点，还可以是临近变化的某个时间点。普通话有两个"了"：一是用在动词后的动态助词"了1"，表示动作的完成或实现；二是用在句末的语气助词"了2"，表示肯定事态已经出现变化或即将出现变化。只有位于句末的语气助词"了2"才是已然体的标记。将已然体用空间的形式表现出来，如图 5-9 所示：

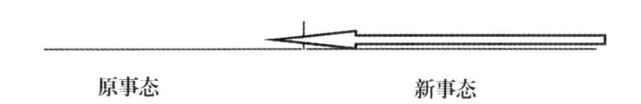

原事态　　　　　　新事态

图 5-9　已然体的空间形式

吉安方言中相当于语气助词"了2"的已然体标记是"咯 [lɔ⁰]"，它同"了2"一样，也是位于句末的语气助词，读作轻声，表示肯定事态出现了变化或即将出现变化的意义。例如：

(271) 渠家叽人同意渠去咯。他家的人同意他去了。

(272) 落雨咯，快去把叽衣裳收进来。下雨了，快去把衣服收进来。

(273) 卬先不喜欢喫肉，嘎喜欢喫肉咯。我以前不喜欢吃肉，现在喜欢吃

---

① 吕叔湘：《现代汉语八百词（增订本）》，商务印书馆 1999 年版，第 351 页。

肉了。

(274) 卬不想去咯，跟屋下瞓觉。我不想去了，在家里睡觉。

(275) 卬家女早就在学堂咯。我女儿早就在学校了。

(276) 你物还冇过来，喫点心咯。你们还没过来，吃中饭了。

(277) 卬物下个月也跟你物一样啯，要失业咯。我们下个月也跟你们一样，要失业了。

吉安方言的已然体与其他体貌并不处在同一层面上，因此已然体往往可以与其他体貌叠用。例如：

(278) 箇叽叶哩青盈盈哩咯，花也红哩咯，春天来哩咯。这些叶子绿盈盈了，花也红了，春天来了。

(279) 明日箇时间呢渠已经到哩屋下咯。明天这时候他已经到家了。

(280) 箇晏喫饭啦，六点来哩咯。这么晚吃饭呀，六点了。

(281) 天就要暗掉咯。天要黑了。

(282) 冇人开就□［tiaŋ³¹］扔了嗟咯。没人开就扔掉了哟。

以上各例中，例（278）—（279）是完成体与已然体的叠用，既强调句子所述事件的实现性又表现了事件出现的新变化；例（280）—（281）是将行体和已然体的叠用，表示对事件即将出现的确认；而例（282）则是完成体、将行体以及已然体三者的叠用，表示对将来完成的确认。

值得一提的是，普通话"了₂"表示的一部分已然体，吉安方言用其他体貌表示时就隐含表达出"已然"的意思，此时可以不加已然体助词"咯"。例如：

(283) 听哩服务员啯介绍，箇哩啯情况卬物下清楚哩。听了服务员的介绍，这儿的情况我们都清楚了。

(284) 箇栋门早就开了哩，你自家去底呗□［tɕʰin⁴²］找嘞。这扇门早就已经开着了，你自己进去找。

(285) 箇只月啯工资全部拿了出来用哩。这个月的工资全拿出来用了。

(286) 戏就要开始演掉。戏就要开始演出了。

(287) 弟弟嘎听话来哩。弟弟现在很懂事了。

5.2.9 反复貌

反复貌是一种通过特定的语言手段表达单个动作在一个时间段里不

断地重复进行，或多个动作在一个时间段里交替进行的体貌。刘鸿勇等《反复体的语义特征及其形态句法表现》(2013)指出，"反复貌作为一个数量体范畴，具有三个语义特征，即重复性、分配性和累加性"[①]。所谓重复性，是指两个重复的活动之间必须要有间歇，不可以是一个活动一直在持续；所谓分配性，是指每个重复的活动都一个个线性地分布在时间轴上，而不是所有活动同时发生；所谓累加性，是指同一事件在某个时间段内不限量重复。反复貌的本质是有自然终止点的活动在一个时间段里不限量地重复。

普通话表达反复主要有两种方式：一是通过各种各样较为复杂的复叠形式表达，二是通过频率副词或由动/时量词重叠构成的时间状语表达。前一种为语法手段，后一种为词汇手段。例如：

(288) 一路上他把猎枪摸了又摸，心里十分高兴。

(289) 他把客厅里的书画古玩反复看了三遍。

吉安方言表达反复也有词汇和语法两种手段，但通过词汇形式表达的反复，尽管也是表示动词的反复，但"反复"义主要是通过其他实词性语义表达的，而不是通过动词的形态变化表达的，所以我们不把这种反复看作反复貌。接下来我们主要讨论吉安方言用语法手段表达的反复貌。

根据李宇明《论"反复"》(2002)对"反复"的研究，反复内部有同动反复、异动交替反复和异动并时反复三种类型。吉安方言对这三种不同类型的反复有不同的语法形式表达。

5.2.9.1 同动反复

所谓同动反复，是指同一种动作或现象不断反复。吉安方言表示同动反复主要有"V来V去""V方$_1$V方$_2$""V箇V个""V哩又V"四种语法形式。

5.2.9.1.1 V来V去

趋向动词"来"和"去"附着在同一动词之后形成"V来V去"的格式，趋向动词在该格式中并不表实义的动作行为趋向，而是通过

[①] 刘鸿勇、张庆文、顾阳：《反复体的语义特征及其形态句法表现》，《外语教学与研究》2013年第1期。

"来"和"去"两个相反趋向的对比虚指动作行为反复发生。例如：

（290）话来话去还是只原嘓。说来说去还是原样。

（291）你不要跟印得箇哩走来走去，走哩印只脑婆都是晕嘓。你不要在这里走来走去，走得我的脑袋都是晕的。

（292）渠得箇哩看来看去看哩就瞓着哩。他在这里看来看去看得睡着了。

（293）箇翻桥走起来摇来摇去，不会倒哇？这座桥走起来摇来摇去，不会倒吧？

（294）渠把箇叽菜翻来翻去，下翻烂哩。他把这些菜翻来翻去，都翻烂了。

5.2.9.1.2　V方1V方2

成对的方位词（如"上"和"下"）位于同一动词之后，形成"V方1V方2"的格式。和"V来V去"格式一样，这里的方位词也不是实指方位，而是通过两个相对方位词的对比，周遍性地虚指动作行为的反复。吉安方言能进入该格式表示反复的方位词一般有"上、下""前、后""东、西"。吉安方言没有和普通话"里、外"相对应的单音节说法，表"里、外"义的方位词"底呗、出呗"因为是双音节的，一般不进入该格式中表反复。例如：

（295）你物趁倒跟箇哩蹿上蹿下嘞，马上牛稍竹哩就来掉。你们一直在这里上蹿下跳吧，马上细竹子就来了。

（296）印日日箇跑前跑后，还有人领半发哩情。我天天这样跑前跑后，还没人领半点儿情。

（297）两个人跟箇哩话东话西话了一个上半日。两个人在这里东聊聊西聊聊，聊了一个上午。

5.2.9.1.3　V箇V个

近指代词"箇"和远指代词"个"位于同一动词之后，形成"V箇V个"格式。"箇"和"个"在这里不是实指，而是统括指代，表示动作行为支配这样或那样的事。"箇"和"个"只是两类代词的代表，还可以替换成"箇兜、个兜"以及"箇样、个样"等。此外两个"V"之前还可以加上副词修饰。例如：

（298）渠物一见面就话箇话个，话了箇久。他们一见面就说这说那，说了很久。

（299）得箇哩话箇兜话个兜，话哩印忍不得嘓笑。在这里说这个说那个，说得我忍不住笑。

（300）卬一日到晚在屋下就是洗箇样洗个样，洗来洗去。我一天到晚在家就是洗这洗那，洗来洗去。

（301）箇只人化妆又是涂箇，又是涂个。这个人化妆又是涂这，又是涂那。

5.2.9.1.4　V哩又V

与上述三个重复体格式通过在同一动词之后附加成对的趋向动词、方位词或指示代词不同的是，"V哩又V"是在同一动词之间加上完成体助词"哩"和副词"又"，"哩"表示动作结束，"又"表示再次发生。"V哩又V"既表示同一动作行为反复发生，又表示对反复发生的动作行为的强调，其后一般有后续句，用来说明反复的结果或说话人对反复行为的评价。例如：

（302）箇件服哩补哩又补，穿了十多年去哩。这条裤子补了又补，穿了十多年了。

（303）总经理看哩又看，看哩又不话话。总经理看了又看，看了又不说话。

（304）话哩又话，听到就是腻嗰。说了又说，听着就烦。

5.2.9.2　异动交替反复

所谓异动交替反复，是指不同的动作或现象的交互替换反复。吉安方言表示异动交替反复的主要有"V₁（一）下（又）V₂（一）下"和"一下V₁，一下V₂"两种形式。

5.2.9.2.1　V₁（一）下（又）V₂（一）下

这里的"下"不是方位词，而是量词，表示动作的次数，附着在动词之后，表示动作快速、短促。"V₁"和"V₂"一般是两个语义密切相关的不同动词，出现在同一语境中周遍性地虚指动作行为。"V₁下"和"V₂下"并列，构成"V₁（一）下（又）V₂（一）下"，表示两个动作交替反复。"一"经常可省略，"又"有时可插入"V₁下"和"V₂下"之间。"下"后还可以再加上语气词"哩"，突出动作短暂之义。有时候为了突出强调主语在两个动作之间的重复，"V₁下V₂下"之后，还可以再加上"V₂下V₁下"。例如：

（305）渠走一下歇一下，晓得哪时间呢到得敦厚。他走一会儿歇一会儿，（谁）知道什么时候能到敦厚。

（306）走下停下，要走到哪时间呢去啦？走一下停一下，要走到什么时候去呀？

（307）箇只门开下关下，最容易烂。这扇门开一下关一下，最容易坏。

（308）箇只领导在公园底呗走下又停下，指手画脚，不晓得在箇哩做咋嗰咯。这个领导在公园里走一下又停一下，指手画脚，不知道在这里做什么哟。

（309）冇咋嗰事跟屋下坐下哩瞓下哩不就可以。没什么事在家里坐一会儿睡一会儿不就可以。

（310）渠在屋下写下哩又画下哩，终于想到哩一个好主意。他在家里写一会儿又画一会儿，终于想到了一个好主意。

（311）箇部公交车走下又停下，停下又走下，舞哩卬只人来发晕掉。这辆公交车走一下又停一下，停一下又走一下，弄得我人都要晕了。

该格式中，"V₁"和"V₂"可以是同义或近义动词，但动词前必须加上成对方位词或指示代词。通过成对方位词或指示代词的虚化，周遍性地虚指反复中的动作行为。例如：

（312）渠进来就箇哩看下个哩□［tɕʰin⁴²］看下，当了做贼样嗰。他一进来就看看这里瞧瞧那里，像做贼一样。

（313）渠去街上哪，箇哩看一下，个哩□［tɕʰin⁴²］看一下，买又不买咋嗰东西。他去街上呀，这里看一下，那里瞧一下，买又不买什么东西。

（314）渠一个上半日在箇哩东走下西走下，咋嗰都不能做。他一个上午在这里东走一下西走一下，什么都没有做。

（315）东闹下西闹下，不晓得跟箇哩闹咋嗰。东看一下西看一下，不知道在这里看什么。

5.2.9.2.2　一下 V₁，一下 V₂

这里的"一下"是数量短语，在动词前作状语，表示动作时间的短暂。"一下 V₁"和"一下 V₂"并列，中间往往有停顿，表示两个动作快速、交替反复发生。这里的"一"不能省略，"下"后可以加"哩"突出"短暂"义，动词前可加副词"又"突出"反复"义。例如：

（316）船上嗰灯一下又黑了哩，一下又着来哩。船上的灯，一会儿又黑了，一会儿又亮了。

（317）箇只天，一下哩又出日头，一下哩又阴天。这个天，一会儿又天晴，一会儿又下雨。

5.2.9.3　异动并时反复

所谓异动并时反复，是指不同动作或现象的同时反复。异动并时反复，要求 V₁ 和 V₂ 在应用中（即一定的语境中）是可以相容的。而构成 V₁ 和 V₂ 语境相容的条件主要有二：一是 V₁ 和 V₂ 的施事是多个个体，二是忽略 V₁ 和 V₂ 的具体时间顺序。吉安方言表示"异动并时反复"有复叠和回叠两种形式。

5.2.9.3.1 复叠

复叠表示两个动词重复叠加在一起，形成"V₁V₁V₂V₂"格式。"V₁"和"V₂"所表动作是能够在同一语境中出现的属于不同施事主体的两个动作。例如：

（318）祠堂上叽人进进出出，不晓得在做咋嗰咯。祠堂里的人进进出出，不知道在做什么哟。

（319）路上来来往往箇多车。路上来来往往很多车。

5.2.9.3.2 回叠

回叠或者表示同一动作关涉的施事和受事相互交换重复，或者表示两个动作交替重复。当表示同一动作关涉的两个对象之间的交换重复时，往往用人称代词"卬"和"你"的虚化游动称代语境中的不同个体，形成"你 V 卬，卬 V 你"格式；当表示两个动作交替重复时，用"V₁ 哩 V₂，V₂ 哩 V₁"格式表示。例如：

（320）箇叽细伢哩在操场上你打卬，卬打你，打来打去，孽麽孽却。这些小孩子在操场上你打我，我打你，打来打去，好调皮。

（321）箇叽人你闹卬，卬闹你，冇哪个开句声。这些人你看我，我看你，没谁说句话。

（322）国庆节箇只几工，卬日日是喫哩瞓，瞓哩喫。国庆节这几天，我天天是吃了睡，睡了吃。

5.2.10 短时貌

短时貌表示动作或事态变化所经历时间较为短暂，它特别强调动作或事件的时量因素。"短时"是一个主观、抽象的概念，即所谓的短时是说话人主观认定的短时，与可度量的具体时间并无必然联系，"短时"可以是一分钟、一天、一年，甚至是十年、百年等更长的时间段。"短时与其说是一个物理时间观念，不如说是一个心理时间观念更能说明语言实际。"[①] 短时貌的动作一般在说话的时刻尚未开始，但偶尔也

---

① 戴耀晶：《现代汉语短时体的语义分析》，《语文研究》1993 年第 2 期。

可以表示已经完毕了的动作。根据动作发生的时间，短时貌可以分为将来短时貌和过去短时貌两种。

普通话一般用动词重叠的形式表示短时貌，将来短时貌一般用"AA式"表示，过去短时貌一般用"A了A式"表示。例如：

（323）下午不要去后山了，陪客人村子里转转。

（324）他有点不好意思地笑了笑。

吉安方言表示短时貌，没有动词重叠的形式，一般是在动词后加表短时的时间补语"（一）下（哩）"，构成"V（一）下（哩）"的形式，相当于普通话的"一下"或"一会儿"。"V（一）下（哩）"形式一般只能表示将来短时貌，若要表示过去发生的短时貌，则一般在"V"后加完成体标记"哩"。例如：

（325）你去看下渠回来哩麽嘞。你去看看他回来了没有吧。

（326）冇好远，走一下就到哩。没多远，走一会儿就到了。

（327）你有空多关心下哩你家箇两只崽嘞。你有空多关心下你这两个儿子吧。

（328）旧年卬到学堂学哩下哩。去年我去学校学了会儿。

（329）今日早晨喫饭间呢卬看哩一下哩新闻。今天早上吃饭的时候我看了会儿新闻。

5.2.11 尝试貌

尝试貌的语法意义是尝试做某个动作，表示动作的尝试性。尝试貌同短暂体一样，也包含了动量小、时量短的语义特征，但尝试貌更突出了"尝试"义。不过，由于动作的短暂与尝试在语义上联系较为密切，普通话的短时貌和尝试貌合并成通过同一语法形式（动词重叠式）表现出来，有的语法学家称其为"短时尝试貌"。

吉安方言的尝试貌虽也与短时貌语义上有密切关联，但形式上还是有比较明显的区别：吉安方言的尝试貌一般在短时貌的基础上再加上尝试标记"看"，形成"V（一）下（哩）看"的形式。如果是动词需带宾语，宾语一般置于"看"前。尝试标记"看"的添加，有强调尝试的功能，这使尝试貌在语义上和形式上都能同短时貌区分开。例如：

（330）把得一工摘几斤哩去卖下看嘞，摘两三斤哩看有麽人会麽要嘞。哪天摘几斤去卖卖看看吧，摘两三斤看看有没有人要吧。

（331）你猜下看，箇是咋啁？你猜猜看，这是什么？

（332）你打听下哩看是麽有箇回事。你打听下看看是不是有这么一回事。

（333）你来尝下箇只菜看，看你喫得落麽。你来尝尝这个菜看看，看你吃得下吗。

尝试貌标记"看"有时候还可以重叠为"看看"附着在谓语中心之后；同"V下（哩）看"相比，用"看看"的表意不变，但语气相对要舒缓。例如：

（334）端端，你最好还要问下医生看看，你将只情况跟只医生话下哇。端端，你最好还要问一下医生看看，你将这个情况给医生说吧。

此外，同短时貌既可表将来的短时又可表过去的短时不同的是，尝试貌一般只能表未来的尝试。所以，尝试貌不能是过去的动作，也不能和完成体标记同现于一句。下面两个句子是不成立的：

（335）＊你猜哩下哩看，箇是咋啁。

（336）＊渠尝哩下箇只菜看，实难喫。

5.2.12 重行貌

重行貌表示出于某种原因对已完成的动作行为再重复一遍。导致重行的原因可以是前一次动作行为无效或不合意，想通过"重行"以收取满意的结果；也可以是前一次动作行为比较令人满意，想通过"重行"再回味一遍；还可以是前一动作行为程度不够，想通过"重行"达到更为满意的程度。总而言之，重行貌是突出特殊原因的重复，不同于反复貌客观描述反复状态。

普通话表达重行貌一般是通过在动词前加"再、重、又"等副词表现，动词后往往要带宾语或补语，如"再吃一碗""重走长征路""又看了一遍"等。

吉安方言的重行貌按标记位置的不同可分为前加式和后附式两种。前加式的形式同普通话一样，采取"再/重（新）/又+动词+宾语/补语"形式。例如：

（337）再等下哩嘞，渠马上到掉。再等一会儿吧，他马上到。

（338）叽碗洗只箇样子，重新洗一遍。这些碗洗成这个样子，重新洗一遍。

（339）箇只电影蛮好看，卬今晚又看哩一遍。这部电影蛮好看，我今晚又看了一遍。

后附式重行貌的体标记有"过2"和"添"两个，二者既有语义上的区别，又有句法位置上的不同。重行貌标记"过2"不仅在语法意义上区别于经历体标记"过1"，在语音上也有较为明显的区别：经历体标记"过1"一般读轻声，重行貌标记"过2"一般读本调。

"过2"一般紧跟动词后表示原来的动作行为无效或者不合意，想通过"重行"以收取满意的结果。动词前可以加副词"再、又"等，"过2"可位于句末，也可后接宾语或补语。例如：

（340）字写得不好不要紧，再写过。字写得不好不要紧，重新写过。

（341）字写得箇乱七八糟，跟卬写过。字写得这么乱七八糟，给我写过。

（342）箇把刀不好用，卬要再买过把刀。这把刀不好用，我要再买过一把刀。

（343）看不清楚嗰话，卬写过一遍。看不清楚的话，我重新写一遍。

（344）箇只床单舞刮邋哩，卬今晚要换过一翻。这床床单弄脏了，我今晚要换过一床。

"添"一般后附于句子，表示前一动作行为程度不够，想通过"重行"达到更为满意的程度。"添"一般位于句末或分句末尾。此外，和"过2"相比，"添"的适用范围要小很多，只能用于以下两种格式中。

第一，"动+补+添"格式，其中"动"包括动词和形容词，"补"包括动量补语和时量补语。例如：

（345）不要急倒交卷子，检查一遍添。不要急着交试卷，再检查一遍。

（346）等下添嘞，渠马上就来掉。再等一会儿吧，他马上就来了。

（347）箇只块哩颜色深发哩添就更加好看。这一块儿颜色深点儿就更好看了。

（348）再高发哩添就咋嗰衣裳都穿得。再高点儿就什么衣服都能穿了。

第二，"动+（数）量+（宾）+添"格式。例如：

（349）一个人不够，喊两个人添。一个人不够，再叫两个人。

（350）喫碗添嘞，还箇多饭。再吃一碗吧，还这么多饭。

（351）你还有麽，把发得渠添嘞，渠一样嗰喫得。你还有吗，再给点儿给他，他一样还能吃。

5.3 小结

本章对现代汉语体貌的名称、定义以及研究概况三方面的内容进行了概说，认为体貌是通过特定的语法形式所表现的动作或事件与时间相关的状态。现代汉语普通话体貌系统的研究，主流方法是结合体貌的语法形式和语法意义进行系统分类，具体可大致分为三类：一是先语法形式后语法意义，二是语法形式和语法意义并重，三是先语法意义后语法形式。现代汉语方言体貌系统的研究成果，主要表现在两方面：一是对普通话体貌系统数量上的扩充，二是对普通话体貌系统质量上的补充。后者主要有"体、貌并列""貌从属于体""动态、事态并列""完整体、非完整体并列"四种分类方法上的补充。现代汉语方言的体貌系统研究是对普通话体貌系统研究的继承和发展，二者相得益彰，互相补充，从不同方面帮助我们更加深刻地认识汉语体貌系统的全貌。

吉安方言的体貌系统可简单归纳成表 5-1：

表 5-1　　　　　吉安方言的体貌系统

体貌名称	语法形式	体貌名称	语法形式
完成体	V+哩/了/了哩	继续体	V+下去
进行体	在+V；在/跟/得簖哩+V	已然体	V+咯
持续体	V+倒；V₁倒V₂；V+紧；紧+V；趁倒+V；VVVV	反复貌	V来V去；V方₁V方₂；V簖V个；V哩又V；V₁（一）下V₂（一）下；一下V₁，一下V₂；V₁V₁V₂V₂；你V卬，卬V你；V₁哩V₂，V₂哩V₁
经历体	V+过₁	短时貌	V（一）下（哩）
将行体	V+掉；V+来掉；V+来哩；"快、要"等+来+V+掉；V+了嗟	尝试貌	V（一）下（哩）看
起始体	V+起来；V+起+O+来	重行貌	再/重（新）/又+动词+宾语/补语；V+过₂；V+添

第 6 章　双宾句

现代汉语的双宾句自黎锦熙《新著国语文法》中提出来之后，其范围经历了"给类"，到"给类+取类"，再到"给类+非给类"的逐步扩大[①]。本书所说的双宾句是动词或动词短语带两个宾语充当谓语的句子。从意义上来讲，双宾语的两个宾语一个是指接收事物的人，一个是指交接的物件；从句法关系上来讲，双宾语结构就是动词后面带有两个宾语，且两个宾语各自跟动词构成述宾关系；从句法形式上来讲，双宾句包括刘丹青《汉语给予类双及物结构的类型学考察》（2001）中提出的双宾 A 式（给他书）、双宾 B 式（给书他）和复合词形式（送给他书）。

关于双宾句中两个双宾语的名称，目前学界有"指人宾语/指物宾语"说、"近宾语/远宾语"说、"直接宾语/间接宾语"说以及"正宾语/次宾语"说等。不同的术语，反映了学者们对同一语言现象的不同观察视角。刘丹青（2001）从语言共性和汉语内部两个角度论证了"直接宾语/间接宾语"说相对其他观点更符合汉语及语言类型学的事实。所以本书也以"直接宾语"（记为 $O_{直}$）和"间接宾语"（记为 $O_{间}$）称说双宾句的两个宾语成分。

经常与"双宾句"共现的另一个概念是"双及物结构"，这容易让人以为二者是同一概念，其实它们的含义是有所区别的。"双及物结构"最早源于 Quirk 等（1995），后由张伯江《现代汉语的双及物结构式》（1999）引入现代汉语，其定义为"包含一个（双及物）动词、一个施动者论元（agent argument）、一个类似接收者的论元（recipient like

---

[①] 邢福义：《归总性数量框架与双宾语》，《语言研究》2006 年第 3 期。

argument）和一个客体论元（theme argument）的结构"[1]。刘丹青（2001）也指出"双及物结构指的是一种论元结构，即由双及物（三价）动词构成的、在主语以外带一个客体和一个与事的结构"[2]，并以"给予类双及物结构"为例，将其分为双宾 A 式、双宾 B 式、介宾补语式/连动式以及复合词式四大类。张敏（2010）对汉语方言双宾结构和双及物结构作了全面考察，并指出"更具类型学意义的南北差异其实不是双宾 A、B 式的对立，而是双宾 A 式和介宾补语式之间的对立"[3]。由此可见，从结构主义语言学的角度看，双宾句是双及物结构的下属类别。本章所说的"双宾句"是普通话的双宾句，在这里的内涵是吉安方言与普通话双宾句相对应的说法。由于吉安方言与普通话双宾句相对应的说法有"把本书得渠给本书给他"这样的介宾补语式，所以从结构主义语言学的角度来看，本章的论述范围其实是吉安方言的双及物结构。我们不把"把本书得渠给本书给他"这样的介宾补语式排除在本章的描写范围之外，除了上述原因，还有一个原因就是传统语言学里"双宾句"的范围已经有所扩大，不少学者论述的双宾句就包含"把本书得渠给本书给他"这样的与格结构。

双宾句的研究现状，可以分古代汉语、现代汉语普通话和现代汉语方言三个方面来看。其中，古代汉语双宾句的研究主要包括双宾构造的分类标准及其类型、双宾构造中两个宾语的名称、两个宾语的位置、双宾构造的断代及专书研究、双宾构造的历时发展变化五方面，现代汉语普通话双宾句的研究可分为基于传统语法的研究和基于当代语言学理论的研究两大版块。前者包括现代汉语普通话双宾构造的范围和类型、两个宾语的名称和双宾构造的结构分析三方面，后者包括基于配价语法的研究、基于认知语言学的研究、基于结构主义语言学的研究、基于生成语言学的研究等方面；而现代汉语方言双宾句的研究，主要包括对双宾句句式结构、动词、双宾句的分类、介引成分、歧义双宾句以及双宾兼

---

[1] 韩丹：《认知视角下的双宾句式生成研究》，博士学位论文，复旦大学，2008 年。
[2] 刘丹青：《汉语给予类双及物结构的类型学考察》，《中国语文》2001 年第 5 期。
[3] 张敏：《汉语方言双及物结构南北差异的成因：类型学研究引发的新问题》，纪念李方桂先生中国语言学研究学会、香港科技大学中国语言学研究中心编《中国语言学集刊（第 4 卷第 2 期）》，中华书局 2011 年版。

语混合句等方面的描写和研究，其中也不乏运用类型学、生成语法学、认知语言学等当代语言学理论描写和解释方言双宾句现象。

江西赣方言的双宾句研究多散落在相关著作或论文的部分章节中，专篇论述赣方言双宾句的论文极少，而研究内容则主要是双宾句的句式结构。本书将从以下几方面介绍吉安方言双宾句的概况：①双宾句的结构；②双宾句的动词；③双宾句的宾语；④双宾句的介引成分"得"；⑤歧义双宾句与混合双宾句。

6.1 双宾句的结构

已有的研究成果中，对双宾句式的分类视角主要有以下五类：①从两个宾语互换位置的角度分类，如汪国胜《大冶方言的双宾句》（2000）将大冶方言的双宾句分为以下三类：a. 双宾语可以易位，易位后并不改变句子的意思；b. 双宾语不能易位；c. 双宾语可以易位，但易位后改变句子的意思。②从双宾句的句法形式分类，如刘丹青（2001）将汉语的双及物结构分为双宾A式、双宾B式、介宾补语式/连动式、复合词式四大类。③从双宾句中动词的语义特征的角度进行分类，如马庆株《现代汉语的双宾语构造》（1983）将现代汉语的双宾句分为给予类、取得类、准予取类、表称类、结果类等14种双宾句。④从句法组成的状态分类，如邢福义《从研究成果看方言学者笔下双宾语的描写》（2008）从句法组造的状态将方言学者笔下的方言双宾句分为前后换位、同义分管和宾后续动三类。⑤从双宾句所包含的动作过程的角度分类，如谢文芳《嘉鱼方言双宾句的配价研究及认知分析》（2010）将嘉鱼方言的双宾句分为单过程双宾句和双过程双宾句两类。鉴于学界目前对双宾句的句法形式讨论得比较多，本章也从句法形式的角度描写吉安方言的双宾句式，以便于和其他方言进行比较。

从双宾句的句法形式看，现代汉语普通话有"$S+V+O_{间}+O_{直}$"（我送她一件大衣）和"$S+V+O_{直}+O_{间}$"（日本首相致电朱镕基总理）

两种形式。其中以前者为主要形式，后者多见于报纸标题。① 吉安方言与之相对应的有"S + V + O$_间$ + O$_直$"（渠偷哩卬一张邮票_{他偷了我一张邮票}）和"S + V + O$_直$ + 得/跟 + O$_间$"（你打个电话得曲栋_{你打个电话给曲栋}/你拿件衣裳跟卬_{你拿件衣服给我}）两种形式。从广义"双宾句"的概念来看，吉安方言这两种句法形式都属于双宾句；从狭义"双宾句"的概念来看，上述吉安方言与普通话双宾句相对应的两种说法，只有前者属于双宾句，而后者属于双及物结构中的介宾补语式，是单宾语句。我们采取广义的概念，将"S + V + O$_间$ + O$_直$"形式的双宾句称为典型双宾式，将"S + V + O$_直$ + 得/跟 + O$_间$"形式的双宾句称为介宾补语式。

6.1.1 典型双宾式

吉安方言的典型双宾式同普通话的典型双宾式具有相同的句法结构，都是采取"S + V + O$_间$ + O$_直$"的形式。不同之处在于：一方面，吉安方言这种双宾句的使用范围远小于普通话的典型双宾式；另一方面，吉安方言能进入这种形式双宾句的动词类型与普通话不同。例如：

（1）渠偷哩卬两百块钱。_{他偷了我两百块钱。}（"取得"义动词）
（2）王老师教卬物英语。_{王老师教我们英语。}（"述说"义动词）
（3）浙哆打烂哩渠家四只杯哩。_{浙哆打碎了他家四个杯子。}（"结果"义动词）
（4）渠还欠卬五千块钱。_{她还欠我五千块钱。}（"差欠"义动词）
（5）卬物叽同学喊渠蠢婆。_{我们这些同学叫她蠢婆。}（"称呼"义动词）

6.1.2 介宾补语式

吉安方言的介宾补语式是采取"S + V + O$_直$ + 得/跟 + O$_间$"形式的句子，从严格定义的角度来讲，并不是双宾句，而是介宾补语形式的双及物结构，是单宾语句。但从广义的角度以及汉语方言语法的研究传统来讲，也可以把这种形式的句子看成广义的双宾句。它与普通话"S + V + O$_直$ + 给 + O$_间$"形式的句子最大的区别是："得、跟"具有明确的

---

① 邢福义、汪国胜：《现代汉语（第二版）》，华中师范大学出版社2011年版，第257页。

介词属性，不像普通话的"给"的词性难有定论。例如：

(6) 吾送哩一本书得渠。我送了一本书给他。（"给予"义动词）

(7) 打个电话得曲栋。打个电话给曲栋。（"临时给予"义动词）

6.2 双宾句的动词

双宾句的动词，在双宾句中起着举足轻重的作用：一方面，能够进入双宾句的动词是有某种条件限制的，加强对双宾句中动词的研究有利于清楚了解和掌握双宾句的类型；另一方面，双宾句中的动词对双宾句的句式构造有比较大的影响，加强对双宾句中动词的研究有利于理解和分析双宾句的句法结构。林艳《汉语双宾构式句法语义研究》（2013）也指出双宾句的动词义和句子的构式义之间存在比较复杂的互动关系。目前，学界对双宾句中动词的研究，主要是从动词在句中的语义特征着手的，分类结果各不相同，难以达成共识。

本节先从双宾句的句法结构的角度出发，将吉安方言能进入双宾句的动词分为能进入典型双宾式双宾句的动词、能进入介宾补语式双宾句的动词以及两种格式都能进入的动词三大类，然后再详细讨论每一类双宾句中的动词语义类型。

6.2.1 典型双宾式的动词

6.2.1.1 包含"取得"义的动词

所谓"取得"，朱德熙《与动词"给"相关的句法问题》（1980）描述为：①存在着"得者"（A'）和"失者"（B'）双方；②存在着得者所得亦即失者所失的事物（C'）；③A'主动地使C'由B'转移至A'。取得类双宾句的语义特征是句子主语通过施行谓语动词所指称的动作，使原为间接宾语所有的直接宾语，成为句子主语所有。取得类动词在吉安方言的双宾句中十分常见，常用的取得类动词有"拿、偷、抢、收、赢、扣、罚、骗、楞骗、要、花、浪费"等。例如：

(8) 渠来箇哩拿了吾一百块钱。他来这里拿了我一百块钱。

(9) 渠偷哩吾一百块钱。他偷了我一百块钱。

(10) 箇只强盗抢了渠一百块钱。这个强盗抢了他一百块钱。

(11) 闯个红灯就扣了卬两百块钱。闯个红灯就扣了我两百块钱。

(12) 收哩你一百块钱，找十块钱得你。收了你一百块钱，找十块钱给你。

(13) 卬一个月就花了卬家爸爸两千块钱。我一个月就花了我爸两千块钱。

(14) 浪费哩卬一个上半日。浪费了我一个上午。

取得类动词构成的双宾句与普通话一样，采取的是"S + V + O$_{间}$ + O$_{直}$"的典型双宾式。这类双宾句的共同特点是直接宾语与间接宾语在语义上原先具有领属关系，即直接宾语本来为间接宾语所有，现在通过谓语动词所指称的动作，变成充当主语者所有了。如例（8），直接宾语"一百块钱"原先为间接宾语"卬"所有，现在通过主语施行"拿"这个动作，直接宾语"一百块钱"为句子主语"渠"所有了。吉安方言中取得类动词构成的双宾句只能采取典型双宾式，直接宾语与间接宾语不能互换位置，即下面这种形式在吉安方言的取得类双宾句中是不能出现的。

(15) ＊渠偷哩一百块钱卬。

(16) ＊箇只强盗抢哩一百块钱卬。

不过，吉安方言的部分取得类双宾句可以转换成介宾补语式单宾语句，但是意义就完全相反了。以例（8）为例，双宾句式中的"一百块钱"原先为"卬"所有，现在通过主语施行"拿"这个动作，不为"卬"所有了；而转换成介宾补语式单宾语句之后，"一百块钱"原先不为"卬"所有，现在通过主语施行"拿"和"得$_{给}$"这两个动作，为"卬"所有了。例如：

(17) 渠拿哩一百块钱得卬。他拿了一百块钱给我。

(18) 渠偷哩一百块钱得卬。他偷了一百块钱给我。

(19) 箇只强盗抢哩一百块钱得卬。这个强盗抢了一百块钱给我。

这类句子包含两个事件：先是"取得"，后是"给予"，以例（18）为例，"渠"先是从别人手中"拿了一百块钱"，然后再给我。句法形式的改变以及语义的添加，并不影响这类动词的取得义，只是句子不是原先的双宾句了，而是介宾补语式的双及物构式。

在句法形式上，间接宾语可以放入格式"从/在……箇/个哩"中，移位于谓语动词的前边。上述几个例句可以转换成：

(20) 渠在卬箇哩拿了一百块钱。他在我这里拿了一百块钱。

（21）渠从印箇哩偷哩一百块钱。他从我这里偷了一百块钱。

（22）箇只强盗在渠箇哩抢了一百块钱。这个强盗在他这里抢了一百块钱。

此外，由于吉安方言取得类双宾句中，间接宾语与直接宾语之间具有领属关系，所以二者之间往往可以插入相当于普通话"的"字的结构助词"嘅"，使间接宾语转换成直接宾语的定语。不过，加入"嘅"之后，间接宾语前的数量短语往往也要省去。所以，或者说"渠偷哩印嘅钱他偷了我的钱"，或者说"渠偷哩印一百块钱他偷了我一百块钱"，不太说"渠偷哩印嘅一百块钱他偷了我的一百块钱"这种复杂啰嗦的句子。

结构助词"嘅"有时候还可以换成近指代词"箇"，例如：

（23）渠偷了印箇张邮票去哩。他偷走了我这张邮票了。

（24）印收哩你箇两百块钱，明日就不会来找你去哩。我收了你这两百块钱，明天就不会来找你了。

6.2.1.2　包含"述说"义的动词

所谓"述说"，是指：①存在着述说者（A）和倾听者（B）；②存在着说者所说即听者所听的内容（C）；③A通过施行述说的动作行为将C述说给B听。述说类双宾句的语义特征是主语施行"述说"类的动作行为，将某一话语内容说给间接宾语听，其直接宾语就是述说的内容。这在吉安方言中也是比较常见的一类动词，主要有"问、求、麻烦、拜托、通知、交代、告诉、话、劝、教、答应、考"等。例如：

（25）渠开头问你咋嘅啦？他刚刚问你什么呀？

（26）印求你件事，可以麽？我求你一件事，可以吗？

（27）印告诉你一只好方法。我告诉你一个好方法。

（28）张老师教印物英语。张老师教我们英语。

（29）渠在别嘅面前话哩你蛮多好话。他在别人面前说了你挺多好话。

这类动词也是同普通话一样，采取的是"S＋V＋O$_间$＋O$_直$"的典型双宾式。这类双宾句的共同特点是直接宾语表示述说的内容，间接宾语表示述说的对象。吉安方言中述说类动词构成的双宾句只能采取典型双宾式，直接宾语与间接宾语不能互换位置，也不能转换成介宾补语式，即下面两种形式在吉安方言的述说类双宾句中是不能出现的。

（30）＊印开头问咋嘅，你啦？　　＊印求件事你，可以麽？

（31）＊印开头问咋嘅得你？　　　＊印求件事得你。

不过，吉安方言的间接宾语有时候可以通过前加介词"向、跟"等移位于动词之前。例如：

（32）渠开头向你问咋嘚啦。他刚刚跟你问什么呀？

（33）印跟你求件事嘚。我跟你求件事吧。

通过上述例句，我们可以发现，吉安方言的述说类双宾句中的直接宾语常为叙说的内容，常常由"事、话、消息、英语、技术"等抽象名词充当，直接宾语可以用"咋嘚"提问；间接宾语表示动作的对象，可以放入格式"跟/向……"中移位于动词前边。

6.2.1.3 包含"结果"义的动词

所谓"结果"，是指：①存在着施事者（A）和受事者（B）双方；②存在着动作行为的结果（C）；③A 施行某个动作，其结果（C）作用于 B 之上。结果类双宾句的语义特征是主语施行某个动作，其结果作用于间接宾语身上，其直接宾语就是动作行为的结果。这是一类比较开放的词类，吉安方言中常见的结果类动词主要有"爤、咬、吓、吐、喷、踩、累、搽、惹、飙"等。例如：

（34）开水爤哩渠身上几只泡。开水烫得他身上几个水泡。

（35）印家宝宝咬哩渠几只牙齿印。我宝宝咬得他几个牙齿印。

（36）渠吓哩印一身汗。他吓得我一身汗。

（37）包哩人家一背骨蛇皮。捂得人家一背的痱子。

（38）跟渠瞓哩两晚，惹哩印一身嘚疥疮。和他睡了两晚，惹得我一身疥疮。

（39）箇部车子飙哩印一身泥。这辆车子溅得我一身泥。

吉安方言包含"结果"义的动词构成的双宾句，与普通话一样采取典型双宾式，即"V + O$_{间}$ + O$_{直}$"这样的形式。直接宾语与间接宾语的位置不能互换，也不可以转换成介宾补语的形式。即下面这两种形式在吉安方言的结果类双宾句中是不能出现的：

（40）＊开水爤哩几只泡渠身上。

（41）＊开水爤哩几只泡得渠身上。

这类双宾句，由于动词本身或者是在句子语义的规约下具有"结果"义，所以动词之后往往会带上表示完成的体貌助词"哩、了"等。此外，充当直接宾语的名词性成分前，往往有数量短语修饰，且多为具有周遍性或者强调数量之多的数量短语,以此来强调结果影响之大。

6.2.1.4 包含"差欠"义的动词

所谓"差欠",是指:①存在着施事(A)和与事(B)双方;②存在着差欠的具体内容C;③A客观地差欠着B什么(C)。相对其他类型的双宾句而言,差欠类双宾句的动作性比较弱,它只是客观地描述一种状态。吉安方言中常见的差欠类的动词有"差、欠、多、少"等。例如:

(42)你还差卬三块钱。你还欠我三块钱。

(43)渠还欠卬两千块钱。他还欠我两千块钱。

(44)碗筷差不多下够得,就是多哩卬物几个人。碗筷差不多都够,就是多了我们几个人。

(45)今日少渠几块钱,明日少渠几块钱,舞来舞去,人家不愿跟你箇种人做堆嘞。今天少他几块钱,明天少他几块钱,弄来弄去,人家不愿意跟你这种人打交道了。

吉安方言差欠类动词所采取的是"V+O$_{间}$+O$_{直}$"的典型双宾式,直接宾语与间接宾语不能互换位置,也不能转换为介宾补语的形式。动词后边不能用"给",间接宾语不能放入"从……那里"等移位于动词前边。

6.2.1.5 包含"称呼"义的动词

所谓"称呼",是指:①存在着指人的主语(A)和间接宾语(B);②A和B之间存在一定的辈分或社会关系(C);③A通过称呼B为C来明确二者之间的关系或者明确B的社会特征。吉安方言中包含"称呼"义的动词主要有"喊、骂"等。例如:

(46)村上嗰人下喊渠疯子。村上的人都叫他疯子。

(47)渠骂卬蠢婆,卬就骂渠太八神。他骂我蠢婆,我就骂他疯子。

(48)渠是卬家第三个姑姑,卬喊渠三姑。她是我的第三个姑姑,我叫她三姑。

(49)你比渠大,渠要喊你表叔。你比他大,他要叫你表叔。

(50)渠是卬物老师嗰老婆,卬物喊渠师母。她是我们老师的妻子,我们叫她师母。

(51)就要取名字,箇喊渠乐乐吧。就要取名字,那叫她乐乐吧。

(52)渠是周冬玉,卬物下是直接喊渠周冬玉。她是周冬玉,我们都直接叫她周冬玉。

通过上述例句，我们可以知道，吉安方言称呼类的双宾句的直接宾语主要有两类：一类宾语为"疯子、蠢子、蠢婆"之类绰号，另一类主要是"叔叔、姑姑、爷爷、奶奶"之类表示人与人之间辈分关系的词或者表示尊称的词。只有在初起名或初次介绍时，直接宾语才会是本名，可以是乳名或小名，也可以是全名。

由此可见，称呼类动词构成的双宾句和普通话的句法形式是一样的，也是采用典型双宾式的形式。不过，普通话的间接宾语可以用介词"把"提前，并在直接宾语之前加上"作/为"，吉安方言一般不这么说，主要是因为"把……称作……"是一种书面色彩比较浓厚的句法格式。例如：

（53）人们管这一行的人叫作"窝脖儿的"。

（54）武则天很敬重狄仁杰，把他称作"国老"。

6.2.2　介宾补语式的动词

6.2.2.1　包含"给予"义的动词

所谓"给予"，朱德熙《与动词"给"相关的句法问题》（1980）将其描述为：①存在着"与者"（A）和"受者"（B）双方；②存在着与者所与即受者所受的事物（C）；③A 主动地使 C 由 A 转移至 B。给予类双宾句中，直接宾语所指事物原为充当主语者所有，通过谓语动词的动作，使直接宾语为间接宾语所有。

吉安方言中常见的给予类动词可以分为两类：①"送、卖、还、交、把给、找找钱、寄、发、赔、退、付、奖"等；②"介绍、留、写、带、倒、夹夹菜、装盛（饭）、舀"等。前者可称为予1类动词，它们的共同特征是动词本身包含给予意义；后者可称为予2类动词，它们的共同特征是动词本身不包含给予意义，只是在双宾句的管控下才具有给予义。例如：

（55）渠把哩一本书得䀚。她给了一本书给我。

（56）公司送哩一套新光盘得广告部。公司送了一套新光盘给广告部。

（57）䀚卖一只现鸡跟秋莲。我卖一只鸡给秋莲。

（58）昨日一发工资䀚就还哩两千块钱得渠。昨天一发工资我就还了两千块钱给她。

（59）卬今晚介绍只朋友跟你。我今晚介绍个朋友给你。

（60）渠冇钱，卬物每个人留发哩钱得渠。她没钱，我们每个人留点儿钱给她。

（61）卬写个证明得你。我写个证明给你。

（62）你夹发哩菜得渠，喊渠去凳哩上呗喫。你夹点儿菜给他，叫他去凳子上吃。

和普通话不同的是，这类动词在吉安方言中只能用"S + V + O$_直$ + 得/跟 + O$_间$"这样的介宾补语形式，不能转换成典型双宾式（V + O$_间$ + O$_直$），也不能转换成双宾 B 式（V + O$_直$ + O$_间$），即以下两种形式在吉安方言的给予类动词中是不能出现的：

（63）＊渠把哩卬一本书。　　　＊渠把哩一本书卬。

（64）＊卬今晚介绍你只朋友。　＊卬今晚介绍只朋友你。

由此可见，吉安方言能进入给予类双宾句的动词，以单音节动词为常见形式，直接宾语与间接宾语不能互换位置。直接宾语与间接宾语在语义上具有领属关系，在形式上中间一般不大能插入跟普通话的"的"字相当的结构助词"嗰"，不能说"渠把哩卬嗰一本书 他给了我的一本书"。谓语动词之后可以带体助词"哩、了、过"等，也可以是否定式。例如：

（65）卬寄过哩两箱橙子得渠。我寄过了两箱橙子给他。

（66）渠送了箇多回东西跟你。他送了很多次东西给你。

（67）卬不能把箇本书得渠。我没有给这本书给他。

6.2.2.2　包含临时"给予"义的动词

包含临时"给予"义的动词比较多，是一个开放的类。吉安方言中常见的有"打、画、抄、写、搬、装盛、包、带、凑、斫斫肉、捡、留、夹、塞、摘、抓、捉、做"等。这类动词本身并不具有"给予"义，而是进入这种介宾补语的格式之中后，格式临时赋予了它们一种"给予"义。这类动词构成的双宾句的主要语义特征同给予类双宾句比较接近，不同之处在于：给予类双宾句更倾向于客观描述一种给予动作，而此类双宾句倾向于强调动作行为的目的就是给予。例如：

（68）山塘姨姨打哩双手套跟卬。山塘阿姨织了双手套给我。

（69）浙哆画哩一幅画得卬。浙哆画了一幅画给我。

(70) 卬马上写张证明得你。我马上写张证明给你。

(71) 渠搬哩一只凳哩得卬。他搬了一个凳子给我。

(72) 小花装哩一碗饭得婆婆。小花装了一碗饭给奶奶。

(73) 渠包哩几只粽哩得卬。她包了几个粽子给我。

上述例句中，主语施行某种动作行为的目的就是为了把直接宾语给间接宾语，以例（68）为例，"姨姨"在"打手套"的过程中就想着是给"卬"打的。此类动词只能采取介宾补语式构成双及物句式，直接宾语与间接宾语不能互换位置，介词"得"或"跟"不能省略。不过，间接宾语往往可以通过前加介词"跟/得"移位于谓语动词之前。例如：

(74) 山塘姨姨跟卬打哩双手套。山塘阿姨给我织了一双手套。

(75) 浙哆跟卬画哩一幅画。浙哆给我画了一幅画。

(76) 渠跟卬搬哩一只凳哩。她给我搬了一个凳子。

6.2.3 能进入两式的动词

通过上面的分析，我们可以知道吉安方言中有一部分动词既能进入"S + V + $O_{间}$ + $O_{直}$"式双宾句，又能进入"S + V + $O_{直}$ + 得/跟 + $O_{间}$"式双及物结构中。我们将其分为两大类：一类是部分含"取得"义的动词，如"抢、赢、收、偷、拿"等，在两种句法结构中都是取得类动词，性质不改变；另一类动词本身既可以表示给予，又可以表示取得，如"借、租、换"等，在两种句法结构中分别为取得类动词和给予类动词。试比较：

(77) a. 渠赢哩卬一百块钱。她赢了我一百块钱。

　　 b. 渠赢哩一百块钱得卬。她赢了一百块钱给我。

(78) a. 卬借哩渠一百块钱。我借了她一百块钱。

　　 b. 卬借哩一百块钱得渠。我借了一百块钱给她。

例（77）中，"赢"在 a、b 两句中都是取得类动词，a 句表示"渠"从"卬"这里赢了一百块钱，一百块钱最终属于"渠"；b 句表示"渠"从别人手中赢了一百块钱，然后给了我，一百块钱最终属于"卬"。例（78）中，"借"是个兼属取得类和给予类的动词，a、b 两个不同的句式分化了其语义和用法，a 句中的"借"是个取得类动词，表示"卬"从"渠"那里借了一百块钱；b 句中的"借"是个给予类动词，表示"卬"借出了一百块钱给"渠"。

由此我们可以看出，吉安方言的"借、租、换"等是既可表示给予又可表示取得的动词。不同的是，它们在典型双宾式中，只能表示取得，不像普通话那样既能表示取得，又能表示给予，从而造成句子产生歧义。例如：

（79）张三借李四一本书。

（80）张三租李四一间房。

上述两个普通话的例句，例（79）可以理解为张三借给李四一本书，也可以理解为李四借给张三一本书；例（80）可以理解为张三租给李四一间房，也可以理解为李四租给张三一间房。

6.3　双宾句的宾语

双宾句中的动词对双宾句的形成起着举足轻重的作用，而双宾句中的宾语则是其主要特色。所以，详细讨论双宾句中双宾语之间的关系、双宾语各自的基本特征以及两个宾语的位移和隐现情况，有利于我们更加详细、深刻地理解双宾句的特色。

6.3.1　双宾语的语义关系

我们前面在给"双宾句"下定义时指出，从句法关系上来讲，双宾语结构就是动词后面带有两个宾语，且两个宾语各自跟动词构成述宾关系。也就是说，双宾句的两个宾语在句法形式上没有直接的关系，但在语义上，二者还是有一些关联的。

首先，就双宾语的指称来说，吉安方言的双宾句可以分为双宾同指和双宾异指两大类。所谓"双宾同指"，是指直接宾语和间接宾语具有同指关系，具体表现为"实体与名称的关系"[①]，以"卬喊渠三姑我叫她三姑"为例，"渠"与"三姑"在"所指"的客体上是一致的，间接宾语"渠"指实体，直接宾语"三姑"指名称。所谓"双宾异指"，是指

[①] 许德楠：《双宾同指与双宾异指》，《语言教学与研究》1988 年第 2 期。

直接宾语和间接宾语所指称的对象不一样，这可以分为两类：一类是动词和直接宾语本来是一个固定述宾式，中间插入间接宾语构成双宾式，如"卬沾哩渠不少光我托了他不少福""放你一工假放你一天假"等；另一类是动词和间接宾语原来不是固定述宾式，如"卬偷哩渠一百块钱我偷了他一百块钱""卬赢哩渠一百块钱我赢了他一百块钱"等。其中，前一类以单宾语形式居多，如"卬撤你嗰职我撤你的职""还你嗰钱还你的钱""卬受哩渠嗰气我受了他的气"等。

其次，就双宾语所指事物之间的关系来说，二者都是出现在动词的语义场中，部分双宾句的双宾语之间还具有领属关系。例如：

（81）渠偷哩卬一百块钱。她偷了我一百块钱。

（82）卬卖哩一只现鸡跟秋莲。我卖了一只鸡给秋莲。

上述两例中，例（81），在句子主语"渠"施行"偷"这个动作行为之前，直接宾语"一百块钱"是属于间接宾语"卬"的；例（82），在句子主语"卬"施行"卖"这个动作行为之后，直接宾语"现鸡"是属于间接宾语"秋莲"的。

6.3.2 双宾语的基本特征

6.3.2.1 直接宾语的基本特征

根据双宾句以及直接宾语的定义，直接宾语是动词的支配对象，往往是指物的名词性结构。从语法形式方面看，吉安方言双宾句中直接宾语的语法形式主要有以下九类：①数量名结构；②指量名结构；③量名结构；④光杆名词；⑤小句；⑥数量结构；⑦数名结构；⑧偏正关系的名词性结构；⑨"嗰的"字结构。

第一，直接宾语为数量名结构。数量名结构是双宾句中最常见的直接宾语，其中数词以"一"最为常见，因为"一"既可以指称具体的数量，又可以用来泛指某一类事物。数词也可以为"二、两、三、半、几"等，名词前还可以插入修饰语构成复杂的数量名结构。此外，还可以多个数量名结构并列作直接宾语。例如：

（83）渠偷哩卬一张邮票。她偷了我一张邮票。

（84）水根买哩朝东两只猪。水根买了朝东两头猪。

（85）卬还欠渠家三十斤谷。我还欠他家三十斤稻谷。

（86）浪费哩卬半工人工。浪费了我半天时间。

（87）告诉你一只好消息。告诉你一个好消息。

（88）外婆蒸哩一锅满满嘓馒头得卬物喫。外婆蒸了一锅满满的馒头给我们吃。

（89）你挖五包薯、十篮哩花生跟冬冬嘞。你挖五包红薯、十篮子花生给冬冬吧。

第二，直接宾语为指量名结构。吉安方言双宾句的直接宾语还可以由指量名结构充当。所谓"指量名结构"，是指"指示代词+量词+名词"这样的结构，一般是表示定指成分。例如：

（90）胡老板塞哩箇只大红包得你啦？胡老板塞了这个大红包给你呀？

（91）老板分了箇多红利跟渠物两个。老板分了很多红利给他们两个。

第三，直接宾语为量名结构。充当直接宾语的量名结构，有两种情况：一是由数量名结构省略数词"一"而来，二是由指量名结构省略指示代词"箇"而来。省略的数词或指示代词都可以自由加入。同数量名结构和指量名结构充当直接宾语一样，量名结构的名词前也可插入修饰成分。此外，我们可以发现能以量名结构为直接宾语的双宾句，只能是介宾补语的形式。例如：

（92）你拿本书得渠。你拿本书给他。

（93）送支钢笔得你用。送支钢笔给你用。

（94）赔本新书跟你。赔本新书给你。

第四，直接宾语为光杆名词。吉安方言双宾句的直接宾语可以由光杆名词充当，这与动词的句法和语义功能密切相关。能带光杆名词作直接宾语的动词主要有：①"教"义动词；②"差欠"义动词；③"称呼"义动词；④"给予"义动词；⑤临时"给予"义动词。例如：

（95）王老师教卬物英语。王老师教我们英语。

（96）渠还欠你钱。他还欠你钱。

（97）卬物叽同学喊渠蠢婆。我们这些同学叫她蠢婆。

（98）肉卬先拿回去咯，明日把钱得你嘿。肉我先拿回去了哟，明天把钱给你哈。

（99）卬装哩饭跟婆婆。我装了饭给奶奶。

第五，直接宾语为小句。当小句充当双宾句的直接宾语时，小句和间接宾语之间往往会有语音停顿，或者可以插入"话说"引出直接宾语。能以小句为直接宾语的双宾句，动词一般为包含"述说"义的动词，小句为其述说的内容。例如：

（100）渠问卬明日要麼出差。他问我明天要不要出差。

（101）老师告诉卬出呗有箇多好喫嗰。老师告诉我外面有很多好吃的。

（102）你告诉渠话明日嗰旅游正常进行。你告诉她说明天的旅游正常进行。

（103）告诉你家爸爸话渠还不能去。告诉你爸爸说她还没有去。

吉安方言双宾句能够充当直接宾语的，除以上五种常见的结构之外，还有少部分的数量结构、数名结构、具有偏正关系的名词性短语以及"嗰的"字短语。例如：

（104）卬表扬哩小王几句。我表扬了小王几句。

（105）卬换哩二十美元得渠。我换了二十美元给她。

（106）卬送哩三块钱路费得渠家女。我送了三块钱路费给她女儿。

（107）赔渠一本新嗰。赔她一本新的。

6.3.2.2　间接宾语的基本特征

双宾句中间接宾语一般是指人的名词或名词性结构，主要有以下四种语法形式。

第一，间接宾语为人称代词，可以是单数人称代词，也可以是复数人称代词。这类句子占绝大多数。例如：

（108）渠偷哩卬一张邮票。她偷了我一张邮票。

（109）渠把哩把匙指跟卬。她给了一把钥匙给我。

（110）渠是麼借哩你一本词典啦？她是不是借了你一本词典呀？

（111）渠想找你帮忙，故意输发哩钱得你。她想找你帮忙，故意输点儿钱给你。

（112）卬借哩渠一本书。我借了她一本书。

（113）卬告诉哩一只好办法得渠。我告诉了一个好办法给他。

（114）王老师教卬物英语。王老师教我们英语。

（115）市底呗分哩两只教练跟卬物。市里分了两个教练给我们。

第二，间接宾语是由"人称代词+家+名词"或"卬/你/渠物+名词"构成的名词性短语，或者是"卬/你/渠物+两/三个"之类的形式，其中人称代词是名词的修饰语，还可以是其他形式的偏正关系的名词性短语。例如：

（116）每个月把五十块钱得印家姆妈。每个月给五十块钱给我妈妈。
（117）告诉你家爸爸话渠还不能去。告诉你爸爸说她还没有去。
（118）印送哩三块钱路费得渠家女。我送了三块钱路费给她女儿。
（119）学校分哩几个研究生跟印物学院。学校分了几个研究生给我们学院。
（120）老板分了箇多红利跟渠物两个。老板分了很多红利给他们两个。
（121）挖几只薯跟梅塘中学啯校长。挖几个红薯给梅塘中学的校长。

第三，间接宾语是单独的表人名词，可以是人名，也可以是辈分或者社会身份。例如：

（122）还哩五块钱得小王。还了五块钱给小王。
（123）你挖五包薯、十篮哩花生跟冬冬嘞。你挖五包红薯、十篮子花生给冬冬吧。
（124）还一百块钱得三姑。还一百块钱给三姑。
（125）话诉爸爸话要出国。告诉爸爸说要出国。
（126）话诉学生要小心发哩。告诉学生要小心点儿。

第四，间接宾语是表示跟人相关的处所名词，以楼管类和部门类处所名词居多。这类双宾句总体上数量不多。例如：

（127）印借哩图书馆两本书。我借了图书馆两本书。
（128）渠前前后后送哩几本珍贵啯书得资料室。她前前后后送了几本珍贵的书给资料室。
（129）公司送哩一套新光盘得广告部。公司送了一套新光盘给广告部。

从以上分析可知，吉安方言双宾句的间接宾语主要是人称代词或指人名词及名词性短语，偶尔也可以是处所名词。

6.3.3 双宾语的位移及隐现

6.3.3.1 双宾语的位移

大多数南方方言都存在典型双宾式（V＋$O_{间}$＋$O_{直}$）和双宾 B 式（V＋$O_{直}$＋$O_{间}$），双宾语之间可以互换位置而句子意思不变，如浠水话（程从荣，1998）和大冶方言（汪国胜，2000）等。吉安方言只有典型双宾式（V＋$O_{间}$＋$O_{直}$），没有双宾 B 式（V＋$O_{直}$＋$O_{间}$），这在上面我们讨论能进入吉安方言双宾句的动词类型时已有提及，同时我们还讨论了吉安方言双宾句的典型双宾式和介宾补语形式之间的变换关系。本节我们讨论吉安方言双宾句的其他位移情况，或者说和其他句型之间的变换关系。汪国胜《大冶方言的双宾句》（2000）讲到不同类型动词的双宾句具有不同的变换关系，所以本部分从动词的语义类型的角度讨论双宾句的位移情况。

第一，"取得"义动词双宾句。间接宾语可以通过前加介词"在/从"前移，但不能前移于句首也不能后移；间接宾语不能位移，只能位于谓语动词之后。位移之后双宾句变成了单宾句。例如：

（130）渠拿哩印一百块钱。她拿了我一百块钱。

→渠在印箇哩拿哩一百块钱。她在我这里拿了一百块钱。

（131）渠偷哩印一百块钱。她偷了我一百块钱。

→渠从印箇哩偷哩一百块钱。她从我这里偷了一百块钱。

（132）＊印渠偷哩一百块钱。　　　　＊渠偷哩一百块钱印。

第二，"述说"义动词双宾句。只有间接宾语可以通过前加介词移位于动词之前。例如：

（133）渠开头问你咋嗰啦？她刚刚问你什么呀？

→渠开头向你问咋嗰啦？她刚刚向你问什么呀？

第三，"结果"义动词双宾句。只有间接宾语可以通过添加表被动的介词"把"移位于句首，形成被动句。例如：

（134）印踩哩渠一脚嗰泥巴。我踩了她一脚的泥巴。

→渠把印踩哩一脚嗰泥巴。她被我踩了一脚的泥巴。

（135）开水㷃哩渠身上几只泡。开水烫得她身上几个水泡。

→渠把开水㷃哩身上几只泡。她被开水烫得身上几个水泡。

（136）印家宝宝咬哩渠几只牙齿印。我宝宝咬了她几个牙齿印。

→渠把印家宝宝咬哩几只牙齿印。她被我宝宝咬了几个牙齿印。

第四，临时"给予"义动词双宾句。只有间接宾语可以通过前加介词移位于动词前。例如：

（137）你抄份名单跟印。你抄份名单给我。

→你跟印抄份名单。你给我抄份名单。

第五，"差欠""称呼""给予"类双宾句，直接宾语与间接宾语都不能发生位移。

通过上述分析，我们可以得知吉安方言的"差欠""称呼""给予"类双宾句的双宾语不能发生位移，而能发生位移的"取得""述说""结果""临时给予"类双宾句，也只能通过前加介词将间接宾语移位于动词之前，直接宾语不能移位，只能位于谓语动词和间接宾语之后。

6.3.3.2　双宾语的隐现

不同类型动词的双宾句，宾语的隐现情况也不一样。我们根据双宾语的隐现情况分以下四方面讨论。

第一，可以只出现直接宾语或间接宾语。主要有"述说"和"结果"类动词双宾句。例如：

(138) 渠开头问你咋啁啦？她刚刚问你什么呀？

→a. 渠开头问哩你啦。她刚刚问了你呀？

　b. 渠开头问咋啁啦。她刚刚问什么呀？

(139) 宝宝咬哩渠几只牙齿印。宝宝咬了她几个牙齿印。

→a. 宝宝咬哩几只牙齿印。宝宝咬了几个牙齿印。

　b. 宝宝咬哩渠。宝宝咬了她。

第二，可以只出现直接宾语，但不能只出现间接宾语。这种情形比较多见，主要有"取得""结果""差欠""给予"和"临时给予"类动词双宾句。例如：

(140) 渠来箇哩拿哩卬一百块钱。她来这里拿了我一百块钱。

→a. 渠来箇哩拿哩一百块钱。她来这里拿了一百块钱。

　b. *渠来箇哩拿哩卬。

(141) 开水爁哩渠身上几只泡。开水烫得她身上几个水泡。

→a. 开水爁哩几只泡。开水烫了几个水泡。

　b. *开水爁哩渠。

(142) 你还差卬三块钱。你还欠我三块钱。

→a. 你还差三块钱。你还欠三块钱。

　b. *你还差卬。

(143) 卬卖哩一只现鸡跟秋莲。我卖了一只鸡给秋莲。

→a. 卬卖哩一只现鸡。我卖了一只鸡。

　b. *卬卖哩秋莲。

(144) 山塘姨姨打哩双手套跟卬。山塘阿姨织了双手套给我。

→a. 山塘姨姨打哩双手套。山塘阿姨织了双手套。

　　b. *山塘姨姨打哩卬。

第三，可以只出现间接宾语，但不能只出现直接宾语。只有"述说"义动词双宾句。例如：

（145）卬告诉你一只好方法。我告诉你一个好方法。

→a. 卬告诉你。我告诉你。

　　b. *卬告诉一只好方法。

第四，直接宾语和间接宾语都必须出现。属这种情形的有"称呼"和"结果"类动词双宾句。例如：

（146）村上嘅人下喊渠疯子。村上的人都叫他疯子。

→a. *村上嘅人下喊渠。

　　b. *村上嘅人下喊疯子。

（147）箇部车子飙哩卬一身泥。这辆车溅了我一身泥。

→a. *箇部车子飙哩一身泥。

　　b. *箇部车子飙哩卬。

6.4　双宾句的介引成分

通过前面对能进入双宾句的动词的分析，我们可以知道吉安方言中带有介引成分的双宾句仅限于具有"给予"义或临时具有"给予"义的动词，并且介引成分只能用于间接宾语之前，介引成分"得/跟"是相当于普通话中起介引作用的介词"给"的语法成分。

不过，关于普通话中"给"的词性，学界暂无统一的观点：有的学者认为"给"是动词，而把普通话中"V+O$_直$+给+O$_间$"句式看作连动句；有的学者认为"给"是介词，而把普通话中"V+O$_直$+给+O$_间$"句式看作介宾补语式。但吉安方言中的"V+O$_直$+得/跟+O$_间$"没有什么争论，大家一致将其看作是介词。最主要的原因是吉安方言中"得、跟"之后不能加时态助词"了"，也不能位于双宾句的谓语中心。试比较：

（148）老张给了老李一本书。

　　　 老张给我一本书了。

我送一本书给他了。

（149） *老张得/跟哩老李一本书。

*老张得/跟卬一本书哩。

*卬把一本书得/跟渠哩。

此外，虽然吉安方言也有与普通话"V给"相对应的"V得/跟"形式，但是二者还是有比较大的区别，主要表现在以下两方面。

第一，普通话和吉安方言能进入该格式中的动词类型不同。普通话"V给"形式中的"V"可以分为两种类型：①由"送"类动词充当，"给"都可以省去，直接宾语常可以省去，间接宾语偶尔也可以省去；②由"掐、拿、劈"等动词加"给"构成，"给"不能省去。其中"V给$_1$"中的动词本身就包含"给予"义，反映到语言结构上，就是要求带有两个宾语，而"V给$_2$"中的动词本身并不含有"给予"义，它们在语言结构上也就并不要求带有两个宾语，而是在需要表达"给予"义时，才必须用"给"引进所要给予的对象。而吉安方言中的"V得/跟"中的"V"只限于"给予"义动词，"得/跟"可以省略，直接宾语在一定语境下可以省略，但间接宾语必须出现。例如：

（150） 普通话：

a. 你还没送给我一点东西呢！你还没送我一点东西呢！（省略"给"）

b. 有人指点给他，让他拿着绳子、扁担。（省略直接宾语）

c. 接长不短儿的我表哥扔给几个糖三角。（省略间接宾语）

d. 他后来还托他的父亲带给我一包贝壳和几支好看的鸟毛。（"给"不能省略）

吉安话：

a. 箇只包子把得渠嘞，电饭煲兜还有箇多。这个包子给他吧，电饭煲里还有很多。

b. 箇只包子把渠嘞，电饭煲兜还有箇多。这个包子给他吧，电饭煲里还有很多。（省略"得"）

c. 把得渠嘞，电饭煲兜还有箇多。给他吧，电饭煲里还有很多。（省略直接宾语）

第二，吉安方言中的"V得/跟"之后不能带双宾语，而只能引进对象宾语。"得/跟+O$_间$"只能在动词后，而不能放在动词之前。这主要是因为吉安方言中表达类似的语义内容时，往往以采用"V + O$_直$ + 得/跟 + O$_间$"的介宾补语式为常，而很少用"V 得/跟"后加双宾语的形式。例如：

（151）箇块牛肉卖得渠，卬明日来买也做得。这块牛肉卖给他，我明天来买也可以。

以上讨论了吉安方言双宾句介引成分"得/跟"与普通话"给"的区别。其实，在吉安方言内部，介引成分"得"与"跟"之间也有所差异，主要表现在："得"只能放在动词之后引进间接宾语；"跟"既能放在动词之后引进间接宾语，还可以在动词之前引进间接宾语。例如：

（152）a. 夹发哩菜得卬。夹点儿菜给我。

　　　　b. *得卬夹发哩菜。

（153）a. 夹发哩菜跟卬。夹点儿菜给我。

　　　　b. 跟卬夹发哩菜。给我夹点儿菜。

曾毅平《石城（龙岗）方言的被动句、双宾句、"来、去"句、"有"字句和"添"字句》（2002）指出，用"VP + NP2 + 介词 + NP1"句型对译普通话给予类双宾句，这在汉语南方方言中有相当的普遍性，只不过引进接收者的介词各异，如闽语汕头话用"分"或"乞"（施其生，1996），赣语泰和话用"得"（戴耀晶，1997），赣语安义话用"到"（万波，1997），客家梅县话用"分"（林立芳，1997）。其实，与吉安方言同用介引成分"得"的方言也不少，有如湖北鄂东话（汪化云，2004：212－214）、湖南益阳话（徐慧，2001：291－292）以及福建长汀话（饶长溶，1997：225－232）等。

6.5　歧义双宾句和混合双宾句

6.5.1　歧义双宾句

通过前面的分析，我们可以知道，普通话的双宾句式主要是"S + V + O$_间$ + O$_直$"式，极少书面色彩比较浓厚的"S + V + O$_直$ + O$_间$"形式。所以，像"租、借"这类兼具"给予"和"取得"义的动词进入"S + V + O$_间$ + O$_直$"句法格式中形成双宾句时，就存在表"给予"和表

"取得"两种理解了,这就是本节所讨论的歧义双宾句。例如:

(154)张三租李四一间房。

(155)张三借李四一本书。

上述两例,例(154)既可以理解为"给予"义(房子是张三的,张三把房子租给李四),又可以理解为"取得"义(房子是李四的,张三向李四租了一间房);例(155)同样既可以理解为"给予"义(书是张三的,张三把书借给李四),又可以理解为"取得"义(书是李四的,张三向李四借了一本书)。

然而,这种情形在吉安方言中就不会产生歧义,主要是因为吉安方言中的"S+V+O_间+O_直"句型只能表示"取得"义,而"S+V+O_直+得/跟+O_间"句型只能表示"给予"义。所以,吉安方言不存在"给予"与"取得"两种理解皆可的歧义问题。例如:

(156)朝东租哩雷公一栋屋。朝东租了雷公一栋房子。

(157)朝东租哩一栋屋跟雷公。朝东租了一栋房子给雷公。

上述两个例句中,例(156)只能理解为"取得"义,即"房子是雷公的,朝东向雷公租了一栋房子",例(157)只能理解为"给予"义,即"房子是朝东的,朝东把房子租给雷公了"。

6.5.2 混合双宾句

普通话的双宾句后有时还可以再出现一个动词或动词性结构,构成一种特殊的双宾句与兼语句混合而成的混合双宾句,也叫双宾兼语混合句。例如:

(158)我给了她一百块钱花。

(159)你给他一本书看。

吉安方言同普通话一样,双宾句后边还可以有另外一个动词或动词性结构,构成双宾兼语混合式,我们称为混合双宾句。不过,吉安方言中能构成混合双宾句的以"S+V+O_直+得/跟+O_间"句型居多,能构成混合双宾句的"S+V+O_间+O_直"句型仅限于部分"取得"义动词。例如:

(160)卬不能把酒得渠喫。我没有给酒给她喝。

(161)卬寄哩两箱橙子得渠喫。我寄了两箱橙子给她吃。

（162）卬家姆妈日日晚头烧正水跟卬物几个洗脚洗面。_{我妈妈每天晚上烧好水给我们几个洗脚洗脸。}

（163）卬拿哩你一百块钱用咯。_{我拿了你一百块钱用哟。}

此外，普通话的有些双宾句，吉安方言并没有相应的双宾句说法，而是用混合双宾句表达。例如：

（164）a. 普通话：他蒸了我一只鸡。
　　　　b. 吉安话：渠蒸哩一只鸡哩跟卬喫。_{她蒸了一只鸡给我吃。}

（165）a. 普通话：我腌了小王一包萝卜。
　　　　b. 吉安话：卬腌哩一包萝卜跟小王喫。_{我腌了一包萝卜给小王吃。}

6.6　小结

本章从双宾句的结构、动词、宾语、介引成分"得/跟"以及歧义双宾句和混合双宾句五方面详细描写了吉安方言双宾句的概况。吉安方言的双宾句从广义上来看，有典型双宾式（"$S + V + O_{间} + O_{直}$"）和介宾补语式（"$S + V + O_{直} + 得/跟 + O_{间}$"）两种结构形式。其中能进入典型双宾式双宾句的动词主要有包含"取得、述说、结果、差欠、称呼"义的动词，能进入介宾补语式双宾句的动词主要有包含（或者临时包含）"给予"义的动词。此外，还有一部分动词既能进入典型双宾式双宾句，又能进入介宾补语式双宾句。对于吉安方言双宾句的宾语，本书主要从双宾语的语义关系、双宾语的基本特征以及双宾语的位移和隐现三方面展开描述。此外，吉安方言介宾补语式双宾句的介引成分"得"和"跟"比较具有地域特色。

第 7 章 处 置 句

在现代汉语方言领域，处置句有广义和狭义之分。狭义处置句是指在谓语动词前用介词引出动词支配对象表处置义的句子，是表示"把人怎样安排、怎样支使、怎样对付，或把事物怎样处理，或把事物怎样进行"[①]的句式，是被研究得最多的一类处置句。广义处置句不仅包括有处置标记的狭义处置句，还包括没有处置标记但表达了处置义的句子。本书采用广义处置句的概念，尽可能详细地和普通话进行对比，从而展现吉安方言处置句的概貌及特色。

从形式和内容上看，处置句在很多语言里都没有相对应的语法结构，是汉语中较有特色的一种句型；从研究成果看，处置句是学界的研究热点，相关文献和研究成果数不胜数。所谓"处置"，是"某一对象因动作而发生变化或产生某种结果、联系等"[②]。在前人的研究成果里，与"处置句"相近的概念有"处置式"和"'把'字句"。我们认为，"处置式"是"介词+宾语+谓词"这样一个构式，它和短语相当，只是语言的备用单位；而"处置句"则是"处置式"在句中作谓语的句子，是处置式加上一定的语气构成的语言的使用单位。至于"处置式"和"'把'字句"的区别，李蓝《汉语方言中的处置式和"把"字句（上）》（2013）指出标准语的语法研究中多用"把"字句，而汉语史研究领域中多用处置式，因为汉语史上出现过的处置标记除"把"外

---

① 王力：《王力文集（第二卷）：中国现代语法》，山东教育出版社1985年版，第125页。

② 李小华：《印尼客家方言与文化》，华南理工大学出版社2014年版，第302页。

还有"以、将"等，而标准语里的处置标记只有"把"[①]。也就是说，标准语处置句的主要表达形式是"把"字句，而汉语史领域处置句的表达形式除"把"字句之外还大有其他句式存在。汉语方言的情形同汉语史领域一样，表达处置的形式多种多样，且汉语方言的"把"字句也不只是表处置义，所以我们采用"处置句"这一说法。

普通话的"把"字句研究，从黎锦熙《新著国语文法》开始至今，近百年来的研究涵盖了"把"字句的方方面面，具体可概括为以下几方面：语义研究、句法研究、语用研究、历时研究、方言研究、面向对外汉语教学的研究。而汉语史的"处置式"研究则主要侧重在处置式的产生、发展、语源及其类型等方面。汉语方言的处置句研究则主要是在详细描写各个方言点独特的处置句表达形式的基础上进行方言与方言间以及方言与普通话间的比较，分析其异同，揭示其原因，为标准语和汉语史的处置句研究提供参考价值，为语言理论的归纳提供语言例证。至于吉安方言的处置句，目前只在相关的语法著作和地方方言志中见到零星的描写，如刘纶鑫《客赣方言比较研究》（1999：742-744）、陈昌仪《江西省方言志》（2005：37-39）、肖方远《吉安县志》（2008：774）等。

普通话的"处置句"一般指的是"把"字句，如"那件事把她气死了"。"把"字是个引出受动成分的介词。在吉安方言中，处置式也有通过"把"引出受动成分表处置义的处置句，和"把"相当的介词还有"拿""将""捉倒"等。介词"把"还可和第三人称代词"渠"配合使用，形成混合型处置句，此外还有不用介词表示处置义的受事前置句和一般动宾句。

7.1 处置句的类型

吉安方言处置义的表达形式比普通话要丰富得多，主要可分为两大类：一是有介引成分，如"渠把楼上嘅衣裳下收了哩<small>她把楼上的衣服都收了</small>"；二是无介引成分，如"楼上嘅衣裳卬收了哩<small>楼上的衣服我收了</small>"。根

[①] 李蓝、曹茜蕾：《汉语方言中的处置式和"把"字句（上）》，《方言》2013年第1期。

据我们对"处置句"的定义，下面我们着重讨论有介引成分的处置句，吉安方言主要包括"把"字处置句、"拿"字处置句、"将"字处置句、"捉倒"处置句以及混合处置句。

7.1.1　"把"字处置句

在吉安方言里，"把"字有动词、量词、助词、介词四种用法。吉安方言量词"把"和普通话量词"把"功能相似，读作 [pa^{42}]，如"一把匙指一把钥匙、一把蕹菜一把空心菜、一把老骨头、一把屎一把尿、一把好手、拉哩渠一把拉了她一把"等。动词"把"和表被动的介词"把"（读作 [pɛ^{42}]），在吉安方言中的用法与普通话相比有点差异。表处置的介词"把"在具体用法上也和普通话有所差异。下面简单列举几例以展示吉安方言"把"字的用法。

（1）不把吾喫，吾就不把渠喫。不给我吃，我就不给他吃。（动词"把"）

（2）看你得屋下把哩几餐。看你在家里给了几餐。（动词"把"）

（3）信就话养箇只一工，你也要把人得箇哩哇。你就说生这么一天，你也要安排人在这里吧。（动词"把"）

（4）晨翔哪日打架总是把好手，渠一上来渠就晓得综头发。晨翔以后打架肯定是一个厉害的人，他一上来就知道揪头发。（量词"把"）

（5）发工资，个个千把块哩钱，嘎连箇叽哩……话保底嗰也有得。发工资，每个人千把块钱，现在连这些保底的也没有。（助词"把"）

（6）你要拍视频你也先把只形象搞好发哩嘞。你要拍视频你也先把这个形象搞好点儿呗。（介词"把"）

（7）不要把渠看到。不要被他看见。（介词"把"）

用介词"把"在谓语动词前引出动词支配对象表处置义的句子，我们称为"把"字处置句。"把"字处置句的特征，从形式上看是用介词"把"将宾语提到谓语中心的前面，从意义上看是表示一种有目的的处置行为。由上述分析可知，"把"字处置句只是吉安方言"把"字众多用法的一种，但却是吉安方言处置句中最常用、最普遍的表达方式，是一种活力很强的句式，这和普通话对方言的影响密不可分。吉安方言的"把"字处置句的基本形式是"NP$_1$ + 把 + NP$_2$ + VP"，如"吾把姆妈嗰电话号码删了哩我把妈妈的电话号码删了",从结构上可分为三部分:前段,介词"把"前的成分;中段,介词"把"与其宾语组成的介宾短语;后段,"把"的宾语后面的所有成分。其中后段又可以分为状语、谓语中心语和谓语中心语后面的成分三部分。下面我们从"把"字句的三大段分析吉安方言"把"字处置句的功能和用法。

第一,前段。从词类性质看,吉安方言的"把"字处置句同普通话的"把"字句一样,前段一般由名词性成分充当,可以是一般名词、代词、时间名词、名词性短语等;也可以由谓词性成分充当,可以是动词、动宾短语、主谓短语、形容词以及形容词性短语等;有时前段还会空缺。例如:

(8) 大水把箇翻桥下冲走哩。大水把这座桥都冲走了。(名词)

(9) 㘿物把渠吵起来哩。我们把他吵醒了。(代词)

(10) 今晚把你家瑞壮嗰爸爸艾松下哩。今晚把你这胖爸爸吃穷点儿。(时间名词)

(11) 箇只电影把叽人看哩下出眼珠水哩。这个电影把这些人看得都流泪了。(名词性短语)

(12) 过个年把渠物只心下歇野了哩。过个年把他们的心都玩野了。(动词)

(13) 渠先话渠今日不来,担点水咯把只腰骨又话拧到哩。她之前说她今天不来,担点儿水哟把腰又给闪了。(动宾短语)

(14) 渠老跟㘿面前转来转去把㘿都转晕了哩。她老在我面前转来转去把我都转晕了。(主谓短语)

(15) 你趁倒不告诉渠,急就会把渠急死。你一直不告诉她,急就会把她急死。(形容词)

(16) 把只窗子关紧。把窗户关紧。(前段空缺)

从句法成分的性质看,吉安方言"把"字处置句中"把"前的成分可以是主语,如上述例(8);也可以是状语,如上述例(10);还有的既不是主语,也不是状语,如上述例(15)。

从语义角色看,吉安方言"把"字处置句中"把"前成分共有以下6种语义角色,其中施事使用频率最高。例如:

(17) 睿哆把只茶碗打烂哩。睿哆把茶碗打碎了。(施事)

(18) 箇件事把㘿物一工嗰运气下毁了哩。这件事把我们一天的运气都毁

了。(致事)

(19) 箇只天把叽人下热得瞓不着。这个天把大家热得都睡不着觉。(系事)

(20) 三工人工就把人家忘光了哩。三天时间就把人家全忘了。(时间)

(21) 一发箇小事就把渠难倒哩。一点儿这么小的事就把她难倒了。(受事)

(22) 过个年把渠物只心都歇野了哩。过个年把她们的心都玩野了。(因事)

此外，吉安方言"把"字处置句中"把"前的成分一般都是有定的。有时候普通话依赖于语境的有定，吉安方言需要通过加限定词表示有定。如普通话"猫把老鼠咬死了"，吉安方言一般说"箇只猫哩把只老鼠咬死哩这只猫把这只老鼠咬死了"。

第二，中段。从词类性质看，吉安方言中介词"把"后的宾语一般由名词性成分充当，可以是代词、处所名词、数量名短语、偏正短语、名词性并列短语等。例如：

(23) 把钱用了嗟。把钱花掉。(普通名词)

(24) 是话犯法，第一个就要把你捉了得来，晓得麽？要是犯法，第一个就要把你捉起来，知道吗？(代词)

(25) 半工人工就把房间搞得乱七八糟。才半天就把房间搞得乱七八糟。(处所名词)

(26) 渠把一瓶酱油打烂哩。她把一瓶酱油打碎了。(数量名短语)

(27) 嘎曼把芬芬箇只几个钱下打光哇。等会儿把芬芬这点儿钱都打完。(偏正短语)

(28) 渠把票跟身份证下跌了哩。她把票和身份证都丢了。(名词性并列短语)

从句法性质看，介词"把"后的成分和介词"把"构成"把"字短语，构成后面动词的处置对象，一般是作后面动词的宾语。如上述几例，"钱"是"用"的对象，"房间"是"搞"的对象，"票跟身份证"是"跌"的对象，它们都是动词的宾语。

从语义角色看，吉安方言"把"字处置句中"把"后成分可以是受事、使事、成事、当事、施事、处所、工具等语义角色。例如：

（29）你把叽东西放得哪里去哩？你把这些东西放哪儿去了？（受事）

（30）老是突然箇大嗰声音，你会把㕥吓死。老是突然这么大的声音，你会把我吓死。（使事）

（31）等㕥把箇封信写完哩，㕥就打个电话告诉渠。等我把这封信写完了，我就打个电话告诉她。（成事）

（32）㕥物箇哩都不把女嗰当女嗰，咋嗰事下是喊㕥物女嗰去做。我们这里都不把女的当女的，什么事都是叫我们女的去做。（当事）

（33）箇只电影把叽人看哩下出眼珠水哩。这个电影把这些人看得都流泪了。（施事）

（34）㕥去楼顶间呢，别个人早就把只楼顶下晒满哩。我去楼顶的时候，别人早就把楼顶都晒满了。（处所）

（35）切箇发哩鸭哩把把刀都切哩有缺口来哩。切这点儿鸭肉把这把刀都切得有缺口了。（工具）

需注意的是，一般认为普通话的"把"字句中"把"后的宾语绝大部分都是有定的，如吕叔湘（1984）[1]、王还（1984）[2]、刘培玉（2009）[3] 等。吉安方言"把"后的宾语也需满足这一要求，只是二者表现"有定"的方式有所不同。这里所谓的"有定"，是语用平面的概念，是指"说话人主观上以为听话人能够确定名词性成分的所指对象"[4]。普通话的"把"字句表现这种语用上的有定，有时候可以是形式上的无定、意念上的有定；而吉安方言表现这种语用上的有定，形式上也必须是有定的，通常是在"把"和名词性成分之间再加上量词，以"叽""只"最为常见。下面是一些普通话与吉安方言的对比：

普通话　　　　　　　　　吉安话
（36）a. 他把米给那个工人送去。b. 渠把叽米跟叽员工送过去。
（37）a. 把衣服洗干净。　　　　b. 把叽衣裳洗干净下哩。
（38）a. 小弟弟把茶杯给打破了。b. 小弟弟把只茶碗打烂哩。

---

[1] 吕叔湘：《汉语语法论文集（增订本）》，商务印书馆1984年版，第198页。

[2] 王还：《"把"字句和"被"字句》，上海教育出版社1984年版，第20页。

[3] 刘培玉：《现代汉语把字句的多角度探究》，华中师范大学出版社2009年版，第24页。

[4] 温锁林：《现代汉语语用平面研究》，北京图书馆出版社2001年版，第87页。

(39) a. 把窗户关上。 b. 把只窗子关紧。
(40) a. 我把被子弄破了。 b. 卬把翻皮服舞烂哩。
(41) a. 他把奖状贴在墙上。 b. 渠把张奖贴了在墙上。
(42) a. 你把衣服穿上。 b. 你把件衣裳穿起来。
(43) a. 我把信读了一遍。 b. 卬把封信读哩一遍。
(44) a. 他把本子递给我。 b. 渠把本本子传了跟卬。
(45) a. 你把门关上。 b. 你把栋门关紧。

第三，后段。普通话"把"字句的谓语动词不能是光杆动词，动词要有前加成分或后加成分，如果是单个动词就必须是双音节的。吉安方言的"把"字处置句中的谓语动词也不能是光杆动词，动词多有后加成分，有时双音节动词也能进入"把"字处置句。

从句法性质看，吉安方言"把"字处置句中的谓语中心主要有双音节动词、动补结构和动趋结构，有时动词后加上助词或语气词也能进入"把"字处置句。例如：

(46) 渠物边走边逛街，把敦厚横穿，逛了一个遍。她们边走边逛街，横穿敦厚，逛了个遍。（双音节动词）

(47) 眼珠看不得到越加不要喫酒，你把只酒戒了渠哇。眼睛看不清更加不要喝酒，你把酒戒掉吧。（动词加助词）

(48) 卬物得箇哩话话把箇只人也吵起来哩。我们在这里说话把这个人也吵醒了。（动补结构）

(49) 小心渠会把渠物赶了去出。小心她会把他们赶出去。（动趋结构）

从动词的语义特征看，能进入"把"字处置句的多为动作动词和性状动词，例如：

(50) 请你把叽苹果擦哇下哩。请你把这些苹果擦一下吧。（动作动词）

(51) 话卬会把叽细伢哼驴啦，渠不一样嘓。说我会把这些小孩子骂蠢，她不一样的。（动作动词）

(52) 渠听哩箇只事，把只面都红了哩。她听了这件事，脸都红了。（性状动词）

(53) 渠就生怕把渠累倒哩。她就生怕把她累到了。（性状动词）

7.1.2 "拿"字处置句

"拿"字处置句是指用介词"拿"引出动作支配对象表处置义的句

子，其基本格式为"NP1 + 拿 + NP2 + VP"。NP1 为施事，是 VP 所代表的动作行为的实施者，有时候可以不出现；"拿"是介词，后加 NP2 作宾语，引出动作支配的对象；VP 是整个"拿"字处置句的谓语中心，一般是一个复杂的动词性成分。例如：

（54）卬真嘅拿你冇办法。我真的拿你没办法。

（55）渠物就是要去，不去就叫，你拿渠物有咋嘅办法？他们就是要去，不去就哭，你拿他们有什么办法？

（56）卬就是不写，你拿卬怎麽样？我就是不写，你拿我怎么样？

（57）渠有时候拿叽盐当糖喫哇哩。她有时候把盐当糖吃了。

"拿"字处置句和"把"字处置句的用法几乎相同；但在吉安方言中，"拿"字处置句是使用频率较低、使用限制较多的一类处置句，谓语中心一般是"当、有办法、冇办法、怎麽样"之类，表示主语把 A 当作 B 或者是主语对宾语无可奈何之意。

7.1.3 "将"字处置句

"将"字处置句是指用介词"将"引出动作支配对象表处置义的句子，其基本格式为"NP1 + 将 + NP2 + VP"。NP1 是整个处置句的主语和施事，介词"将"后加 NP2 作宾语引出动作支配的对象，VP 是谓语中心，一般是一个复杂的动词性成分。例如：

（58）端端，你最好还要问下医生看看，你将只情况跟只医生话下哇。端端，你最好还是问一下医生看看，你将这个情况跟医生说吧。

（59）冇咋嘅菜，你就将箇发哩菜煮嘞。没什么菜，你就将这点儿菜炒吧。

（60）冇油去哩，将箇发哩油放嘞。没油了，将这点儿油放吧。

（61）就是箇叽钱，卬想将箇叽钱下存了得去银行哩。就是这些钱，我想将这些钱都存到银行去。

"将"字处置句也是吉安方言中使用频率较低、使用限制较多的一类处置句。用"将"引出动作支配对象的处置句，同普通话"把"字句一样，往往要求引进的对象 NP2 是定指的。谓语动词一般是具有处置义的动作动词，其前后常需加别的辅助成分，不能是光杆动词。和"把"字处置句不同的是，"将"字处置句往往凸显出"将"后的宾语数量上的特点，或是表示宾语数量上的全部，或是表示主语对宾语现有数量的将就，具有一定的主观性，处置义也更强。试比较以下两句：

(62) a. 将渠箇句话话诉渠家姆妈。将她这句话告诉她妈妈。
　　　b. 把箇只事话诉渠家姆妈。把这件事告诉她妈妈。

用"将"表达的处置句 a 暗含着把"这句话"原封不动地告诉妈妈的意思，而用"把"表达的处置句 b 则只表达出把"这件事"告诉妈妈，至于怎么告诉，是直接转述还是间接表达清楚就可以，b 不作限制。

汉语处置式产生早期，"将"字处置句比"把"字处置句要用得多，但现代汉语已经很少用"将"字处置句了，只在菜谱中少量使用，如"将萝卜切成丁"。太田辰夫（1987：243）认为这是因为"将"比"把"更具书面语语体色彩，口语中较少用。刁晏斌《海峡两岸及港澳地区现代汉语差异与融合研究》（2001：309-345）也比较了"把"字句和"将"字句的差异，认为主要表现在产生的时代、使用频率、语体色彩以及使用范围四方面的不同。尹蔚《介词"把"和"将"的应用思考》（2001）在考察介词"把"和"将"的使用现状时，则认为现代汉语普通话从反对夹杂文言词和反对夹杂方言词的两个角度都应该提倡用"把"，淘汰"将"。但吉安方言中的"将"字处置句仍留存于口语中，它和"把"字处置句的区别不是语体色彩上的区别，而是表意上的区别，这是其不同于普通话"将"字句的主要特点，也是其虽使用频率较低但一直存活的根本原因。

此外，"将"还可以用于部分成语中表示处置，此时和普通话的"将"意义和用法一样，如"将心比心、恩将仇报"等。

7.1.4　"捉倒"处置句

"捉倒"处置句，是指用"捉倒"引出动作支配对象表处置义的句子，其基本格式为"NP1 + 捉倒 + NP2 + VP"。例如：

(63) 渠回来就捉倒叽细伢哩打了一餐。他回来就将小孩子打了一顿。
(64) 你喫哩亏捉倒印发咋啯火咯？你吃了亏冲我发什么火哟。
(65) 你是麽碰到鬼咯，捉倒印发火。你是不是碰到鬼哟，冲我发火。

从处置标记的词类性质来看，同其他几类处置句不一样，"捉倒"处置句的"捉倒"还是一个未完全虚化的介于动词和介词之间的成分。

用"捉倒"的处置句，在表达处置义的同时往往还强调了处置动作和处置对象之间的紧迫性，谓语中心前往往还会加副词"就"或者嵌入"一……就……"句式中强调处置动作时间上的紧迫性。例如：

（66）渠一回来就捉倒叽细伢哩发火。他一回来就冲小孩子发火。

（67）渠好久间呢都是看到印就捉倒印骂，好像印欠哩渠几百万样嘅。他什么时候都是看到我就骂我，好像我欠了他几百万一样。

此外，"捉倒"处置句中的谓语中心的动词只能是表示肢体行为动词和部分言语类动词，如上述例句中出现的"打""骂"等。

7.1.5 混合处置句

林华勇、李敏盈《从廉江方言看粤语"佢"字处置句》（2019）认为汉语处置句主要有三种类型：一是"介词型"，即用介词作处置标记；二是"复指型"，句末或句中使用第三人称单数代词形式；三是"混合型"，即"介词型"标记和"复指型"标记配合使用。吉安方言也存在大量介词"把"和第三人称单数代词"渠"配合使用的混合型处置句，"渠"主要用来复指前面的受事宾语。"渠"前一般会有"了"，"了"和"渠"一般都不能省略，谓语动词一般为光杆动词且具有比较强的处置性。这种混合型处置句可用于祈使句、疑问句、陈述句中，主要用来表达非现实的主观处置，以实现某结果或状态变化。例如：

（68）把桌哩搬了渠。把桌子搬走。（祈使句）

（69）你想把箇叽菜下喫了渠？你想把这些菜都吃掉？（疑问句）

（70）印想上半日把叽作业下做了渠。我想上午把作业都做完。（陈述句）

这种混合型处置句的主要特点是表示非现实的主观处置，因此多用于祈使句中。再加上代词为复指性的，不负载语义重音，只读轻声 [tɕie⁰]，且一般是位于句子的末尾，所以，"渠"易被误认为表示祈使语气的语气词。

从表义方面看，这种处置介词和处置代词呼应使用的混合型处置句表达的处置义更为强烈，其语用上的强调使之在表达上独具特色，这是混合型处置句得以存在的主要原因。

吉安方言的混合型处置句只限于处置介词"把"和第三人称代词

"渠"的混合，"拿""将""捉倒"等都不能和"渠"配合使用形成混合型处置句，这主要是因为几个处置介词中只有"把"是个语法化程度较高的处置介词，其他语法化程度还较低，表达的处置义较强，不需要再用"渠"强调处置义了。

这种混合型处置句并不是吉安方言独有的处置句，它还广泛存在于其他方言中。官话、吴语、粤语、闽南语、客家话、赣语等都存在这种处置标记和处置代词共用的现象。目前学界一般认为，代词位于句末复指受事宾语是古代汉语的遗留，来源于早期汉语的处置式代词回指，如"还把身心细识之"①。赵葵欣《武汉方言语法研究》（2012）指出，"由于宾语前置后留下一个空位，所以用一个代词填补这个空位。这个代词在句尾并没有实在的语义，所以虚化也就很容易了，于是在如今的各个方言里也就留下了程度不同的虚化痕迹。"②

7.2 处置表达的其他形式

7.2.1 受事前置句

吉安方言还有大量不借助介词表处置义的句子，即受事不借助介词而直接位于动词前充当句子主语的句子，称为受事前置句。这类受事前置句一般都可以转换成"把"字句。例如：

（71）箇碗面放了跟桌哩上就可以。这碗面放在桌子上就可以了。

（72）你物昨晚回来哩啦？衣裳下换哩麽？你们昨晚回来了呀？衣服都换了吗？

（73）趁倒叫，喉咙都叫干了哩。一直哭，喉咙都哭哑了。

（74）箇件事印赖了哩。这件事我忘掉了。

（75）蠢麽蠢却哩，一只鸡哩都杀不死。蠢死了，一只鸡都杀不死。

这类受事前置句的特点是谓语动词往往是单音节的，其后再加补语表示动作的结果或者加体貌助词表示动作行为的完成。所以吉安方言的受事前置句，一般是用来表达已经发生的处置。需要说明的是，吉安方

---

① 石毓智：《汉语语法演化史》，江西教育出版社2016年版，第613—620页。
② 赵葵欣：《武汉方言语法研究》，武汉大学出版社2012年版，第188页。

言只是部分受事前置句能表达处置义，并不是所有的受事前置句都能表达处置义。

7.2.2　一般动宾句

普通话有一部分"把"字处置句不能转换为吉安方言的"把"字处置句，而只能用不带处置介词的一般动宾句表达处置义。通过大量的对比，我们发现以下三种情况的普通话"把"字句，吉安方言不用"把"字句表处置义，而是用一般的动宾句表达。

第一，谓语中心只是简单的双音节动词或者单音节动词加助词或语气词，如普通话"把信交了"，吉安方言一般说"你跟卬把封信交出去_{你给我把这封信交出去}"。如果非要用"把"字处置句，吉安方言会在句末加上处置代词"渠"，说成"把信交了渠_{把信交出去}"，不说"把信交了"。又如"你没有把鱼吃干净"，吉安方言一般不说"你不能把鱼哩喫干净"，而说"箇叽鱼哩你不能喫干净。_{这些鱼你没有吃干净。}"其他例句如：

（76）我把一件事忘了。

（77）她睡过了头，竟把火车误了。

（78）你把酒慢慢地喝。

上述三个例句，例（76）吉安方言一般说"卬忘记/赖了哩一件事"，例（77）吉安方言一般说"渠瞓着哩，火车都开走哩"，例（78）吉安方言一般说"你慢慢哩得箇哩喫酒嘿"。

第二，谓语中心或者"把"后的宾语太过复杂的普通话"把"字句。和普通话相比，吉安方言的口语语体色彩更浓厚些，所以言语表达时更倾向于用简单的话语表达大概的意思，说话人和听话人都能理解就行，表达上没有普通话那么精确。以下几个普通话的"把"字句，也无法直接转译为吉安方言。例如：

（79）我没把你打一顿心里不高兴。

（80）他把鼓打得我睡不着了。

（81）就把方老太太问人家送些什么的事说出来。

上述三个例句，吉安方言都不太会用"把"字句表达，例（79）吉安方言一般说"卬不打餐跟你哪，卬看到心下就不舒服"，例（80）吉安方言一般说"渠打箇只鼓嘞，打哩卬瞓都瞓不着"，例（81）吉安方言一般说"渠就咋啯话下话出来哩"。

第三，普通话中一些书面色彩浓厚的"把"字句，吉安方言也没有相应的"把"字句，而是用大概对应的方言词语或口语词语粗略表达出来。例如：

（82）有的地方把太阳称为"热头"。
（83）我到现在还把恋爱看得很重。

上述两例中，"把……称为""把……看得很重"以及"恋爱"等词语和结构，相对吉安方言来说都是一些书面色彩比较浓厚的表达方式，例（82）吉安方言一般会说"有叽垱呢话太阳话日头"，而例（83）吉安方言一般不会有这样的表达。

"把"字处置句中，"把"字的功能主要是提宾，从而强化句子的处置义。而和"把"字处置句相比较，一般动宾句则主要客观描述一种处置结果，处置意味较弱，主要通过词义、语气或语境等体现处置义。上述吉安方言用一般动宾句表达的普通话"把"字句，处置义都比较弱，这是吉安方言能用相应的动宾句表达大概意思的基本条件。同理，"拿""将""捉倒"几个介词引出处置对象的处置句，吉安方言则没有相应的一般动宾句表达大概意思，这与他们处置义较强是分不开的。

王力《汉语史稿》（2004）指出汉语在七世纪以前都没有处置式，现代汉语的处置式，在唐以前都是用一般的动宾结构表达[1]。普通话大量的"把"字句，吉安方言只能用与之大概相对应的动宾结构表达，大概也是吉安方言还保留着自己的特色的原因。

吉安方言用动宾句表达处置义的一般结构为"VO（X）"，其中"V"为处置行为动词，"O"为处置对象，"X"为其他成分，可以是结果补语、介词短语、趋向动词带宾语等。例如：

（84）关紧扇门。关好这扇门。
（85）揪紧只盖哩。拧紧这个盖子。
（86）箇件衣裳，渠洗得干干净净。这件衣服，她洗得干干净净。
（87）放只电视机跟桌上。放个电视机在桌上。
（88）渠□[tiaŋ³¹]扔哩只扫帚去楼下。她往楼下扔了一个扫把。

---

[1] 王力：《汉语史稿》，中华书局2004年版，第474页。

7.3 处置句的否定式

根据否定词的位置，吉安方言处置句的否定式可分为两大类：一是否定词置于处置词前，这是主流否定式；二是否定词置于处置短语之后。张俊阁（2016：79）分别将这两类处置句的否定式称为"否定前置处置句"和"否定后置处置句"，并认为这两种否定处置句的产生与处置介词语法化的句法环境有密切的关系。"否定词前后位置的不同，其否定辖域及否定焦点也随之有所变化。否定前置处置句中否定词的否定辖域大于否定词后置处置句中否定词的否定辖域，否定的焦点自然随否定辖域的不同而不同。"①

7.3.1 否定词置于处置词前

这是吉安方言最通用的处置句否定式，主要用来否定整个处置句，其基本格式与普通话基本一致，否定词位于 NP1 和处置介词之间，只是否定词有所差异。吉安方言的否定词主要有"不、不能没有、不要、不该、不敢"等。

（89）渠不把卬当朋友，卬也不想把渠当朋友。她不把我当朋友，我也不想把她当朋友。

（90）渠不能把卬物大家叽人嘚话放得心下。她没有把我们大家的话放在心上。

（91）不能把箇句话话出来，卬心下不舒服。没有把这句话说出来，我心里不舒服。

（92）你不要把卬只手机拿走。你不要把我的手机拿走。

（93）你个时间呢就不该把叽红枣树剁了渠。你那个时候就不应该把红枣树砍掉。

有时否定词前面还可以出现副词"从来""完全"等，此时否定词多用"冇"。例如：

（94）渠从来冇把卬当朋友。她从来没把我当朋友。

---

① 张俊阁：《后期近代汉语方言处置式类型学考察》，山东人民出版社 2016 年版，第 81—82 页。

（95）渠完全冇把㖯嗰话放了跟心下。她完全没把我的话放在心上。

7.3.2 否定词置于处置词后

这一类处置句的否定式在吉安方言中使用频率不如第一类高，主要是强调对谓语中心的否定，否定词主要有"不"和"冇"等。这类处置句的宾语往往是"哪个""咋嗰"，与副词"都"相呼应表示遍指。

（96）渠把哪个都不放在眼珠兜。她把谁都不放在眼里。

（97）箇只班尽是叽屌嗰学生，㖯又当来，㖯拿哪个都冇办法嘞。这个班尽是些吊儿郎当的学生，我又刚来，我拿谁都没办法呀。

7.4 小结

吉安方言处置句在类型上主要是"把"字处置句，此外还有"拿"字处置句、"将"字处置句和"捉倒"处置句，只是后三者使用范围有限且都有各自所强调的处置之外的意义。各处置句的处置标记的语法化程度不同，所表达的处置义强度也不同，具体表现在语法化程度越高的处置义越弱，依次为"把" < "拿" < "将" < "捉倒"。吉安方言中只有"把"字处置句后可以加第三人称单数代词"渠"，复指受事成分，这也和"把"字处置句的处置义最弱有关。

同是用"把"字表示的处置句，宾语同样都要求是指定的，吉安方言的实现形式与普通话有所不同，主要通过在 NP2 前加量词表现。

普通话有一部分"把"字句不能直接转换为吉安方言的"把"字句，主要有三方面的原因：①普通话"把"字句的谓语中心太简单或太复杂；②普通话"把"字句中"把"后的宾语太复杂；③普通话"把"字句的表述方式书面色彩太浓厚。

刘纶鑫《客赣方言比较研究》（1999）在对客赣方言进行比较研究时指出，吉安方言的处置句"既受到普通话的影响，同时又保留了自己的表达方式"①。可见，吉安方言保存至今，受普通话的影响越来越大，自己独特的表达方式越来越少，使用范围也越来越小。

---

① 刘纶鑫：《客赣方言比较研究》，中国社会科学出版社1999年版，第744页。

第8章　被动句

被动句是表示被动意义的句子。同处置句一样，被动句也有广义和狭义之分。狭义的被动句是指在谓语动词前用介词引出动作的施事表被动义的句子，广义的被动句既包括有被动标记的狭义被动句，又包括没有被动标记但表达了被动义的无标记被动句。本书采用广义被动句的概念，既讨论吉安方言的有标记被动句，又讨论吉安方言的无标记被动句。目的是为了尽可能全面地展示吉安方言被动义的表达方式，也为今后的方言语法比较研究提供丰实的材料。

所谓"被动义"，以往的研究主要有以下三种观点：①受动；②叙述不如意、不愉快的遭遇；③表示受事受动作行为的影响而发生变化。杉村博文《汉语的被动概念》（2006）对上述三种观点分别进行了反驳，认为"汉语的'被动概念'可以理解为'以受事为视角，叙述出乎说话人意料地发生的事件'"，并详细解释了所谓"意外"是针对说话人的知识结构而言的，所谓的"以受事为视角"是指"对某一意外事件加以叙述时，受事被说话人选作了该事件的代表"[①]。游舒《现代汉语被字句研究》（2016）则从分类的视角研究了"被动的意义范畴"，认为被动包括"以客观事实作为逻辑基础"的使动和"以主观看法为逻辑基础"的意动[②]。

汉语被动句源远流长，关于被动句的研究浩如烟海。在前人的研究成果里，与"被动句"相近的概念有"被动式""被动结构""被动构式""被字句""受事主语句"等。在此，我们打算通过辨析"被动

[①] 杉村博文：《汉语的被动概念》，载邢福义编《汉语被动表述问题研究新拓展》，华中师范大学出版社2006年版，第285页。

[②] 游舒：《现代汉语被字句研究》，北京语言大学出版社2016年版，第22页。

句"与相关概念或术语进一步明确展示本书所研究的被动句。"被动式"与"被动结构""被动构式"其实是从不同角度对同一对象的称呼,是"介词+(宾语)+谓词"这样一个结构槽,它和短语相当,只是语言的备用单位;而"被动句"是指"被动式"作谓语的句子,它是"被动式"加上一定的语气构成的语言的使用单位。"被字句"是指在谓语动词前用"被"字引出动作的施事表示被动义的句子,是现代汉语普通话中的狭义被动句;"受事主语句"是指"受事"充当主语的句子,是与"被动句"有所交叉但不重合的一类句型,因为受事主语句可分为三种:有标记的被动句、无标记的被动句以及不表被动意义的受事主语句。[①] 语义兼形式是界定被动句的重要标准,本书所讨论的被动句是表达被动意义的句子,包括有标记的被动句和无标记的被动句。

普通话的被动句研究,从19世纪末《马氏文通》开始至今,经历了传统语法理论影响下的单纯静态研究和多种语法理论下的静态和动态研究共同发展的两个大阶段,所涉及的领域十分广泛,主要包括被动句类型的发掘、被动句的历时发展研究、被动标记的研究、被动句的体系、性质和特点、语法结构、语法功能、语义角色、生命级别、感情色彩、用途、起源等各方面的研究。方言的被动句研究包括跨方言的被动标记研究和单点方言被动句的描写,其中后者为主流,而各方言点被动句的描写研究又侧重在被动标记、受事主语的语义类型,被动句的句法结构、语义特征、语用功能、句法成分的隐现等方面。至于吉安方言的被动句,目前所能见到的研究成果较少且比较零散地分布在各方言著作中,专篇描写吉安方言的被动句的目前只见雷冬平《江西安福话的"准"字被动句——兼论使役动词表被动的动因》(2009)一文。

普通话常见的被动标记有"被""给""叫""让"等,吉安方言的被动句不用"被"引出施事,而是通过"把""把得"引出施事。其中"把"是和处置标记同形不同义的标记,"把得"是吉安方言比较有特色的一个被动标记。本章重点讨论吉安方言的有标记被动句,即"把"字被动句和"把得"被动句,同时也考察吉安方言的无标记被动句。

---

① 张美兰:《〈祖堂集〉语法研究》,商务印书馆2003年版,第322页。

8.1 有标记被动句

有标记被动句是指有被动标记的被动句，一般在需要指出施动者或需要强调受动者的被动性时使用。这里所谓的"被动标记"，从语义层面看表示被动意义；从句法层面看，独立性较差，一般是位于谓语动词前的介词或助词，主要起引出施事或强调被动的作用。汉语有标记被动句的被动标记按其来源可分为三大类：①由遭受义动词发展而来的，如"被""吃""着"等；②由使役义动词发展而来的，如"叫""教""交""让"等；③由给予义动词发展而来的，如"给""与""把""拨"等。吉安方言的有标记被动句的被动标记属于第三类，即由给予义动词发展而来的，主要有"把"和"把得"。下面分别讨论吉安方言的"把"字被动句和"把得"被动句。

8.1.1 "把"字被动句

"把"字被动句是指用"把"引出施事的被动句，是一种普通话没有、仅存于近代汉语和少数方言的一种被动句。上古汉语和中古汉语都没有"把"字被动句，近代汉语才开始有少量"把"字被动句，但也不多见。"把"字被动句在近代汉语时期一般见于具有山东、江淮、吴方言色彩的文献之中，现代汉语的"把"字被动句也主要是分布在江淮官话、西南官话、吴方言和湘方言中。可以说，"把"字被动句从产生之初到现在都是常见于方言的被动句，使用范围比较小，这大概是与"把"字句产生之初就带有一定方言色彩有关。向熹《简明汉语史（下）》（2010）认为"表被动关系的'把'是从动词'把与'的意思虚化来的，带有一定的方言色彩"[①]。关于"把"字被动句在方言中的具体用法，目前描写得比较多的有湖北省的武汉（赵葵欣，2012）、大冶（汪国胜，2001）、新洲（熊顺喜，2013）、阳新（陈晓云，2007）、英山（陈淑梅，2005）、黄冈（何洪峰、程明安，1996）等鄂东和鄂南地区，江苏省的句容（周芸，2007）、丹阳（李荣综合本）等地区，安

---

① 向熹：《简明汉语史（下）》，商务印书馆1993年版，第497页。

徽省的宿松（黄晓雪，2006），湖南省的长沙（张小克，2002）、益阳（徐慧，2001）、湘潭（曾毓美，2001）、祁阳等地。"把"字被动句在汉语方言中是比较少见的一类被动句，根据曹志耘主编的《汉语方言地图集·语法卷》（2008）的显示，"把"字被动句主要分布在长江中下游的北部地带，即湖北省的东南部、安徽省的南部、江苏省的南部①。此外，在湖南、江西、广东等省份也有零星的分布。江西的"把"字被动句目前仅见于萍乡（李荣综合本），而吉安方言"把"字被动句的研究成果也还未发现。陈昌仪主编的《江西省方言志》提到"赣方言相当于普通话'被'字句的常用介词为'等''得''讨''着'"②，所以详细讨论吉安方言的"把"字被动句尤为必要。

8.1.1.1　"把"字被动句的句法结构

吉安方言的"把"字被动句的句法结构可分为简单格式和复杂格式。简单格式是吉安方言中最常见的"把"字被动句，依据谓语中心的不同情形可细分为五种类型；复杂格式相对较少见，主要有和连动句套用、用于分句以及插入状语三种情形。

8.1.1.1.1　简单格式

第一，"S+把+O+V"格式。

"S+把+O+V"型被动句，在吉安方言中属用得较少的一类"把"字被动句。谓语动词为单独的双音节动词，且多为动作动词；被动标记"把"前一般都有助动词或否定词。例如：

（1）你要争气，不要把人家耻笑。你要争气，不要被人家笑话。

（2）不撑伞，你会把雨潮湿。不撑伞，你会被雨淋湿。

（3）你日日跟箇哩做叽箇事，姆妈晓得会把你气死。你天天在这里做这样的事，妈妈知道了会被你气死。

第二，"S+把+O+V+哩"格式。

"S+把+O+V+哩"型被动句，在吉安方言中非常常见，谓语动词以双音节动词居多，也可以是单音节动词。"哩"是完成体助词，表示动作行为已经实现。例如：

---

① 曹志耘：《汉语方言地图集（语法卷）》，商务印书馆2008年版，第94页。
② 陈昌仪：《江西省志（96）：江西省方言志》，方志出版社2005年版，第38页。

（4）渠把老师表扬哩。她被老师表扬了。

（5）渠偷东西把印看到哩。她偷东西被我看见了。

（6）渠刚刚把汽车撞倒哩。她刚刚被汽车撞到了。

（7）渠把汽车撞哩。她被汽车撞了。

（8）渠把蜜蜂咬哩。她被蜜蜂叮了。

（9）田哩嘅禾把虫喫哩。田里的水稻被虫子吃了。

第三，"S+把+O+V+了哩"格式。

"S+把+O+V+了哩"型被动句，也是吉安方言中非常常见的一类被动句，谓语动词以单音节动词居多，也可以是双音节动词。谓语动词是双音节动词时，双音节动词的两个语素之间会略有停顿，后一语素会重读。"了哩"是完成体助词，本来只能位于单音节动词之后，这里因为双音节动词两语素之间有所停顿，所以也能成立。例如：

（10）印嘅书把人家偷了哩。我的书被别人偷走了。

（11）印物下把人家骗了哩。我们都被别人骗了。

（12）园哩嘅菜下把猪喫了哩。园子里的菜都被猪吃掉了。

（13）钱下把你物用光了哩，嘎去喫西北风啦？钱都被你们用光了，现在去喝西北风呀？

（14）今日又迟到，印把老板骂惨了哩。今天又迟到，我被老板骂惨了。

（15）几双新鞋哩下把渠穿旧了哩。几双新鞋子都被他穿旧了。

第四，"S+把+O+V+哩/了/得+C"格式。

"S+把+O+V+哩/了/得+C"型被动句，在吉安方言中也比较常见，其中C为补语，主要有数量补语、程度补语、情态补语、结果补语、趋向补语等；谓语动词可以是单音节动词也可以是双音节动词，以单音节动词居多。

（16）渠把狗哩咬了一口。她被狗咬了一口。（数量补语）

（17）豆芽把你炒得太熟哩。豆芽被你炒得太熟了。（程度补语）

（18）你看呐，印只脚骨把渠抽哩青一块紫一块。你看呀，我的腿被他抽得青一块紫一块。（情态补语）

（19）好不容易瞓着哩一下就把渠吵醒哩。好不容易睡着了，一下就被他吵醒了。（结果补语）

（20）箇条蛇把你一扁担打下去还不死？这条蛇被你一扁担打下去还不死？

（趋向补语）

第五，"S + 把 + O₁ + V + 哩/了 + O₂"格式。

"S + 把 + O₁ + V + 哩/了 + O₂"型被动句，O 为动词的宾语，与一般的动宾式相比，吉安方言中能进入被动句作宾语的名词前常有数量短语修饰，否则不成句。例如：

(21) 门上呗把人家涂哩一层油漆。门上被人家涂了一层油漆。

(22) 箇只老板把骗子骗了蛮多钱。这个老板被骗子骗了蛮多钱。

(23) 渠把人家打断哩一只脚骨。他被人家打断了一条腿。

8.1.1.1.2 复杂格式

第一，和连动句套用。

吉安方言的"把"字被动句，一般只能和连动句套用构成复杂格式"S + 把 + O + VP₁ + 了 + VP₂"，VP₁ 和 VP₂ 可以都由施事者发出，也可以一个由施事者发出一个由受事者发出。例如：

(24) 你倒了地下嘅菜把渠捡了去把猪喫去哩。你倒在地上的菜被他捡了去给猪吃了。

(25) 渠把人家楞了去上海半年还有回来。他被人家骗去上海，半年还没有回来。

例（24）"捡"和"给猪吃"两个动作都是由施事者"渠"发出，例（25）"楞"是施事者"人家"发出，"去上海"是受事者"渠"发出。

第二，用于分句。

吉安方言的"把"字被动句还可以用在复句的分句中。用在分句中的"把"字被动句所受的句法限制相对较小，比如谓语中心可以是单音节动词，不用在"把"字前加上助动词或否定词，而是在单音节动词之后加上语气词或在单音节动词之前加上助词"港、来"等。例如：

(26) 卬今早晨一起来就把渠骂了一餐。我今天早上一起床就被他骂了一顿。

(27) 箇件事要是把你家爸爸晓得，你会把你家爸爸骂死。这件事要是被你爸爸知道了，你会被你爸爸骂死。

(28) 车子把渠港歇，总是歇不得三工零一个早晨。车子被他这样玩，估计是玩不了几天。

(29）把人家来话你就箇舒服啦？被人家说你就这么舒服吗？

第三，插入状语。

上述吉安方言的各种"把"字被动句，都还可以再插入状语，作状语的成分一般位于被动标记"把"之前。例如：

(30）你要争气，不要老是把人家耻笑。你要争气，不要老是被人家耻笑。

(31）渠钓嗰鱼哩在路上就把人家买走哩。他钓的鱼在路上就被人家买走了。

(32）盆哩兜嗰鱼哩下把猫哩喫了哩。盆里的鱼都被猫吃掉了。

(33）小明昨日放学间呢把老师骂了一餐。小明昨天放学的时候被老师骂了一顿。

(34）你平常倒了地下嗰菜经常把渠捡了去把猪喫。你平常倒在地上的菜经常被他捡去给猪吃。

(35）车子日日把渠港歇，不出一个月就会烂了哇。车子天天被他这样玩，不出一个月就会坏掉吧。

8.1.1.1.3 否定式

吉安方言"把"字被动句的否定式根据否定内容的不同会有不同的否定词：否定动作时，用"不能"，表示对已然动作的否定；否定施事时，用"不是"，是对动作执行者的否定；还有一种对整个被动结构的否定，用"不要"或"不会"，常用于祈使句中，表示对未然事件的否定，往往表达了说话人强烈的愿望。例如：

(36）云云在超市偷了一包箇大嗰饼哩回来都不能把哪个看到。云云在超市偷了一包这么大的饼干回来都没有被谁看到。（否定动作）

(37）卬不能把渠物吓倒，你不要骂渠物去哩嘞。我没有被他们吓到，你不要骂他们了。（否定动作）

(38）卬嗰钱包不是把贼咕偷了哩，是卬自家不小心跌了哩。我的钱包不是被贼偷了，是我自己不小心掉了。（否定施事）

(39）箇只气球不是把浙哆踩烂嗰，是把睿哆踩烂嗰。这个气球不是被浙哆踩坏的，是被睿哆踩坏的。（否定施事）

(40）你要哦时听话，不要把别个耻笑。你要好好听话，不要被别人耻笑。（否定被动结构）

(41）卬物不会把渠箇几句话吓到。我们不会被他这几句话吓到。（否定被动结构）

上述六例中，例（36）—（37）是对已然动作的否定，例（38）—（39）是对施事者的否定，例（40）—（41）是对未然事件的否定。从例句中可以看出，对已然动作和未然事件的否定的"把"字被动结构中都不能出现完成体助词"哩"或"了哩"，而对施事者的否定的"把"字被动结构中则能出现完成体助词"哩"或"了哩"。

8.1.1.1.4　疑问式

吉安方言的"把"字被动句的疑问式同否定式一样，对不同内容的疑问会有不同的疑问形式。具体可分为以下三种情形。

第一，表示对动作的疑问是通过在肯定的陈述式的被动句句末加语气词"麼"来表达。语气词"麼"承担疑问信息，句末语调一般是降调。这种疑问式，只能是在肯定的陈述句末加"麼"构成，否定的陈述句末则不可以。发问时，说话人心中没有倾向性的答案，问话的目的是为了从听话者那里得到答案，或肯定或否定。例如：

（42）　渠把车子撞到哩麼？他被车子撞到了吗？

（43）　田哩叽禾把虫喫了哩麼？田里的水稻被虫子吃了吗？

第二，表示对施事者的疑问有是非问、特指问和选择问三种形式：①当说话人对答案已有一定的猜测时，通过在"把"字前添加"是麼"提问，发问是为了验证自己的猜测是否正确；②当说话人在几个可能的答案中不能确定到底是哪一个时，通过"是……还是……"的选择问格式提问，发问是为了确定答案具体是哪一个；③当说话人完全不知道答案时，通过添加疑问代词的特指问形式提问，发问是希望听话人针对句中的疑问代词具体回答。例如：

（44）　桌上瓶牛奶是麼把你喫了哩啦？桌上的牛奶是不是被你喝掉了呀？

（45）　箇只气球是把红红踩烂嗰还是把明明踩烂嗰？这个气球是被红红踩坏的还是被明明踩坏的。

（46）　箇只蛋糕把哪只太巴神撞哩跟地下去哩咯？这个蛋糕被哪个王八蛋撞得掉地上了。

第三，表示对被动结构的疑问是通过在陈述式（可以是肯定的陈述式，也可以是否定的陈述式）的被动结构基础上以提升语调的形式表达。句末的上升语调承担了句子的疑问信息。这种句子往往是在话轮中出现，对语境的依赖性比较强，对答案也有明显的倾向性，询问功能比较弱。发问时说话人往往已有答案，发问只是为了进一步证实。例如：

（47）桌上箇两大包油条就把叽人喫了哩。桌上这两大包油条就被人吃了？

（48）你拎只箇大嗰包从渠家门口过都不能把渠物发现？你拎个这么大的包从他家门口经过都没有被他们发现？

8.1.1.2　"把"字被动句的语义特征

8.1.1.2.1　受动性

吉安方言的"把"字被动句是在谓语动词前用"把"引出施事的有标记被动句。和无标记被动句相比，"把+施事"结构的增加，强调了句子主语的受动性。例如：

（49）a. 桌上嗰包子把华华喫了哩。桌上的包子被华华吃了。
　　　b. 桌上嗰包子喫了哩。桌上的包子吃了。

（50）a. 房间已经把渠物搞得乱七八糟。房间已经被他们搞得乱七八糟。
　　　b. 房间已经搞得乱七八糟。房间已经搞得乱七八糟。

上述两例，a 组中的"把+O"具有增强把动作行为的施动力引向前面受事主语"包子"的能力以及强调动作施动者的作用。而 b 组只是在客观陈述"包子被吃了"以及"房间乱七八糟"这样一类已然事件中隐含着施受关系，并没有予以强调。a 组偏重于叙述句子的被动态，属叙述句；b 组偏重于描记，只是表达主语表示的某个事物的某种状态，属描记句。

8.1.1.2.2　已然性

"把"字被动句的语用意义是强调主语表示的某个事物"被/受"某种人或物所发出的某种动作行为影响并产生某种结果，它往往是描写已然事件。此外，"把"字被动句中的谓语动词往往具有较强动态性且易引发结果，其后一般会加上完成体助词"哩、了、了哩"。例如：

（51）渠把老师表扬哩。他被老师表扬了。

（52）几双新鞋哩下把渠穿旧了哩。几双新鞋子都被他穿旧了。

（53）渠把狗哩咬了一口。他被狗咬了一口。

（54）门上呗把人家涂哩一层油漆。门上被人家涂了一层油漆。

8.1.1.2.3　歧义性

由于吉安方言被动句和处置句共用一个标记"把"，且有句法结构相同的情况，所以吉安方言"把"字被动句在某些情形下具有一定的歧义性。例如：

（55）浙哆把睿哆打哩出血。

失去具体语境，单独看这个例句，我们并不能确切判定其具体含义，因为该例句可以有两种理解：①被动句，"浙哆打睿哆，睿哆出血"，相当于普通话的"浙哆被睿哆打得出血"；②处置句，"睿哆打浙哆，浙哆出血"，相当于普通话的"浙哆把睿哆打得出血"。再如：

（56）线车把摩托车撞倒哩。自行车把/被摩托车撞倒了。

（57）箇只狗哩把猫哩咬死哩。这只狗把/被猫咬死了。

到底是"自行车撞了摩托车"还是"摩托车撞了自行车"，是"狗咬死了猫"还是"猫咬死了狗"单独看例句，无法分辨。

8.1.1.2.4 意外性

杉村博文《从日语的角度看汉语被动句的特点》（2003）指出"汉语被动句的核心意义可以定性为'意外的遭遇'"，即"以受事为视角叙述意外事件的发生"[①]。这里所谓的"核心意义"，是融合在"被动概念"之中的，毫无疑问也是"把"字被动句的语义特征。例如：

（58）箇只烂电视机竟然把浙哆舞好哩。这个破电视机竟然被浙哆弄好了。

在此例中，情态副词"竟然"表示事态的发展出乎说话人的意料，它在提高句子的可接受性方面起着很重要的作用，显得整个句子表义既丰富又自然。类似的例子还有：

（59）卬家宝宝竟然把渠野哩冇叫一句。我宝宝竟然被他逗得没哭一下。

（60）卬今日竟然把老师表扬哩。我今天竟然被老师表扬了。

8.1.1.2.5 消极性

吉安方言"把"字被动句的主语大多数情况下都是动词的受事论元，即句子的主语大多数情况下都是受动者，被谓语动词所表的动作行为加以处置，从而发生某种变化或达成某种结果。一般来说，主语所遭受的处置意义就主语自身来说常为消极义，与主语自身意愿相异甚至相反，即内心呈现不如意、不希望的消极状况。"消极性"与上述的"意外性"不同，因为"意外性"不仅包括消极的意外，还可以是积极的意外；而"消极性"只能是消极的意外。例如：

---

① 杉村博文：《从日语的角度看汉语被动句的特点》，《语言文字应用》2003年第2期。

（61）𠵢家姆妈嘓手骨把开水爁到哩。我妈妈的手被开水烫到了。
（62）外婆不小心把兜树撞哩骨头开叉。外婆不小心被树撞得骨头开裂。
（63）昨日逛街间呢𠵢嘓钱包把人家偷了哩。昨天逛街的时候我的钱包被别人偷掉了。

例（61），"手骨把开水爁到哩"对主语"𠵢家姆妈"来说是一个消极的意外；例（62），"把兜树撞哩骨头开叉"对主语"外婆"来说也是一个消极的意外；例（63），"钱包把人家偷了哩"对"𠵢"来说，也是一个消极的意外、不如意的结果。

8.1.1.3　"把"字被动句句法成分的语义角色

语义角色，学者们也将其称为"语义格""参与者角色""配价角色""论指角色""题元角色"等，是指和动词相关联的名词性成分的语义类别，如施事、受事、与事、处所、工具等。目前汉语界影响力最大的语义角色分类系统有林杏光等《现代汉语动词大词典·人机通用》（1994）建立的汉语格关系系统以及袁毓林《论元角色的层级关系和语义特征》（2002）建立的论元角色层级体系。其中袁毓林的论元角色层级体系不仅详细分析了现代汉语动词的各种论元角色的层级关系，还考察了各论元角色的语法表现，对我们确认和分析论元具有很强的操作指导性。下面我们将在袁毓林的论元角色层级体系的指导下，讨论吉安方言"把"字被动句中各名词性成分的语义角色。

8.1.1.3.1　主语的语义角色

袁毓林（2002）将现代汉语动词的各种论元角色分为17种，分别为施事、感事、致事、主事、受事、与事、结果、对象、系事、工具、材料、方式、场所、源点、终点、范围和命题。其中，袁毓林《一套汉语动词论元角色的语法指标》（2003）明确指出上述17种语义角色不作被动句的主语有与事、对象、系事、范围、命题。吉安方言中不作被动句的主语有施事、致事、对象、系事、方式、源点、终点、范围、命题。可见，吉安方言"把"字被动句主语可容纳的语义角色比普通话要少很多。

1）句式的主语为动词的受事论元

"受事"论元是因施事的行为而受到影响的事物，其语义特点是：①自立性；②变化性；③受动性，即其所指事物承受由动词所表示的动作行为的影响。受事一定是跟施事相对的。句子主语为动词的受事论元类被动句，是吉安方言最常见、最典型的一类被动句。例如：

（64）你嘅皮球把姆妈把了跟云云歇去哩。你的皮球被妈妈给云云去玩了。

（65）你买嘅苹果下把端端一个人喫了哩。你买的苹果都被端端一个人吃掉了。

上述例句中，句子的主语"皮球""苹果"分别是动词"把给""喫吃"的受事，与施事"姆妈""端端"相对，共同构成动词的两个论元角色。

2）句式的主语为动词的与事论元

"与事"论元是动作、行为的非主动的参与者，其语义特点是：①自立性；②受动性、参与性，即其所指事物自愿或被迫参与到由动词所表示的动作、行为或事件中去。与事和施事、受事共同构成双宾动词的三个必有论元。例如：

（66）渠把骗子骗了一万块钱。他被骗子骗了一万块钱。

（67）发军把箇只公司扣了一个月嘅工资。发军被这个公司扣了一个月的工资。

例（66），句子的主语"渠"是动词"骗"的与事，和施事"骗子"、受事"一万块钱"共同构成动词的三个论元；例（67）句子的主语"发军"是动词"扣"的与事，和施事"公司"、受事"工资"共同构成动词的三个论元。这类句子的主语都能出现在"S + V + N₁ + N₂"双宾式中 N₁ 的位置上，和动词发生"动作—与事"关系，如"骗子骗了渠一万块钱骗子骗了他一万块钱""箇只公司扣了发军一个月嘅工资这个公司扣了发军一个月的工资"。

3）句式的主语为动词的工具论元

"工具"论元是动作、行为所凭借的器具，其语义特点是：①自立性；②位移性，即其所指事物在由动词所表示的事件中移动了位置。例如：

（68）箇把刀把𠊎剁排骨剁木了哩。这把刀被我剁排骨剁钝了。

（69）箇只脚盆把渠洗鞋哩洗哩刮邋却哩。这个脚盆被她洗鞋子洗得脏死了。

上述例句中，句子的主语"刀""脚盆"分别是动词"剁""洗"

的与事，都能出现在"用+N+V"结构中的 N 位置上，如"用刀剁排骨用刀剁排骨""用脚盆洗鞋哩用脚盆洗鞋子"。

4）句式的主语为动词的场所论元

"场所"论元是动作、行为发生的处所。例如：

（70）墙上把渠物画画画哩吓死刮人。墙上被他们画画画得吓死人。

（71）箇只坪哩把叽人晒谷晒麻哩。这块平地被人晒稻谷晒满了。

上述例句中，句子的主语"墙上""坪哩"是动词"画""晒谷"的场所论元，表示动作、行为发生的处所，都能出现在"S+在+N+V"结构中 N 的位置上，如"渠物在墙上画画他们在墙上画画""箇叽人在箇只坪哩晒谷这些人在这个平地晒稻谷"。

5）句式的主语为动词的材料论元

"材料"论元是动作、行为所用的材料，其语义特点是：①自立性；②位移性；③变化性，即其所指的事物在动作、行为中消耗掉了或者由原料变为成品。例如：

（72）箇件衣裳把渠做抹布去哩。这件衣服被她拿去做抹布了。

（73）箇发哩毛线把渠打围巾打了哩。这点儿毛线被她织围巾用掉了。

上述例句中，句子的主语"衣裳""毛线"分别是动词"做""打"的材料，"衣裳"在"做抹布"的过程中逐渐被消耗，"毛线"在"打围巾"的过程中由原料变为成品。

6）句式的主语为动词的感事论元

"感事"论元是非自主的感知性事件的主体，其语义特点是：①自立性；②感知性，即其所指的事物在由动词所表示的事件中表现出了某种感知能力。支配感事的动词一定是感觉—心理动词。例如：

（74）不要话去哩，再话卬会把你气死。不要再说了，再说我会被你气死。

（75）不要跟箇哩走来走去，卬会把你烦死。不要在这里走来走去，我会被你烦死。

上述例句中句子的主语"卬"均是动词的感事，是"我"感觉很"气"、感觉很"烦"。与此相对应的，被动标记"把"后的宾语则不是动词的施事，而是动词的致事。如例（74）是由于"你"一直说话，导致"我"很生气，例（75）是由于"你"一直走来走去，导致"我"很烦。

7）句式的主语为动词的主事论元

"主事"论元是性质、状态或变化性事件的主体,其语义特点是:①自立性;②变化性,即其所指的事物的状态在由动词所表示的事件中发生了变化。例如:

(76) 一锅□〔pʰø³⁴〕满嗰水不到五分钟就把渠烧开哩。一锅满满的水不到五分钟就被他烧开了。

(77) 就算冇咋嗰日头,箇翻皮和晾了去出也会把风吹干嘞。就算没什么太阳,这床被子晾出去也会被风吹干呀。

上述例句中句子的主语"水""皮和"分别是动词"烧""吹"所产生的性状变化的主体,为动词的主事论元。这个句子表示主语所指事物的性状在某个动作行为的影响下发生了变化。

8）句式的主语为动词的结果论元

"结果"论元是由施事的动作、行为造成的结果,其语义特点是:①变化性;②受动性;③渐成性,即所指事物是在由动词所表示的事件中逐步形成的,这一点正好和自立性相反。例如:

(78) 箇只拼图把渠物几只细伢哩不用十分钟就拼好哩。这个拼图被他们几个小孩子不用十分钟就拼好了。

(79) 箇栋屋上个月就把渠物砌好哩。这栋房子上个月就被他们砌好了。

上述例句中句子的主语"拼图""屋"都是动词"拼""砌"的结果论元,是在动作实施过程中逐渐形成的结果。

9）句式的主语不是动词论元的参与者

吉安方言还有些"把"字被动句的主语不是动词的直接参与者。例如:

(80) 村上叽人日日晚头在兜樟树下话鬼故事,卬把渠物话哩晚头都不敢出门。村上的人天天晚上在樟树下讲鬼故事,我被他们说得晚上都不敢出门。

(81) 回回考试渠都是话别人家嗰细伢哩考得恙好恙好,卬都把渠话怕哩。每次考试他都是说别人家的孩子考得怎么怎么好,我都被他说怕了。

上述"把"字被动句的主语"卬"都不是动词"话"的直接参与者,而是被动句中受环境影响的一类语义角色,不可或缺。

8.1.1.3.2 被动标记后宾语的语义角色

吉安方言"把"字被动句被动标记后宾语是被动局面的制造者,

可以是动作行为的施事，也可以是动作行为所凭借的工具。

1）被动标记后宾语为动词的施事论元

"施事"论元是自主性动作、行为的发出者，其语义特点是：①自立性；②使动性，即其所指事物施行某个动作，或造成某种事件或状态。句子的主语为动词的施事论元，是被动标记后宾语最主要、最常见的语义角色。例如：

（82）屋下嗰钱下把渠港用了哩，姆妈晓得会把渠气死。_{家里的钱都被他这样用完了，妈妈知道会被他气死。}

（83）卬物村上嗰屋下把大水冲倒哩。_{我们村上的房子都被大水冲倒了。}

上述例句中被动标记"把"后的宾语"渠""大水"分别是动词"气""冲"的施事，是导致主语被迫经历某种遭遇或被迫发生某种改变的动作施行者。这类句子"把"后的宾语一般能与动词发生"动作—施事"的关系，如"渠气姆妈_{她气妈妈}""大水冲倒屋_{大水冲倒房子}"。

2）被动标记后宾语为动词的工具论元

"工具"论元是动作、行为所凭借的器具，其语义特点是：①自立性；②位移性，即其所指事物在由动词所表示的事件中移动了位置。例如：

（84）秋妹不小心把锄头挖了一下。_{秋妹不小心被锄头挖了一下。}

（85）箇只狗哩把绳哩吊紧哩。_{这条狗被绳子拴住了。}

上述例句中被动标记"把"后的宾语"锄头""绳哩"分别是动词"挖""吊"的工具论元。这类句子被动标记后的宾语都能出现在"用+N+V"结构中的N的位置上和动词发生"动作—工具"关系，如"用锄头挖""用绳哩吊"。

8.1.1.3.3　谓语动词后宾语的语义角色

吉安方言"把"字被动句谓语动词后宾语（O₂）最常见的语义角色是受事。谓语动词后能带宾语的被动句，句子的主语（S）和被动标记后的宾语（O₁）一般都会出现。谓语动词后宾语（O₂）是对前面两个名词性成分的补充。这类句子的主语一般是动词的与事，被动标记后的宾语（O₁）一般是动词的施事论元。例如：

（86）箇只老板把骗子骗了蛮多钱。_{这个老板被骗子骗了蛮多钱。}

（87）渠把人家打断哩一只脚骨。_{她被人家打断了一条腿。}

上述例句中谓语动词后的宾语"钱""脚骨"都是动作的受事，"把"后的宾语"骗子""人家"都是动作的施事，句子的主语"老板""渠"都是动作的与事。

此外，吉安方言"把"字被动句谓语动词后宾语（O₂）还可以是动词的工具、材料和系事论元。其中系事论元在吉安方言"把"字被动句中仅能出现在谓语动词后的论元，是在事件里跟主事相对的事物，其特点是：①自立性；②类属性，即其所指表示相应主事的属性、类型等。例如：

（88）箇只箱哩把叽细伢哩系哩两根绳哩。这个箱子被这些孩子们系了两根绳子。

（89）门上呗把人家涂哩一层油漆。门上被人涂了一层油漆。

（90）箇只人傻哩傻气，老是把人家当成蠢子。这个人傻里傻气，老是被人家当成蠢子。

上述例句中谓语动词后的宾语"绳哩""油漆""蠢子"分别是动词的工具、材料和系事论元。

8.1.1.4　关于处置句和被动句共用标记"把"

一般而言，处置式所标记的语法成分是动词的受事，被动句所标记的语法成分是动词的施事。在普通话里，二者的语法标记也互不相同、互不交叉。从人类语言的普遍规律来看，施事标记和受事标记的来源也是相互对立的，但是汉语中还是存在不少处置式和被动式共用一个标记的现象。最早注意到这类现象的是朱德熙《语法讲义》（1982），朱德熙先生指出北京话中的"给"既可以引出施事，又可以引出受事[①]。石毓智、王统尚《方言中处置式和被动式拥有共同标记的原因》（2009）指出处置式和被动式共用标记的现象在山西、河南、山东、湖北、湖南、江西、安徽、江苏等地区都有分布。可见，这是汉语方言中一种较为普遍的现象。而关于处置式和被动式共用标记"把"的论述也不少，主要有何洪峰、程明安《黄冈方言的"把"字句》（1996）、陈淑梅《鄂东方言语法研究》（2001）、张小克《长沙方言的介词》（2002）、黄晓雪《方言中"把"表处置和表被动的历史层次》（2006）、陈瑶

---

① 朱德熙：《语法讲义》，商务印书馆1982年版，第179页。

《"给予"义动词兼做处置标记和被动标记的动因》（2011）、万群《关于处置、被动同形标记"给"和"把"的相关问题》（2013）、李娜《扬中方言"把"字被动句刍议》（2016）、徐英《汉语方言"把"字被动标记词的地理分布特点研究》（2016）等。

根据郑宏《近代汉语"把"字被动句及其在现代汉语方言中的地域分布》（2012）对近代汉语文献的考察，表被动的"把"大约出现于元代①。根据学界对被动标记"把"的已有研究，被动标记"把"的演变，主要经历了以下几个阶段：①最初只有持拿义；②受给予义"与"的感染，逐渐拥有给予义；③给予义的"把"在"把 + N + V"格式中重新分析为致使义；④致使义的"把"在句式、语义的双重作用下转化为被动义。

通过上述分析，我们可以知道吉安方言的处置句和被动句也是共用一个标记——"把"。当动词的施事和受事都出现且动词结构具有"完结"义时，"把"字句就非常容易产生歧义，例如"印把渠吓哩脚骨打软"，既可以理解为处置句，"印"吓"渠"，"渠脚骨打软"，相当于普通话的"我把他吓得腿发软"；又可以理解为被动句，"渠"吓"印"，"印脚骨打软"，相当于普通话的"我被他吓得腿发软"。然而，在实际的语言交流中，说话者和听话者都能比较准确地理解上述情形的"把"字句是处置句还是被动句，主要歧义分辨策略可以有以下三种。

8.1.1.4.1　结合背景知识和逻辑判断

所谓依据背景知识和逻辑判断，是指句子理论上可以有两种理解，但听话人可以依据自己的已有知识，排除不合逻辑的一种理解，从而使句子消除歧义。例如：

（91）淅哆把睿哆打哩出血。淅哆把睿哆打得出血。

（92）印把爸爸打哩脑婆发晕。我被爸爸打得脑袋发晕。

（93）印家叽鸡哩下把箇只狗哩咬死哩。我家的这些鸡都被这条狗咬死了。

例（91），当我们知道"淅哆是哥哥，睿哆是弟弟"这样的背景信息时，我们就会倾向于将这句话理解成处置句；例（92），结合社会常

---

① 郑宏：《近代汉语"把"字被动句及其在现代汉语方言中的地域分布》，《西北大学学报》（哲学社会科学版）2012 年第 3 期。

识和相关的伦理道德，听话人一般只会理解为"我被爸爸打得脑袋发晕"；例（93），结合一般常识，鸡咬不死狗，狗可以咬死鸡，所以只能理解为"鸡被狗咬死了"。

8.1.1.4.2 根据语境判断

语境"是人们运用自然语言进行言语交际的言语环境"①。具体来看，语境包括上下文语境、情景语境和民族文化传统语境三方面的内容，其中上下文语境又包括口语的前言后语和书面语的上下文，情景语境包括时间、地点、话题、场合、交际参与者（身份、职业、思想、教养、心态），民族文化传统语境则包括历史文化背景、社会规范和习俗以及价值观。本书所谓的根据语境判断，主要是指听话人根据话语发生的场合、交际参与者、社会规范和价值观以及话语的前言后语等相关语境因素判断句子是处置句还是被动句。例如：

（94）渠把人家打哩一瘸一拐。他被人家打得一瘸一拐。

（95）卬把卬家姆妈赶出来哩。我被我妈妈赶出来了。

（96）渠今日在学堂把老师骂了一餐。她今天在学校被老师骂了一顿。

（97）老王死了哩，渠把人家撞死哩。老王死了，他被别人撞死了。

例（94），如果听话人听到这句话的时候，"渠"刚好在听话人面前一瘸一拐地走着，那听话人自然就能明白是"渠"被打；例（95），主语"卬"就是说话人自己，句中的谓语中心又是"赶出来"，所以听话人很容易就可以理解到是"卬"被赶出来了；例（96），学生和老师在学校这样的场合，按照一般的社会规范和伦理道德，不大可能是"老师被骂"，只能是"学生被骂"，所以也只能理解为被动句；例（97）含"把"字的句子前面交代了"老王死了哩"，所以后面的句子很容易便能理解为"他被别人撞死了"。

8.1.1.4.3 通过句式变换判断

上述两个方法是在实际的言语交际中可以用来快速分辨句子歧义的方法，而通过句式变换判断的方法则是从理论上分辨句子的歧义。通过上文的分析，我们知道有可能产生歧义的处置句和被动句具有相同的句法格式——N_1 + 把 + N_2 + VP。处置式的"把"字句是通过介词"把"

---

① 索振羽：《语用学教程》，北京大学出版社2000年版，第22页。

将受事提前了，所以可以变换成一般述宾句 N_1 + VP + N_2，也可以变换成受事主语句 N_2 + N_1 + VP；而被动式的"把"字句则是将动词的受事放在句首作主语，所以可以变换成一般主动句 N_2 + VP + N_1，或受事主语句 N_1 + N_2 + VP。例如：

(98) 渠把叽作业下写了哩。他把作业都写完了。

(99) 箇一大堆草下把箇只牛喫了哩。这一大堆草都被这头牛吃掉了。

例（98），只能变换成一般的述宾句"渠写了哩箇叽作业他写完了这些作业"或受事主语句"箇叽作业渠下写了哩这些作业他都写完了"，而不能变换成"箇叽作业写了哩渠"，所以只能理解为处置句；例（99），只能变换成一般主动句"牛喫了哩箇一大堆草牛吃完了这一大堆草"或受事主语句"箇一大堆草箇只牛下喫了哩这一大堆草这头牛都吃完了"，而不能变换成"箇一大堆草喫了哩箇只牛"，所以只能理解为被动句。

此外，还可以通过将"把"换成"把得"来判断。因为"把得"也是吉安方言的一个被动标记，如果"把"换成"把得"不影响句子的成立，则是被动句；如果"把"换成"把得"之后句子不成立，则只能是处置句。上述两例，例（98）中的"把"换成"把得"则是"渠把得箇叽作业下写了哩他被这些作业都写完了"，是一个不合逻辑的句子，所以只能是处置句；例（99）中的"把"换成"把得"则是"箇一大堆草下把得箇只牛喫了哩这一大堆草都被这头牛吃完了"，句子同样成立，所以是被动句。

8.1.2 "把得"被动句

"把得"被动句是指用"把得"引出施事的被动句，同"把"字句一样，也是普通话不用、吉安方言中比较有地域特色的一种被动句。根据对北京大学 ccl 古代汉语语料库的检索，我们发现"把得"被动句的最早用例是在《全元曲》中：

(100) 你道我平白地把得人，把得人来加凌辱，这公事眼看虚实定何如？

"把得"被动句在近代汉语中出现过，但很快又消亡，至今也只是在部分方言中可见其踪迹。根据曹志耘主编的《汉语方言地图集（语法卷）》的显示，"把得"被动句仅分布在湖北省东南部的赤壁、崇阳、通城三县以及江西省的吉安县和吉水县①。从现有的方言论著中来看，目前对"把得"被动句有所描写和研究的有湖北武汉（朱建颂，1992：164）、鄂东地区（陈淑梅，2003）、通山（范新干，2003）、孝感（左林霞，2001），湖南长沙（张小克，2002）、益阳（徐慧，2001：289）、湘阴（蔡旺，2018）。江西境内被动的表达多用"拿""等""着""得"等标记，用"把得"标记的只见于吉安县和吉水县。

吉安方言中的"把得"有介词和动词两种用法：介词用法的"把得"和普通话的介词"被"一样，在谓语动词前引出动作的施事表示被动意义；动词用法的"把得"，"把"是一个"给予"义动词，"得"是一个引进对象的介词，"把得"是一个偏正关系的动词。"把"和"得"可以合在一起用，如"箇叽钱是泽泽把得你啯话，是麽泽泽数得你啯咯这些钱是泽泽给你的话，是不是泽泽数给你的哟"；也可以分开用，如"润伢，又在灌酒得渠喫嘿，多把发酒得渠喫润伢，又在倒酒给他喝呀，多给点儿酒给他喝"。这里我们主要讨论"把得"被动句。

8.1.2.1 "把得"被动句的句法结构

吉安方言的"把得"被动句，相对"把"字被动句来说，也是一种使用频率较低的被动句，其句法结构可以概括为"S+把得+O+VP"格式。S为句子主语，一般为谓语动词所述动作的受事成分；"把得"后的宾语O不可少，一般为指人名词；VP为句子的谓语中心，不可以是光杆动词，只能是复杂的动词性结构，VP有时候还可以再带上宾语。例如：

（101）你要争气，不要把得人家耻笑。你要争气，不要被人家耻笑。

（102）箇只老板把得骗子骗了蛮多钱。这个老板被骗子骗了蛮多钱。

（103）渠把得人家打断哩一只脚骨。他被别人打断了一条腿。

（104）当呐端端教眼珠子，印话倒倒会把得渠哼驴了。像端端教个鬼，我说反倒会被她骂蠢。

（105）把得你，真个会把得你哼驴了咯！给你，真的会被你骂蠢哟！

（106）印把得你问来问去问傻了哩掉。我被你问来问去问傻了。

（107）印把得渠绕晕了哩掉。我快被他绕晕了。

---

① 曹志耘：《汉语方言地图集（语法卷）》，商务印书馆2008年版，第94页。

(108) 把得人家来话你就箇舒服啦？_{被人家说你就这么舒服吗？}

通过上述例句我们可以知道，吉安方言的"把得"被动句和"把"字被动句的句法结构大同小异，也可以分为简单格式和复杂格式两大类。不同之处在于与连动句套用的复杂格式几乎不使用被动标记"把得"，例如"你倒了地下嘅菜把渠捡了去把猪喫去哩_{你倒在地上的菜被他捡去给猪吃了}"中的"把"不能变换成"把得"，大概是因为"把"和"把得"的语义差别比较小，复杂的连动句中遵从经济原则采用单音节的"把"使句子更简洁通顺，用于口语中也不那么繁杂拗口。

8.1.2.2　"把得"被动句的语义特征

吉安方言的"把得"被动句和"把"字被动句一样，具有受动性、已然性、意外性和消极性的语义特征，在此不再赘述。不过，"把得"被动句还有一些独特的语义特征，主要表现在句子语义的规定性和主语遭受的强调性两方面。

8.1.2.2.1　句子语义的规定性

所谓"规定性"，是相对"把"字被动句的歧义性而言的。吉安方言的"把"字被动句由于和处置句共用一个标记"把"，且具有相同的句法结构，所以同一个"把"字句在某些情形下具有一定的歧义性。而"把得"被动句，介引施事的介词"得"的添加明确了"把"所关联的两个施受成分之间的关系，从而使"把得"后的宾语成分只能理解为施事，句子只能理解为被动句。例如：

(109) 浙哆把得睿哆楞哩团团转哩。_{浙哆被睿哆骗得团团转。}

(110) 渠把得老师骂了一餐。_{他被老师骂了一顿。}

(111) 晓峰把得裴家箇朝人打哩脚骨都断了哩。_{晓峰被裴家这伙人打得腿都断掉了。}

上述几例，由于介词"得"只能用来介引施事，"把得"后的宾语"睿哆""老师""裴家箇朝人_{裴家这伙人}"都只能理解为施事，句子也只有被动句这一种理解，没有歧义。所以说，"把得"被动句，相对"把"字被动句的歧义性而言，具有语义上的规定性。

8.1.2.2.2　主语遭受的强调性

和"把"字被动句客观叙述句子的被动态以及强调动作施动者相比较，吉安方言的"把得"对句子的被动态叙述力度更弱，更侧重于强调主语的遭受性,这和"把得"前一般有语音停顿密切相关。因为句子的主语和被动标记"把得"之间的停顿,使句子的语义重点落在了主语上,从而有强调主语遭受性的意味。试比较:

(112) a. 卬家叽鸡哩把狗哩咬死哩。我家的鸡被狗咬死了。
b. 卬家叽鸡哩把得狗哩咬死哩。我家的鸡被狗咬死了。

(113) a. 卬把你问来问去问傻了哩掉。我快被你问来问去问傻了。
b. 卬把得你问来问去问傻了哩掉。我快被你问来问去问傻了。

上述两例中的a句都是"把"字被动句,整个句子的表义在于客观描述"鸡被狗咬死了""我被你问傻了"这样的被动态;而两例中的b句,由于主语和被动标记"把得"之间一般会有所停顿,再加上介词"得"主要是起介引施事的作用,所以整个句子在表义上有强调主语遭受性以及明确宾语为动作的施事的作用。相对"把"字被动句的客观性,"把得"被动句更突出了主语的作用,将句子焦点置于主语位置,而且还强调主语的遭受性。

8.1.2.3 被动标记"把得"的来源

吉安方言的"把得"兼有动词性结构和介词两种用法,其中动词性结构"把得","把"是一个"给予"义动词,"得"是一个引进对象的介词,"把"和"得"可以合在一起用,也可以分开用。关于"把得"的来源,学术界目前没有一个定论,主要有两种观点:一种观点是认为被动标记"把得"是由"给予"义动词"把得"演变而来,另外一种观点则是认为被动标记"把得"是由"把……得……"结构虚化而来的。

根据学界对"把"和"得"的历史演变的研究成果,"把"字由"持拿"本义在"把+O₁+与+O₂"句式中受给予义"与"的感染逐渐拥有给予义,然后给予义"把"又在"把+N+V"格式中重新分析为致使义,致使义的"把"在句式、语义的双重作用下转化为被动义"把"。其语义地图如下:

"持拿"义动词→"给予"义动词→"致使"义动词→被动义介词

而普通话"得"字的历史演变,吴福祥《从"得"义动词到补语标记——东南亚语言的一种语法化区域》(2009)概括为图8-1:

"得"在普通话中并没有演变出引进对象的介词用法。但是查阅相

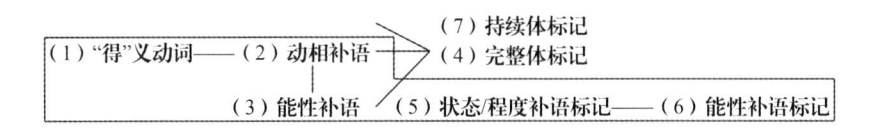

```
                         （7）持续体标记
(1)"得"义动词——(2)动相补语 → (4)完整体标记
              (3)能性补语  (5)状态/程度补语标记——(6)能性补语标记
```

图 8-1　"得"义语素的概念空间

关语料，我们可以发现，引进对象的"得"在近代汉语中是出现过的，只不过很快就消亡了，目前仅存于少数方言中。根据对北京大学 ccl 语料库的检索，我们发现"把"与"得"结合一起构成"给予"义动词"把得"是在明代：

（114）宋江便道："王公，我日前曾许你一具棺木钱，一向不曾把得与你。今日我有些金子在这里，把与你，你便可将去陈三郎家买了一具……（明《水浒全传（上）》）

而"把……得……"格式最早出现在南宋时期，但其中的"得"是能性补语"得"：

（115）把捉不定者，私欲夺之，而动摇纷扰矣。然则把捉得定，其惟笃于持敬乎！（南宋《朱子语类》）

现存于少数方言中介词"得"和"给予"义动词"把"构成的"把……得……"格式在古代汉语语料库中并未找到相关语料，而给予义"把得"在古代汉语语料中还是不少见的，所以我们认为被动标记"把得"是由给予义动词"把得"虚化而来。此外，蔡旺《湖南湘阴话的双音节被动标记及其类型学价值》（2018）也从语言类型学、认知语言学和语法化的角度，论证了汉语方言中双音节被动标记是由双音节给予动词在"给予—使役—被动"的语义演变过程中由动词在句法上重新分析成介词而形成的。根据我们对语料库的检索与分析，被动标记"把得"的形成，大概经历了以下三个阶段。

第一，"把得"只是动词"把"和能性补语"得"形式上的线性粘连，二者并没有凝固成一个词，其后往往还会再接补语。例如：

（116）此心未能把得定，如何？曰：且论是不是，未须论定不定。（南宋《朱子语类》）

第二，当"把得"和补语之间还有名词性成分出现时，"把"的动词性增强,"得"的可能意味减弱,充当能性补语的功能也被削弱。在这种句法结构的强弱对比下,"得"受到给予义的影响,逐渐重新分析为引进对象的介词"得"。例如:

(117)孟子不甚细腻,如大匠把得绳墨定,千门万户自在。(南宋《朱子语类》)

(118)谓南城熊曰:"圣贤语言,只似常俗人说话。如今须是把得圣贤言语,凑得成常俗言语,方是,不要引东引西。(南宋《朱子语类》)

(119)是个读书之人,虽是寻得间破房子住下,不晓得别做生理,只靠伯父把得这些东西,且逐渐用去度日。(明《初刻拍案惊奇(下)》)

例(117)中的"得"虽然可明确分析为能性补语,但补语前名词性成分"绳墨"的添加,已经削弱了其表可能性的语义;例(118)格式中"把得"后只有名词性成分而没有补语,"得"的能性补语功能进一步削弱,此处的"得"更像是动词后引进宾语的一个介词;而例(119)中的"得"就可以很明显地分析成引进宾语的介词了。

第三,引进宾语的介词"得"和"把"组合而成的"把得"在"把得+N+V"格式中重新分析为被动义"把得"。例如:

(120)你道我平白地把得人,把得人来加凌辱,这公事眼看虚实定何如?撇起个瓦儿在半空里怎住?(元《全元曲》)

由此,我们可以得知,被动标记介词"把得",是由给予义动词"把得"在一系列的语义和句法格式的规约下,经过语义感染和重新分析等转化成为被动标记"把得"。

8.1.2.4 关于"把得"被动句和"把"字被动句

在同时有"把得"和"把"字两种被动标记的方言中,有的二者可以自由替换,如武汉(赵葵欣,2012:193)、新洲(熊顺喜,2013);有的方言中二者不能自由替换,加不加"得"对句子的意义具有一定的影响,或是多用"把得"表被动,或是多用"把"表被动。前者如孝感(左林霞,2001),而吉安方言则属于后者。

吉安方言的被动句多用被动标记"把","把得"的使用频率远远低于"把"。用"把得"的被动句,一般来说也可以用"把"替换,但替换之后句子意思会有所变化。试比较：

（121）a. 当呐端端教眼珠子，印话倒倒会把得渠哼驴了。像端端教个鬼，我说反倒会被她骂蠢。

b. 当呐端端教眼珠子，印话倒倒会把渠哼驴了。像端端教个鬼，我说反倒会被她骂蠢。

上例中的 a、b 两句都可以成立，用"把"表示的 b 被动句只是客观描述"会被她骂蠢"这样一种被动态，而用"把得"表示的 a 被动句在描述这样一种被动态之外，更侧重于强调主语的遭受性。

关于被动标记"把得"和"把"，通过上文对其来源的考察，都是由给予义动词"把"演变而来。《江西省方言志》在考察赣方言被动标记的分布时也指出吉安方言的"把得"是由萍乡市的"把"演化而来。

8.2 无标记被动句

无标记被动句，又叫"意念被动句"，和有标记被动句相对，是指"句中没有任何表示被动意义的标记性词语的被动句子"[①]。无标记被动句往往在要说明某人或某物受到什么作用或影响产生了什么结果的情形下使用。无标记被动句，古已有之，一直延续至今。但是学界对有标记被动句研究得较多，对无标记被动句的关注则较少。而在方言语法领域，因为各方言首先在被动标记上和普通话有较大差异而受到众多学者的详细描写和研究，对无标记被动句的研究则更少了。据李珠《意义被动句的使用范围》（1989）的统计，汉语无标记被动句约占汉语被动句的 80%。所以，无论是对普通话无标记被动句的研究，还是对方言无标记被动句的研究，在很大程度上都能够有利于对汉语被动句的整体认知。

陆俭明先生也曾强调句子成分之间同时存在着语法结构关系和语义结构关系，二者共同影响着句子的表达。[②] 目前学界对无标记被动句的

[①] 陆俭明：《有关被动句的几个问题》，载邢福义编《汉语被动表述问题研究新拓展》，华中师范大学出版社 2006 年版，第 217—229 页。

[②] 陆俭明：《汉语口语句法里的易位现象》，载马庆株编《二十世纪现代汉语语法论文精选》，商务印书馆 2005 年版，第 628 页。

研究主要集中在对其句法结构和语义特征的描写和研究,本书也从句法结构和语义特征描写吉安方言无标记被动句的情况。

8.2.1 句法结构

无标记被动句中的被动关系是从意义上理解的,它不像有标记被动句那样有特殊的被动标记标明被动关系。但它在句法结构方面依然有自己的独特之处,表现在无标记被动句的表层句法结构是由"受事主语+谓语动词"两部分构成的,且受事主语必须位于谓语动词之前,即其基本格式是"$S_{受事}+V$"。这里所说的"受事",是广义"受事",包括承受者、与事、目标、结果、材料、对象等。

无标记被动句的基本结构是"$S_{受事}+V$",可由主语、谓语、宾语、状语、补语以及连带成分等构成。我们从无标记被动句句法成分的构成情况出发,首先根据是否出现施事将其分为"S+V"和"$S+S_{小}+V$"两大类。而"S+V"根据动词是否带宾语分为带宾语和不带宾语两类,前者包括"S+V+宾""S+状+V+宾""S+V+补+宾""S+状+V+补+宾",后者包括"S+V+哩/了/了哩/过""S+状+V""S+V+补""S+状+V+补"。

8.2.1.1 句法结构的类型

8.2.1.1.1　S+V

"S+V",即"受事主语+谓语动词",是无标记被动句的基本结构。由于谓语动词的受事论元已经出现在句首作主语,所以无标记被动句的谓语动词后一般不再带宾语,但也有带宾语的少数情况。我们先讨论不带宾语的大多数情况,再来看带宾语的情况。

1) 不带宾语

不带宾语的"S+V"虽然说是无标记被动句的基本格式,但不能说是其中的一种格式,因为单独的"S+V"在吉安方言中并不能成为符合语法的无标记被动句,至少要在动词后加上体貌助词"哩、了哩"等,也可以前加状语成分或后加补语成分,还可以同时前加状语后加补语。所以,不带宾语的无标记被动句根据相关句法成分的出现情况可以分为以下四类。

第 8 章 被动句

A 类：S + V + 哩/了/了哩/过，例如：

（122）门打开哩，你进去嘞。门打开了，你进去吧。

（123）渠嘅头发剪了哩。她的头发剪掉了。

B 类：S + 状 + V，例如：

（124）你布置嘅作业早就写了哩。你布置的作业早就写完了。

（125）箇种菇哩不可以喫。这种蘑菇不可以吃。

C 类：S + V + 补，例如：

（126）箇本书复印好哩。这本书复印好了。

（127）你嘅线车渠骑走哩。你的自行车她骑走了。

D 类：S + 状 + V + 补，例如：

（128）渠箇发哩字真嘅写得刻气。她这点字真的写得漂亮。

（129）来印物村上嘅马路早几年就修哩硬硬平平。来我们村的马路早几年就修得平平整整。

2）带宾语

虽说大多数无标记被动句因为动词的受事论元已经在句首充当主语而不带宾语，但也不乏带宾语的无标记被动句。而且不带宾语的无标志被动句的四种类型，在特定情况下都可以加上宾语。

A 类：S + V + 宾。例如：

（130）箇种花叫牛屎花。这种花叫牛屎花。

（131）印家园哩围哩围栏，种哩橘哩。我家园子围了围栏，种了橘子树。

B 类：S + 状 + V + 宾。例如：

（132）旧年箇发哩艾早就做哩米果。去年这点儿艾草早就做了米果。

（133）箇只山早几年就归裴家去哩。这座山早几年就归裴家了。

C 类：S + V + 补 + 宾。例如：

（134）箇只讲座只听懂哩最后几句话。这个讲座只听懂了最后几句话。

（135）20 万字嘅论文只写完哩一半。20 万字的论文只写完了一半。

D 类：S + 状 + V + 补 + 宾。例如：

（136）玻璃还冇安到窗子上就把渠打烂哩。玻璃还没安装到窗户上就被他打碎了。

（137）箇部线车不小心撞哩一股大缺口。这辆自行车不小心撞得一个大口子。

8.2.1.1.2　S＋S$_小$＋V

"S＋S$_小$＋V"无标记被动句由受事主语"S"和谓语"S$_小$＋V"构成，同"S＋V"类无标记被动句不同的是，它是主谓短语作谓语中心的被动句。也就是说"S＋S$_小$＋V"无标记被动句是主谓谓语句的一种，是主语和作谓语的主谓短语之间具有被动关系的主谓谓语句。例如：

(138) 信卬寄出去哩。信我寄出去了。

(139) 箇本书卬已经看完哩，你拿了去嘞。这本书我已经看完了，你拿走吧。

8.2.1.1.3　特殊句型

吉安方言的无标记被动句除上述根据施事出现与否分出的两大类之外，还有一些特殊结构的句型也属于无标记被动句，主要有"S＋是……V嘓"和"S＋（还）在＋V"两类。

1) S＋是……V嘓。例如：

(140) 卬家栋屋是旧年起好嘓。我家的房子是去年建好的。

(141) 卬是91年出生嘓。我是91年出生的。

2) S＋（还）在＋V。例如：

(142) 箇只问题还在讨论。这个问题还在讨论。

(143) 箇件事还在商量。这件事还在商量。

8.2.1.2　各句法成分的构成情况

从上述无标记被动句句法结构的类型看，无标记被动句可以有主语、谓语、宾语、补语和状语五种基本句法成分，其中主语和谓语是其必备成分，宾语、补语和状语不是其必备成分，可根据其句法结构决定是否出现。下面分别讨论无标记被动句可以出现的五种句法成分的构成情况。

8.2.1.2.1　主语的构成

从能够充当主语的词类的角度看，无标记被动句的主语（S）一般由名词或名词性短语充当，少数情况下也可以由数量词或数量名结构充当，特定情况下还可以由代词充当。例如：

(144) 作业写了哩就可以去出呗歇。作业写完了就可以出去玩。（名词）

(145) 卬物嘓月饼发得早，十几号哩就发哩月饼。我们的月饼发得早，

十几号就发了月饼。（名词性短语）

(146) 送上门啯不要白不要。送上门的不要白不要。（名词性短语）

(147) 一句都听不清。一句都听不清。（数量词）

(148) 二十块钱一下就用了哩。二十块钱一下子就用完了。（数量名结构）

(149) 宝宝受了凉，不舒服。宝宝受了凉，不舒服。（代词）

(150) 渠不好楞，你还是自家想办法吧。她不好骗，你还是自己想办法吧。（代词）

(151) 渠动哩手术，要休养半个月。她动了手术，要休养半个月。（代词）

(152) 咋啯都不要把得渠。什么都不要给她。（代词）

(153) 渠物是校长留了跟箇哩等你物啯。他们是校长留在这儿等你们的。（代词）

其中，代词作无标记被动句的主语一般包括以下五种情形：①谓语动词为"遭受"类动词，如例（149）；②谓语动词为表使动意义的动词，如例（150）；③谓语动词前加助动词或形容词作状语，如例（151）；④作主语的代词为表周遍性的疑问代词，如例（152）；⑤特殊句式"S＋是……V 啯"中，如例（153）。

从语义特征的角度看，无标记被动句的主语（S）一般是确指的，但也有个别受事主语是不确定的。其中，确指的受事主语可以有形式标志，也可以是意念上的确指而没有形式标志。例如：

(154) 箇封信寄了哩。这封信寄走了。

(155) 门锁好哩。门锁好了。

(156) 每桌坐十个人。每桌坐十人。

此外，无标记被动句的主语（S）多为指称无生命东西的词，较少指人名词或代词。因为这样主语和后面的谓语动词就不会构成动作者与动作的关系，只能构成语法结构上的主谓关系，这样就能和主动句区分开。

从主语充当的语义角色看，无标记被动句的主语除了可以是谓语动词所指称动作的受事之外，还可以是工具、与事等语义角色。例如：

(157) 箇桶水姆妈提了去正园哩去哩。这桶水妈妈提去浇菜园了。

(158) 渠分哩三斤鱼哩。她分了三斤鱼。

8.2.1.2.2 谓语的构成

范晓《关于"被"字句谓语动词的语义特征》(2007)认为从语义角度看,谓语动词是句核(句子的核心)。"谓语动词的语义特征制约着句子中与之相配的名词,从而影响到组成什么样的句子。"① 所以句子的句式跟动词的语义特征以及动词在句中与名词的搭配选择有密切关系。邢福义(2016)在讨论成分配置时,也提出了"动词核心,名词赋格"② 的观点。至于无标记被动句,由于其结构和表义的特殊性,因此对谓语动词的限定性也比较高了,主要表现在对谓语动词词性和词义的限制。

从动词词性方面看,能进入无标记被动句的谓语动词一般要求是及物动词,如"写""寄""喫"等。例如:

(159) 你布置嗰作业早就写了哩。你布置的作业早就写完了。

(160) 箇封信早就寄出去哩。这封信早就寄出去了。

(161) 箇种菇哩不可以喫。这种蘑菇不可以吃。

但并非所有的及物动词都能进入无标记被动句,以下几类及物动词就不能进入无标记被动句充当谓语动词:①"是、有"等联系动词;②"变成、善于"等粘着于宾语的动词;③与一定的主语配合只能理解为主动句式或容易产生歧义的及物动词,如"渐哆打人""司令报告"等。

从语义特征的角度看,无标记被动句中的谓语动词一般是具备[±有生][+行为][+处置][+延续]语义特征的行为动词,如"吃、穿、安排、解决"等,而心理动词、存在动词、判断动词、能愿动词和趋向动词则基本无法成为无标记被动句的谓语动词。例如:

(162) 箇本书复印好哩。这本书复印好了。

(163) 箇只杯哩早几年就打烂哩。这个杯子早几年就摔坏了。

(164) 你叽衣裳下洗干净哩。你的衣服都洗干净了。

无标记被动句中的谓语动词一般由一些表义比较具体明确的行为动

---

① 范晓:《关于"被"字句谓语动词的语义特征》,载邵敬敏、张先亮编《汉语语法研究的新拓展21世纪第三届现代汉语语法国际研讨会论文集3》,东北师范大学出版社2007年版,第376页。

② 邢福义:《汉语语法学(修订本)》,商务印书馆2016年版,第43—56页。

词充当（+行为），这些动词所表示的动作行为通常带有一定的处置义，能够给主语造成一定的影响（+处置），而且其语义在时间上必须要有一定的可延续性（+延续）。

8.2.1.2.3 宾语的构成

同受事主语一样，无标记被动句的宾语也主要由名词或名词性短语构成。例如：

(165) 印家门上早就贴哩对联。我家门上早就贴了对联。（名词）

(166) 啵啵买哩一板，苹果买哩一提。鸡蛋买了一板，苹果买了一提。（数量短语）

(167) 一斤谷换一斤酒。一斤稻谷换一斤酒。（偏正短语）

不过，少数宾语也可以由动词或动词性短语充当，例如：

(168) 今日嘅牛奶赖了拿了回来哩。今天的牛奶忘了拿回来了。（动补短语）

(169) 细伢哩不准喫烟。小孩子不准抽烟。（动宾短语）

通过上述例句可以看出，名词性宾语成分是出现在及物动词之后，且是对谓语起解释说明作用的。动词性宾语成分一般出现在致使性动词之后，这种致使可以是主观意愿的致使，如"作、头、卖、要求、安排"等，也可以是非主观意愿的致使，如"忘记、严禁"等。

8.2.1.2.4 状语的构成

无标记被动句中的状语根据充当状语的成分的数量，可以分为简单形式和复杂形式两种：简单形式是指只有一个成分充当状语的被动句，或者是一个词，或者是一个短语；复杂形式是指有两个或两个以上的成分充当状语的被动句。简单列举如下：

(170) 渠话过嘅话下赖光了哩。他说过的话都忘光了。（简单形式）

(171) 箇只瓶哩用塑料袋哩跟皮箍扎紧哩。这个瓶子用塑料袋和橡皮筋扎紧了。（简单形式）

(172) 渠写嘅论文从来有发表过，说明渠个水平不怎麽行嘿。她写的论文从来没有发表过，说明她的水平不太行呀。（复杂形式）

(173) 渠断哩一只手骨，蛮多事嘎就不方便做去哩。她断了一只手，很多事现在就不方便去做了。（复杂形式）

从充当状语的成分的性质方面看，无标记被动句的状语可以分为由词充当和由短语充当两大类。其中，充当状语的词主要有副词、助动词、名词、动词、形容词等，充当状语的短语主要有介词短语、状中短语、动宾短语以及四字短语等。例如：

（174）论文终于写完哩。论文终于写完了。（副词）

（175）箇批货明日可以做完。这批货明天可以做完。（助动词）

（176）箇种车乡下看得到，城市上看不到。这种车乡下看得到，城市看不到。（名词）

（177）今晚箇只会提前结束哩。今晚这个会议提前结束了。（动词）

（178）你话嘅箇件事好办。你说的这件事好办。（形容词）

（179）渠箇句话在乡下传遍哩。她这句话在乡下传遍了。（介词短语）

（180）你嘅钱包就港窃了哩？你的钱包就这样掉了？（状中短语）

（181）箇件事冇办法一下解决。这件事没有办法一下子解决。（动宾短语）

（182）箇只任务稀里糊涂完成哩。这个任务稀里糊涂完成了。（四字短语）

从状语的语义类型看，无标记被动句中的状语主要有性态状语、幅度状语、程度状语、否定状语、因由状语、语气状语、时地状语、数量状语。[①] 例如：

（183）箇件事难办。这件事难办。（性态状语）

（184）锅兜嘅饭下喫了哩。锅里的饭都吃完了。（幅度状语）

（185）渠话嘅话太难听哩。他说的话太难听了。（程度状语）

（186）箇只车出厂还不能保养嘞，箇部车出厂卬保养得光光亮亮。这辆车出厂还没有保养呢，这辆车出厂我保养得光亮亮的。（否定状语）

（187）讲座因为落箇大嘅雨取消哩。讲座因为下这么大的雨取消了。（因由状语）

（188）箇件事到底告诉哩你家姆妈麽咯？这件事到底告诉了你妈妈没有哟？（语气状语）

（189）箇只电视一个礼拜就演完哩。这部电视剧一个礼拜就演完了。（时地状语）

---

① 邢福义：《汉语语法学（修订本）》，商务印书馆2016年版，第87—92页。

（190）渠箇句话在乡下传遍哩。她这句话在乡下传遍了。（时地状语）

（191）箇叽班椒一只一只放进去。这些辣椒一个一个放进去。（数量状语）

8.2.1.2.5 补语的构成

无标记被动句的补语根据有无语法标志可以分为有语法标志的补语和无语法标志的补语两大类。其中，吉安方言的语法标志有"得"和"哩/了"两类。例如：

（192）90cm嘅衣裳穿得到两岁麼啦？90cm的衣服能穿到两岁吗？（有"得"标志）

（193）渠家箇叽窗子日日擦哩干干净净。她家的窗户天天擦得干干净净。（有"哩"标志）

（194）车子开了山上去哩。车子开到山上去了。（有"了"标志）

（195）箇只电视一个礼拜就演完哩。这部电视剧一个礼拜就演完了。（无标志）

此外，无标记被动句的补语也可以根据充当补语的成分的数量，分为简单形式和复杂形式两种：简单形式是指只有一个成分充当补语的被动句，或者是一个词，或者是一个短语；复杂形式是指两个或两个以上的成分充当补语的被动句。例如：

（196）事情肯定谈得拢。事情肯定谈得拢。（简单形式）

（197）来卬物村上嘅马路修哩硬硬平平。来我们村的马路修得平平整整。（简单形式）

（198）渠吓哩不晓得半发事去哩。她吓得不知道半点儿事了。（复杂形式）

（199）哎呀，卬昨晚在出呗，冷哩手脚都不灵去哩。哎呀，我昨晚在外面，冷得手脚都麻了。（复杂形式）

从充当补语的成分的性质看，无标记被动句的补语叽以分为由词充当和由短语充当两大类。其中，充当补语的词主要有动词、形容词，充当补语的短语主要有介词短语、数量短语、主谓短语和四字短语等。例如：

(200) 箇种籽哩喫得，𠮾物小间呢经常喫。这种野果可以吃，我们小时候经常吃。（动词）

(201) 𠮾嗰脑婆跟箇哩晒哩发晕掉，𠮾进去咯。我的脑袋在这里晒得快要晕了，我进去了。（一般动词）

(202) 箇封信寄出去哩。这封信寄出去了。（趋向动词）

(203) 箇叽粉煮软哩。这些粉煮软了。（形容词）

(204) 书放了在桌哩上呗咯。书放在桌子上哟。（介词短语）

(205) 箇篇论文看了三遍都看不懂。这篇论文看了三遍都看不懂。（数量短语）

(206) 𠮾跟箇哩晒哩脑婆发晕掉，𠮾进去咯。我在这儿晒得脑袋快晕了，我进去了。（主谓短语）

(207) 𠮾只面冻哩当呐刀割样嗰痛。我的脸冻得像刀割一样痛。（状中短语）

(208) 渠吓哩跳了起来哩。她吓得跳了起来。（中补短语）

(209) 箇部车出厂间呢𠮾保养得光光亮亮。这辆车出厂的时候我保养得光亮亮的。（四字短语）

从补语的语义类型看，无标记被动句的补语主要有结果补语、趋向补语、可能补语、程度补语、评判补语、时地补语、数量补语、关系补语。例如：

(210) 渠吓哩脚骨打软。她吓得腿发软。（结果补语）

(211) 平板一下就买过来哩。平板一下子就买过来了。（趋向补语）

(212) 箇篇论文三年都写不完。这篇论文三年都写不完。（可能补语）

(213) 箇碗豆角炒得太熟哩。这碗豆角炒得太熟了。（程度补语）

(214) 渠箇发哩字写得蛮刻气。她这点儿字写得蛮漂亮。（评判补语）

(215) 四咕轮子放了在𠮾家姆妈箇呗。四个轮子放在我妈妈这边。（时地补语）

(216) 黑嗰羽绒服可以穿一个礼拜。黑的羽绒服可以穿一个礼拜。（数量补语）

8.2.2 语义特征

无标记被动句作为被动句的一种类型，同有标记被动句一样，都是表示被动意义的句子，都是表示主语接受了谓语动词所指动作的影响而产生了某种变化结果，具有了某种已然状态，无标记被动句和有标记被动句在语义特征方面的共同点是都表示某种已然的被动意义。例如：

（217）渠嗰感冒早就治好哩。他的感冒早就治好了。

（218）门上挂哩几根艾。门上挂了几根艾草。

此外，无标记被动句同有标记被动句一样，也存在歧义的可能。有标记被动句因与处置句共用一个标记而存在歧义的可能，无标记被动句则是因与主动句共用一种句法格式而存在歧义的可能。例如：

（219）鸡喫了哩。鸡吃完了。

失去具体的语境，单独看这个例句，可以有两种理解：①主动句，"鸡吃完米了"；②被动句，"鸡被我吃完了"。说话者具体想表达哪一种意思，还要根据具体的语境判断。

但是，同有标记被动句不同的是，无标记被动句并不像有标记被动句一样，有着显著的受动性、意外性和消极性等语义特征。

从受动性的角度看，无标记被动句的主语也是谓语动词的受事论元，具有受动性；但其受动性不但没有被句子所强调，反而很微弱，因为没有必要强调其施受关系；而有标记被动句则是通过被动标记的添加强化了主语的受动性。可以说，有标记被动句和无标记被动句在受动性方面，处于两个极端；正是因为这种巨大差距的存在，所以有些无标记被动句无法转换为有标记被动句。例如：

（220）90cm嗰衣裳穿得到两岁麽啦？90cm的衣服可以穿到两岁吗？

（221）箇叽是渠在路闲上摘嗰，昨日又摘了一桶哩，两大包。这些是她在路边摘的，昨天又摘了一桶，两大包。

上述两例无标记被动句，因为句子的表义重心并不是在被动义上，主语的受动性很微弱，所以不能添加被动标记将其转换为有标记被动句。无标记被动句的谓语动词虽然具有处置义，但整句话的语义是在描述一种状态——或结果性状态，或持续性状态。因此与大多数有标志被动句相比，无标记被动句的被动语势较弱。

无标记被动句也没有明显的意外性和消极性，试比较：

（222）a. 箇只烂电视机渐哆修好哩。这个破电视机渐哆修好了。

　　　 b. 箇只烂电视机把渐哆修好哩。这个破电视机被渐哆修好了。

(223) a. 渠小间呢就是港白白哩送了跟人家去哩。她小时候就是这样白白送给别人了。

b. 渠小间呢就是港白白哩把渠家姆妈送了跟人家去哩。她小时候就是这样白白被她妈妈送给别人了。

上述两例中，例（222）的 a 句是无标记被动句，整个句子只是客观描述一种被动语态；而 b 句通过被动标记"把"凸显施事"渐哆"（一个小孩），所以表达出了一种意外的意味。同样，例（223）中 b 句被动标记的添加使之同 a 句相比"消极性"得以凸显。

通过上述分析，我们可以知道，在语义强调的程度上，无标记被动句＜"把"字被动句＜"把得"被动句。无标记被动句所表达的语义与一般主动句更为接近，没有什么特别强调的语义，只有主动语态和被动语态的区别，反应的是说话者的话语焦点或者说观察角度的不同。例如：

(224) a. 卬嗰月饼早十工就发哇哩。我的月饼早十天就发完了。

b. 卬物公司早十工就发哩月饼。我们公司早十天就发了月饼。

上例中的 a、b 两句，"月饼被发"与"发月饼"除了主动语态与被动语态的区别之外，并没有其他附加意义的区别。这一点，似乎在"S + S$_小$ + V"型无标记被动句中更明显。试比较：

(225) a. 箇封信卬寄了上海去哩。这封信我寄去上海了。

b. 卬寄了箇封信去上海去哩。我寄了这封信去上海了。

有时候主动句与无标记被动句在使用上的差异，并不是因为其语义特征的差异，而仅仅是为了与前言后语保持一致。例如：

(226) a. 卬嗰月饼早十工就发哇哩掉，早就到肚哩底呗去哩掉。我的月饼早十天就发完了，早就到肚子里去了。

b. 卬物早就发哩月饼，十七号就发哩月饼。我们早就发了月饼，17号就发了月饼。

8.2.3 语用价值

通过对无标记被动句语义特征的分析，我们可以得知无标记被动句相对有标记被动句来说，除了表达一种被动意义之外，并没有其他凸显的语义，其对事件的描述接近于一般主动句的客观描述，只是存在主动语态和被动语态之分。从这个方面，可以说，无标记被动句的表义功能介于有标记被动句和一般主动句之间，三者互相配合、互有分工地构成了汉语的一个表达系统。具体来说，无标记被动句具有以下几方面的语用功能。

从语义表达方面来看，无标记被动句具有突出句子主题的功能。无标记被动句将动作的承受者（即受事）放置在句首主语的位置，能够更好地凸显受事，从而突出句子的主题，以使听话者更能明白说话者的表义重点。试比较：

(227) a. 一箱苹果半工人工就卖了哩。一箱苹果半天就卖完了。

b. 渠半工人工就卖了哩一箱苹果。她半天就卖了一箱苹果。

同样是表达"半天就卖了一箱苹果"的意思，b 句作为主动句，只是客观描述这样一个事件；而无标记被动句的 a 句则在表达出这样一个事件的基础上将句子表义重心聚焦在"苹果"上。

此外，无标记被动句能够用来泛说一般道理，列举各种情况，例如：

(228) 日日晒日头会晒黑了。天天晒太阳会晒黑。

(229) 以前去不得嘚块哩，嘎通哩高铁，哪里都可以去。以前去不了的地方，现在通了高铁，哪里都可以去。

从语言表达方面来看，无标记被动句可以与其前后的被动句配合使用而不破坏句法的整齐，也可以与别种句式配合增强语言的表达效果。例如：

(230) 卬嘚月饼早十工就发哇哩掉，早就到肚哩底呗去哩掉。我的月饼早十天就发完了，早就到肚子里去了。

(231) 箇件事谈得拢，卬今晚就跟箇哩歇；谈不拢，卬马上就走。这件事谈得拢，我今晚就在这里住；谈不拢，我马上就走。

8.3 小结

本章从有标记被动句和无标记被动句两方面描写了吉安方言被动句的概况。吉安方言的被动句是非常有地域特色的一种句式，主要表现在被动标记上。吉安方言的有标记被动句主要有"把"字被动句和"把得"被动句，此外还有无标记被动句。本章主要从句法结构、语义特征和语用价值三方面对吉安方言的被动句进行描写和分析。此外，本章还分析了被动标记"把得"的来源，"把"字处置句和"把"字被动句的区分以及"把得"被动句和"把"字被动句的联系和区别。

第9章 否定句

否定句同否定概念密切相关，又有所区别。否定概念又叫"负概念"，与肯定概念相对，是"在思维中反映那些不具有某种属性的概念"①，如"非正义战争、非马克思主义、不勇敢"等。否定句是"用'不''没有''未''无'等否定副词或否定动词否定谓语的句子"②，与肯定句相对，是一种句子类别。否定概念与否定句的关系错综复杂，具体表现为：否定概念通常用否定句表达，但表否定概念的句子不一定都是否定句，同样，否定句也不一定都表否定概念。甘于恩《再论现代汉语的肯定式、否定式及有关问题》（1989）将现代汉语的否定句分为意愿性否定句、断言性否定句和陈述性否定句三类。

吉安方言表达否定概念有两套否定标记：一是独用否定标记，叹词"唔［ŋ］"，它不与句法结构发生联系，不表示概念意义而只表达某种情感意义，语音形式上无声调有语调；二是句法结构否定标记，即用否定词语作标志或者借助某些词语和语句格式表示否定义的句法结构，也叫"否定句"。从否定词语的类别来看，吉安方言的否定句主要可分为"不"类否定句和"冇"类否定句。"不"类否定句包括"不"字否定句和"不能"否定句，"冇"类否定句包括"冇"字否定句和"冇得"否定句。笼统地说，"不"大致相当于普通话的"不"，"不能"大致相当于普通话的否定副词"没（有）"，"冇"和"冇得"对应于普通话的"没（有）"，具有动词和副词两种用法。此外，普通话用于祈使句的"别"，吉安方言一般是用"不要"表达。

---

① 张龙祥：《中国公共关系大辞典》，中国广播电视出版社1993年版，第1408页。
② 甘于恩：《试论现代汉语的肯定式与否定式》，《暨南学报》（哲学社会科学版）1985年第3期。

9.1 "不"类否定句

罗昕如《湘语与赣语比较研究》(2011) 一书在"湘语与赣语的否定词及其相关否定表达比较"一章中指出:"北部的湘语和赣语受官话影响较深的方言大多说'不',中南部的湘语和赣语多为自成音节的鼻音类否定词,有些地方'不'、'唔'兼用。"① 刘纶鑫《客赣方言比较研究》(1999) 在比较客赣方言否定副词时总结出赣方言否定副词的使用规律是:"赣北与赣中的一部分地区说'不',赣中'不'、'呒'兼用,赣中南部、赣南则说'呒'②。吉安方言属赣中地区,基本是用"不",所以本节主要是描写吉安方言的"不"类否定句。

9.1.1 "不"字否定句

吉安方言的"不"字,同普通话的"不"大致相同,主要是表主观意愿上的否定,可以是对过去、现在和将来的否定。在词类性质上,可以是副词,也可以是助词。助词"不"的用法基本上与普通话的助词"不"相同,主要是位于动结式、动趋式复合动词中间,构成"V不X"结构,跟表示可能的"得"相对,如"学不起、学不正、听不清、舍不得、看不出、喫不消"等。副词"不"与普通话的"不"用法基本相同,主要是在动词、形容词或个别副词及短语前表示否定,一般是对动作行为或性质状态的否定。根据《否定词与否定式调查例句》③ 调查表对否定的语义分类,通过实地调查和对比分析,吉安方言的"不"字否定句主要可以用于以下四种情形。

第一,用于动词前,否定主观意愿或某种习惯。例如:

(1) 明日渠去,印不去。明天她去,我不去。(否定主观意愿)
(2) 渠喫烟,印不喫烟。他抽烟,我不抽烟。(否定某种习惯)
(3) 不要开窗子,冷麽冷却。不要开窗户,冷死了。(否定主观意愿)

---

① 罗昕如:《湘语与赣语比较研究》,湖南师范大学出版社2011年版,第260页。
② 刘纶鑫:《客赣方言比较研究》,中国社会科学出版社1999年版,第707页。
③ 参见"中国东南部方言比较研究"学术研讨会(2001,上海,"否定"专题)的有关论文。

吉安方言中用于否定主观意愿或某种习惯时，一般用"不"，不用"不能、冇、冇得"。其中，对祈使意义的否定，吉安方言一般用双音节的"不要"[例（3）]，大致相当于普通话的"别"。

第二，用于结果补语、可能补语、趋向补语、评判补语等状况类补语中。例如：

（4）写个字都写不好。写个字都写不好。（结果补语）

（5）渠考得上，卬考不上。她考得上，我考不上。（可能补语）

（6）羌用力都推不上去。怎么用力都推不上去。（趋向补语）

（7）来得不是时候。来得不是时候。（评判补语）

吉安方言补语位置上的否定一般用"不"，不管有没有补语标记"得"。不过，当补语成分是形容词，并且句子有补语标记"得"的时候，既可以用"不"，也可以用"冇"。例如：

（8）渠写字写得不好。她写字写得不好。

　　　渠写字写得冇咋啯好。她写字写得不怎么好。

（9）箇件事渠话得不清楚。这件事她说得不清楚。

　　　箇件事渠话得冇咋啯清楚。这件事她说得不怎么清楚。

第三，用于动词、形容词前，否定某种状态，作否定状语。例如：

（10）渠日日不去出呗做事。他天天不去外面做事。

（11）响啯屁一般不臭，臭啯屁一般不响。响的屁一般不臭，臭的屁一般不响。

第四，用于能愿动词前表否定。例如：

（12）几晏去哩，渠不会来。很晚了，他不会来。

（13）卬不敢肯定渠会麽同意箇只意见。我不敢肯定他会不会同意这个意见。

（14）情况紧急，卬物不可以就坐了得箇哩等人家来帮忙。情况紧急，我们不可以光坐在这里等别人来帮忙。

此外，吉安方言的副词"不"还有一些与普通话"不"用法不同之处，主要表现在以下三方面。

第一，吉安方言的"不"一般较少独说，偶尔独说时不读[pu⁰]，而读[po⁰]，表示态度坚决、直截了当的否定。例如：

（15）A：把发得卬喫嘞。给点儿给我吃吧。　　　B：不。不。

（16）A：拿支笔给卬嘞。拿支笔给我吧。　　B：不。不。

邢福义《论"不"字独说》（1982）将"不"字独说定义为"'不'字和'不'字的叠用形式单独使用，不跟别的语言成分发生结构上的关系"①，并详细分析了普通话中"不"字独说的"简明否定"和"修订引进"两种功能。和普通话独说的"不"字相比，吉安方言独说的"不"字功能要简单得多。主要表现在以下两方面：一是吉安方言独说的"不"只有单用形式，没有叠用形式；二是吉安方言"不"字独说只有简明否定的作用，没有修订引进的作用，并且"不"后不能有下文，"不"前一般只有作为"不"字否定对象的祈使句上文。

第二，普通话以"不"构成的正反问句，如"去不去""是不是""好不好"等，吉安方言较少用相同的句式表达，而是多用含疑问语气词"麼"的是非问句表达。试比较：

（17）普通话：我去逛街，你去不去？

　　　吉安话：卬去逛街，你去麼？

（18）普通话：今天有很多事要做，你能不能早点起床？

　　　吉安话：今日有箇多事要做，你可以早发哩起来麼？

第三，普通话的可能补语的动宾补结构的否定形式是"动+不+补+宾"，吉安方言与之不同，否定形式是"动+不+得+渠+补"。试比较：

（19）普通话：他个子那么高大，我打不赢他。

　　　吉安话：渠箇麼高，卬打不得渠赢。

（20）普通话：昨天晚上没睡好觉，所以今天一天都做不成事。

　　　吉安话：昨晚不能瞓好，今日一日都做事不正。

吉安方言的"不"字还可以用于以下格式。

第一，不A不B。

A、B为意思相同或相近的单音节动词或文言词，表示"既不……也不……"，如"不声不□[ŋɛn³¹]、不喫不用"等；A、B为意思相对的单音节形容词、方位词或文言词，表示适中，如"不好不歹、不多不少、不胖不瘦、不前不后"等；A、B为意思相对的单音节动词、形

---

① 邢福义：《论"不"字独说》，《华中师院学报》（哲学社会科学版）1982年第3期。

容词、名词、方位词或文言词，表示既不像这又不像那的中间状态，如"不洋不土、不男不女、不人不鬼、不上不下"等；A、B 为意思相对或相关的动词或短语，表示"如果不……就不……"，如"不来不作数、不过来不去尸"等。

第二，A 不 A，B 不 B。

A、B 为意思相对的单音节动词、形容词、名词、方位词或文言词，表示既不像这又不像那的中间状态，带有说话人不满意的主观意义，如"人不人，鬼不鬼""男不男，女不女"等。

第三，A 不 A。

A 为动词或形容词，构成正反问句，如"喫不喫、去不去、上不上"等。吉安方言的这类正反问句与普通话相应形式的正反问句相比，语气更丰富，含有一点不耐烦的意味。

第四，不是 A 就是 B。

A、B 多为动词或者动词性结构，表示存在 A、B 两种可能性中的一种，如"不是打就是骂、渠不是喊箇哩痛就是喊个哩痛"等。

第五，不 A 就 B。

A、B 多为动词或者动词性结构，表示"如果……就……"的意思，如"不得病就是好啯、不来打扰卬就是好啯、不话就算了"等。

9.1.2 "不能"否定句

吉安方言用于否定句的"不能"大致相当于普通话的副词"没（有）"，用法比较简单，主要是放在动词前，表示没有发生过某个动作行为或状态还没有发生，主要是对过去和现在的否定。例如：

（21）渠去哩，卬不能去。他去了，我没有去。

（22）不能收到回信，渠倒估出差去哩。没有收到回信，他估计出差去了。

（23）卬不能去过香港。我没有去过香港。

（24）精囊不能落雨，嘎落哩雨。刚刚没有下雨，现在下雨了。

（25）苹果还不能熟。苹果还没熟。

此外，"不能"还可以单独回答问题，例如：

（26）A：渠走哩麽? 他走了吗?

　　　B：不能。没有。

(27) A：买哩发咋嗰东西麽咯？买了点儿什么东西哟？

B：不能呐。没有呀。

9.2 "冇"类否定句

吉安方言的"冇"类否定句，主要包括"冇"字否定句和"冇得"否定句。

9.2.1 "冇"字否定句

根据《否定词与否定式调查例句》调查表对否定的语义分类，通过实地调查和对比分析，吉安方言的"冇"字否定句主要可以用于以下三种情况。

第一，否定名词性成分的领有、具有或存在。例如：

(28) 房间冇人。房间没人。

(29) 今晚冇酒喫。今晚没酒喝。

(30) 渠家冇咋嗰东西值钱。他家没什么东西值钱。

(31) 对箇件事，渠冇咋嗰别嗰想法。对这件事，他没什么别的想法。

吉安方言中用"冇"对名词性成分的否定，"冇"是动词，在句中作谓语，可以构成简单的主谓结构否定句［例(28)］，也可以是复杂的兼语结构否定句［例(29)—(30)］以及"对"字句［例(31)］。

第二，否定某种估量或程度。例如：

(32) a. 渠还小，冇经验。她还小，没经验。

b. 渠冇半发哩主张。她没半点儿主张。

(33) a. 箇只箱哩冇一百二十斤重。这个箱子没一百二十斤重。

b. 箇只箱哩冇箇重。这个箱子没这么重。

(34) 箇包书冇好重。这包书没多重。

(35) 渠长得冇咋嗰好看。她长得不怎么好看。

(36) 渠平时冇咋嗰开声。他平时不怎么说话。

吉安方言中用来否定某种估量或程度的"冇"，后面可以直接跟名词［例(32)a］，也可以先接数量词［例(32)—(33)］再加名词，或先接指示代词［例(33)b］再加形容词，还可以先接副词［例

(34)]、疑问代词［例（35）—（36）］再接形容词或动词，等等。"冇"一般不能直接后加光杆形容词。

第三，用于动词或形容词前否定动作的发生或状态的存在。例如：

（37）渠去哩，卬冇去。他去了，我没去。

（38）冇收到回信，渠估计出差去哩。没收到回信，他估计出差去了。

（39）卬冇去过香港。我没去过香港。

（40）精囊冇落雨，嘎落哩雨。刚刚没下雨，现在下了雨。

（41）饭还冇熟，晏下喊渠物来喫饭。饭还没熟，晚点儿叫他们来吃饭。

吉安方言用于动词前否定动作的发生或状态的存在的"冇"是副词，是单纯的否定，与相同用法的"不能"相比，不带时体含义。

9.2.2 "冇得"否定句

根据《否定词与否定式调查例句》调查表对否定的语义分类，通过实地调查和对比分析，吉安方言的"冇得"否定句主要可以用于以下三种情况。

第一，否定名词性成分的领有、具有或存在。例如：

（42）渠冇得兄弟。他没有兄弟。

（43）书包兜咋嘓都冇得。书包里什么都没有。

（44）嘎连箇叽哩话保底嘓也冇得。现在连这些说保底的也没有。

（45）又不是冇得你喫，箇亲命抢。又不是没得你吃，这么拼命抢。

（46）你把箇双拖鞋穿烂了哩，就冇得鞋哩跟你穿去哩嘿。你把这双拖鞋穿坏了，就没有鞋子给你穿了哟。

吉安方言中用"冇得"对名词性成分的否定，"冇得"是动词，在句中作谓语，可以构成简单的主谓结构否定句［例（42）］，也可以是强调的倒装结构否定句［例（43）—例（44）］，还可以是复杂的兼语结构否定句［例（45）—（46）］。

第二，否定某种估量或程度，多用于比较句中。例如：

（47）箇只箱哩冇得个只箱哩重。这个箱子没有那个箱子重。

（48）只玻璃嘓冇得只塑料嘓喫得箇麻。玻璃的没有塑料的密封得好。

第三，用于动词前否定动作的发生或状态的存在。例如：

（49）渠箇多菜冇得买箇叽大棚嘓。他很多菜不会买大棚的。

(50) 卬物冇得喫方便面。_{我们不会吃方便面。}

吉安方言用于动词前否定动作的发生或状态的存在的"冇得"同"冇"一样是副词，是单纯的否定，与相同用法的"不能"相比，不带时体含义。

此外，"冇得"还可以单独回答问题，如：

(51) A：你嘎得还有工资咯？_{你现在还没有工资哟？}
　　 B：冇得。_{没有。}

9.3　否定形式的比较

9.3.1　"不"与"不能、冇、冇得"

第一，"不"和"不能"。

虽然吉安方言的"不"和"不能"同属"不"类否定句，但二者有比较明显的区别，"不"大致相当于普通话的"不"，"不能"大致相当于普通话作副词用的"没有"。具体来说，在词类性质方面，"不"有动词和助词两种用法，"不能"只有否定副词的用法。在语里意义方面，当否定句所述的对象（主语）是具有主观愿望或能力的生命体时，"不"字否定句是否定一种主观愿望或能力，"不能"否定句是否定一种客观效果；当否定句所述的对象（主语）是非生命体时，"不"字否定句是断言性较强、带有结论并侧重对动作进行否定的断言性否定句，"不能"否定句是陈述性较强、倾向于纯客观描述并侧重于时间观念的陈述性否定句。在句法功能方面，当谓语动词是"知道、等于、是、像"等非过程性动词时，否定句中只能用"不"；当谓语是形容词时，否定句只能用"不"；而对完成体的否定则只能用"不能"。此外，结果补语、可能补语、趋向补语等补语中只能用"不"，不能用"不能"。例如：

(52) a. 渠不来。_{他不来。}
　　 b. 渠不能来。_{他没有来。}

(53) a. 箇兜树不开花去哩。_{这棵树不开花了。}
　　 b. 箇兜树还不能开花。_{这棵树还没有开花。}

(54) a. 卬不晓得渠好久来嗰咯。_{我不知道他什么时候来的哟。}

b. *卬不能晓得渠好久来嗰咯。
（55）a. 箇件事一发哩都不麻烦。这件事一点儿都不麻烦。
　　　b. *箇件事一发哩都不能麻烦。
（56）a. *卬不喫过烧酒。
　　　b. 卬不能喫过烧酒。我没有喝过烧酒。
（57）a. 要你做咋嗰你都做不好。要你干啥你都干不好。
　　　b. *要你做咋嗰你都做不能好。

上述各例中，例（52）中 a、b 两句的主语是第三人称代词"渠"，指代的是人，a 的意思是"渠"主观上不想来，b 的意思是"渠"客观上没有来。例（53）中 a、b 两句的主语都是非生命体，a 的意思是说话者断定这棵树不会开花了，是一个断言性否定句；b 的意思是陈述"这棵树还没有开花"这样一个事实，是陈述性否定句。例（54）中的谓语动词"晓得"是没有时间内涵、具有持续性特点的非过程性动词，只能用"不"来否定，不能用"不能"来否定。例（55）中谓语是形容词"麻烦"，也只能用"不"来否定，不能用"不能"来否定。例（56）有完成体标记"过"，对完成体的否定只能用"不能"，不能用"不"。例（57）中补语成分只能用"不"，不能用"不能"。

第二，"不"和"冇、冇得"。

吉安方言的"冇"和"冇得"大致对应于普通话的"没（有）"，有否定动词和否定副词两种词性。吉安方言的"不"与"冇、冇得"的区别同"不"与"不能"的区别在词类性质、语里意义和句法功能方面大致相同，略微有所不同的主要还有两点：一是"冇、冇得"可以位于名词性成分前，否定名词性成分的领有、具有或存在，而"不"不能直接位于名词性成分前；二是"冇、冇得"还可以用来否定某种估量或程度，而"不"不可以。以下各例中的"冇"和"冇得"都不能换成"不"。

（58）a. 房间冇人。房间没人。
　　　b. 渠冇得兄弟。他没有兄弟。
（59）渠还小，冇咋嗰经验。他还小，没什么经验。
（60）箇只箱哩冇得个只箱哩重。这个箱子没有那个箱子重。
（61）渠平时冇咋嗰开声。他平时不怎么说话。

其他例子如：

(62) a. 渠日日话走，到今日还冇走。他天天说走，到今天还没有走。
　　　b. 渠日日话走，就是不走。他天天说走，就是不走。

(63) 渠有钱不拿了出来你也冇办法嘞。她有钱不拿出来你也没办法呀。

9.3.2 "不能"与"冇、冇得"

吉安方言的"不能、冇、冇得"都对应于普通话的"没（有）"，三者之间又有所区别。其中，"冇"和"冇得"的功能大致相当，区别较小，"不能"与"冇、冇得"的区别比较大。所以，比较"不能、冇、冇得"之间的区别，我们可以先比较"不能"与"冇、冇得"之间的区别，再来比较"冇"和"冇得"之间的区别。这样，三者的区别就会比较清晰明了。

第一，"不能"与"冇、冇得"。

吉安方言的"不能"和"冇、冇得"之间的差异还是比较明显的。"不能"大致相当于普通话的否定副词"没（有）"，只有副词的用法，主要是位于动词前，否定某个动作的发生或性状的存在。"冇、冇得"有副词和动词两种用法，不仅可以用于动词前否定动作的发生或性状的存在，还可以用于名词性成分前否定其领有或存在，可以用于否定某种估量或程度。例如：

(64) 今晚冇酒喫。今晚没酒喝。
　　　渠冇咋啯东西值钱。她没什么东西值钱。
　　　渠冇得兄弟。他没有兄弟。
　　　冇得鞋哩跟你穿去哩。没鞋子给你穿了。
(65) 箇包书冇好重。这包书没多重。
　　　渠长得冇咋啯好看。他长得不怎么好看。
　　　箇只箱哩冇得个只箱哩重。这个箱子没有那个箱子重。

上述各例中的"冇"和"冇得"都不能替换为"不能"。

此外，在二者都位于动词性成分前的情况下，"不能"主要是用于对过去和现在的否定，是带有时体意义的否定；"冇、冇得"只是单纯的否定。试比较：

(66) a. 渠去哩，卬不能去。他去了，我没有去。

b. 渠去哩，卬冇去。他去了，我没去。
(67) a. 卬不能去过香港。我没有去过香港。
b. 卬冇去过香港。我没去过香港。
(68) a. 渠箇多菜不能买叽大棚嗰。他很多菜不会买大棚的。
b. 渠箇多菜冇得买叽大棚嗰。他很多菜不会买大棚的。

上述各例中，位于动词前的"不能"不管句中有没有经历体标记"过"，"不能"都是表示对经历体的否定，表示没有经历过某件事情。"冇"和"冇得"都只是简单地否定某个动作有没有发生。

第二，"冇"和"冇得"。

吉安方言的"冇"和"冇得"的区别比较小，所表语法意义基本相同，主要是在一些具体的句法搭配上有所区别：①在没有后接成分的时候，一般用"冇得"，而不用"冇"，如例（69）—（70）；②在有后接成分的时候，单音节名词性成分前一般用"冇"，双音节及多音节名词性成分前一般用"冇得"，如例（71）；③部分双重否定句中只能用"冇"，不能用"冇得"，如例（72）—（73）；④动词性结构前一般用"冇得"，如例（74）—（75）。

(69) 书包兜咋嗰都冇得。书包里什么都没有。
(70) A：你嘎得还冇工资咯？你现在还没有工资哟？
　　 B：冇得。没有。
(71) a. 房间冇人。房间没人。
　　 b. 渠冇得兄弟。他没有兄弟。
(72) 冇哪个不话渠厉害。没谁不说她厉害。
(73) 你去福建打工，卬冇咋嗰不放心咯。你去福建打工，我没什么不放心哟。
(74) 冇酒冇肉喫就算了，粥都冇得喫。没酒没肉吃就算了，粥都没有吃。
(75) 卬本来以为卬还有箇多簿子咯，日日送一本跟渠，结果卬嘎还冇得簿子写作业去哩。我本来以为我还有很多本子哟，每天送一本给她，结果我现在也没有本子写作业了。

"冇"和"冇得"的上述区别，只是一种倾向性的区别。事实上，上述各例中"冇"和"冇得"如果互换，句子也是能成立的。此外，"冇"和"冇得"还有一些不可互换的用法，主要表现在以下两方面：①"冇"可以直接修饰动词，而"冇得"不能直接修饰动词，如例（76）；②"冇"用在经历体句法结构中，而"冇得"不能，如例（77）。

(76) a. 渠冇话。她没说。
　　 b. *渠冇得话。
(77) a. 渠冇去过香港。她没去过香港。
　　 b. *渠冇得去过香港。

9.4　小结

本章从否定句所用否定词语类别的角度描写吉安方言的否定句。吉安方言的否定句主要有"不"类否定句和"冇"类否定句，前者包括"不"字否定句和"不能"否定句，后者包括"冇"字否定句和"冇得"否定句。此外本章还详细比较了各否定词语之间的区别："不能"大致相当于普通话的否定副词"没（有）"，只有副词的用法，主要是位于动词前，否定某个动作的发生或性状的存在。"冇、冇得"有副词和动词两种用法，不仅可以用于动词前否定动作的发生或性状的存在，还可以用于名词性成分前否定其领有或存在，也可以用于否定某种估量或程度。当"不能"和"冇、冇得"都位于动词性成分前时，"不能"主要用于对过去和现在的否定，是带有时体意义的否定；"冇、冇得"只是单纯的否定。吉安方言的"冇"和"冇得"的区别比较小，所表语法意义基本相同，主要是在一些具体的句法搭配上有所区别。

第 10 章 疑问句

现代汉语的句子根据用途和语气可以分为陈述句、疑问句、祈使句和感叹句四种。疑问句，是"有提问语气、语调的句子"[①]，是汉语句子的语气分类，"它有自身结构上特有的标记、语义上特别的内涵以及语用上特殊的功能"[②]。在语法形式上，疑问句有语调、疑问语气词、疑问代词、疑问副词以及语序等形式标记；在语法意义上，疑问句主要是用来传达疑惑和提出询问，根据疑问句的不同疑惑程度和交际目的可将其分为有疑而问、半信半疑和无疑而问三类；在语用功能上，疑问句的功能有表达询问、表达推测和表达反问三种。

邵敬敏《疑问句的结构类型与反问句的转化关系研究》（2013）指出疑问句有结构类型和功能类型两大类，其中结构类包括是非问句、特指问句、选择问句和正反问句，功能类包括反诘问、附加问、回声问和假设问。本章主要从疑问句的结构和功能两方面入手，描写吉安方言的疑问句系统。

10.1 结构类疑问句

关于疑问句的结构类，目前学界主要有"两分法""三分法"和"四分法"三种不同的观点。其中，"四分法"在方言语法领域应用得最为广泛，是根据提问的手段和语义情况将疑问句分为是非问句、特指问句、选择问句、正反问句四种类型。本书结合吉安方言疑问句的情

[①] 黄伯荣：《陈述句、疑问句、祈使句、感叹句》，上海教育出版社1959年版，第12页。

[②] 邵敬敏：《现代汉语疑问句研究》，商务印书馆2014年版，第1页。

况，也从是非问句、特指问句、选择问句、正反问句四方面描写吉安方言的疑问句系统。

10.1.1 是非问句

是非问句是由陈述句的基本结构形式末尾添加疑问语调或疑问语气词语而构成的一种疑问句类型。从发问人的角度看，是非问的发问人一般心中已有某种倾向性意见，只要求对方表示同意或不同意；从答话人的角度看，是非问的答话人可以只用点头或者摇头来回答，也可以用其他词语表示肯定或否定作为答复。方言的是非问和普通话的是非问在语义内涵、发问点、答语等方面基本相同，只是在具体的语言形式方面会有所差异，具体表现在：第一，普通话是非问的疑问语调一般只有上升语调，而方言是非问的疑问语调除上升语调之外，还有低平语调等；第二，普通话是非问的疑问语气词通常是"吗、吧、啊"等，方言是非问的疑问语气词则丰富多彩、形式各异；第三，普通话是兼具语调型是非问句和语气词是非问句，而方言则不一定，有的方言同普通话一样兼具两种类型的是非问句，有的方言没有语调型是非问句，只有语气词是非问句。

吉安方言同普通话一样，也有语调型是非问句和语气词是非问句两类，其中语调型是非问句包含低平语调问句和高升语调问句，语气词是非问句主要有"麽"字是非问句和"吧"字是非问句。

10.1.1.1 语调型是非问句

语调型是非问句，是"指单纯用语调表达疑问的句子，形式和陈述句完全一样，句中不用疑问代词、疑问语气词或疑问结构，不过有时也可用非疑问语气词或副词"[①]。语调型是非问句，是发问人心中一般已有某种倾向性意见，要求答话人作出肯定或否定回答。语调型是非问句有广义和狭义之分：狭义的语调型是非问句是指不用语气词或语气副词的语调问句；广义的语调型是非问句是指用非疑问语气词或语气副词的语调问句。本书讨论的是广义的语调型是非问句。吉安方言的语调型是非问句，根据句子的语调，可以分为低平语调问句和高升语调问句两种

---

① 郭利霞：《山西方言的语调问句》，《语言研究》2014年第2期。

类型。

10.1.1.1.1 低平语调问句

吉安方言的低平语调问句是一种重复性问句，是通过重复对方刚刚说过的话形成的一种是非问句，所重复的可以是整个句子，也可以是问话人最关心的一部分。例如：

（1）A：㖇问你嘞，90cm 嗰衣裳穿得到两岁麼啦？我问你哟，90cm 的衣服能穿到两岁吗？

B：<u>穿两岁→</u>？穿两岁？

A：嗯。嗯。

B：穿得吧，晨栩物嘎穿 90cm 嗰哇。可以穿吧，晨栩他们现在穿 90cm 的呀。

A：<u>晨栩物嘎穿 90cm 嗰→</u>？㖇家嘎是穿 80cm 嗰，合身。晨栩他们现在穿 90cm 的？我家现在是穿 80cm 的，合身。

上述对话中，加了下划线的两个疑问句都是低平语调是非问句，前者只是重复问话人最关心的一部分，后者则是重复整个句子。二者的共同特点是在陈述句的基本结构形式末尾添加低平疑问语调。

在表达功能上，低平语调问句的询问功能比较弱，问话人说出这样的问句时心中往往并不是期望从听话人那里得到某种答案；相反，说话人心中往往已经有答案。说话人说出这样的低平语调问句，往往是表达自己对说话人所说内容的疑惑或惊讶。

在语表形式上，低平语调问句除了上述肯定形式之外，也可以是否定形式的。例如：

（2）A：朝东话到时候带渠一起去做个全身检查，渠话一起一百多块钱，渠又不去。朝东说到时候带她一起去做个全身检查，他说一共一百多块钱，她又不去。

B：<u>又不去→</u>？又不去？

在低平语调问句的答语上，由于吉安方言的低平语调问句的询问功能比较弱，其答语一般是肯定性的，往往还比较简单，一般只用"嗯、是"等就可以回答。

10.1.1.1.2 高升语调问句

吉安方言的高升语调问句，相对低平语调问句而言，最显著的区别是高升语调问句的询问功能稍强。吉安方言的高升语调问句既可以是重复性问句，也可以是接引性问句。

首先，重复性高升语调问句的结构形式同重复性低平语调问句的结构形式一样，只是在表达功能上询问性更强，句子所包含的语气也更强烈。例如：

(3) A：喂，在做咋嗰咯？喂，在做什么呀？

B：剃脑。剃头发。

A：<u>洗脑↗?</u> 洗头发？

B：剃脑。剃头发。

上述对话中，加下划线的语调问句就是高升语调问句，说话人用高升的语调提问，主要是因为自己没有听清说话人所说内容，需要用高升的语调来向听话人求证自己所听见的内容是否正确。

其次，吉安方言的高升语调问句更多的是接引性问句，即由上文、相关语境或说话人的已有知识等因素引起的疑问。例如：

(4) A：剃脑。在哪剃咯？剃头发。在哪剃哟？

B：在屋下嘞。在家呗。

A：<u>自家剃啦↗?</u> 自己剃呀？

(5) (看了一眼桌上的饭菜) <u>你物就喫了哩啦↗?</u> 你们就吃完了呀？

(6) (早上八点) <u>你物还不要去学堂↗?</u> 你们还不要去学校？

例 (4) 中加下划线的高升语调问句是由 A 刚刚说过的"在屋下嘞"引出的疑问句，例 (5) 是由说话人根据自己所见情况引发的提问，例 (6) 则是由说话人的已有知识——学校一般八点钟上课引发的提问。

在表达功能上，总体而言，吉安方言的接引性高升语调问句的询问功能更明显。具体而言，吉安方言的接引性高升语调问句的表达功能更为丰富，主要有以下五方面的表达功能：①通过提问证实说话人根据上文或语境作出的推测是否正确；②通过提问表示说话人对所见所闻的怀疑、惊讶等情绪；③以高升语调问句的形式表示反问的意思；④以高升语调问句的形式表示一种命令；⑤通过高升语调问句的形式打招呼等。分别举例如下：

(7) A：渠不是喊箇哩痛就是喊个哩痛。她不是说这里痛就是说那里痛。

B：<u>少婆子啦↗?</u> 少婆子呀？

(8) A：卬前几工不是旧年二月十九摘哩发艾，放了在冰箱兜冰冻啦，前两工不是凑哩几只啦。我前些天不是去年二月十九摘了点儿艾草，放在冰箱里冰冻呀，前两天不是做了几个呀。

　　B：旧年嗰艾，今年来喫↗? 去年的艾草，今年来吃？

　　A：一年咯。一年哟。

　　B：箇有味道，箇喫得↗? 这有味道，这能吃？

(9) 看到叽客都坐不落嚜，你物两个还不下去↗? 看到客人都坐不下吗，你们俩还不下去？

(10) （小花回家走到村门口，遇见邻居秋妹）

　　秋妹：小花回来哩啦↗? 小花回来了呀？

上述各例中，例（7）是 B 从 A 的话语中推测 A 所说的对象是"少婆子"，B 问的目的是向 A 求证自己所作的推测是否正确。例（8）中的前一标有下划线的语调问句，B 其实已经理解了 A 的意思，只是用语调问句表示自己的惊讶情绪；后一标有下划线的语调问句，B 心中其实已经有答案，这是无疑而问的反问。例（9）其实是通过语调问句的形式行使一种命令，要求"你物两个"下去。例（10）目的并不在询问，其功能在于打招呼。

在问句的答语上，吉安方言的高升语调问句的答句可以是肯定形式，也可以是否定形式；可以是直接给出肯定或否定的回答，也可以是通过对发问人的怀疑、惊讶等作出解释间接回答。

综合低平语调问句和高升语调问句，我们可以发现，吉安方言的语调型是非问句是一种具有依赖性的句子，或者依赖上文或相关语境，或者依赖发问人已有的知识储备。具体表现在吉安方言的语调型是非问句在一个话轮中都不能是始发句。此外，吉安方言语调型是非问的发问人往往心中已有答案，所以询问功能比较弱。

彭小川《关于是非问句的几点思考》（2006）指出普通话的低平语调是非问句必须依附在句末语气助词上，上升语调是非问则不需依附于句末语气词。吉安方言的语调型是非问句无论是低平语调是非问句还是高升语调是非问句，都可以有含句末语气词和不含句末语气词两种形式。其中，能用在语调型是非问句中的句末语气词主要有"啦"和"咯"，且"啦"有语音变体"呐、哇"，"咯"有语音变体"诺"。分别举例如下：

(11) 今日星期三啦？今天星期三呀？

(12) 你在喫点心呐？你在吃中饭呀？

(13) 臭也臭了掉哇？臭也臭掉了吧？

(14) 等于一楼跟二楼锁紧哩咯？等于一楼和二楼锁紧了哟？

(15) 渠骗你诺？他骗你哟？

10.1.1.2 语气词是非问句

语气词是非问句是由陈述句的基本结构形式末尾添加疑问语气词和疑问语调构成的一种疑问句类型。疑问语气词和疑问语调共同表达疑问信息，而疑问语气词"只是一种传达羡余疑问信息的辅助性疑问手段"①。方小燕《广州话里的疑问语气词》（1996）特别指出"具备疑问功能的才算是疑问语气词，不能把跟在疑问句末尾的语气词笼统地看成都表达疑问语气"②。陆俭明《关于现代汉语里的疑问语气词》（1984）提出判断位于句末的语气词是不是疑问语气词，要看它是否真正负载疑问信息，并且要通过比较的方法从形式上得到验证。本节只讨论通过添加疑问语气词而构成的是非问句，将句末带有非疑问语气词的是非问句归入语调型是非问句，在上文已有所描写。

目前学界关于语气词是非问句的研究，主要是从疑问语气词着手，考察各类语气词是非问句的句法结构、语义特征和语用表现等。为便于与普通话及其他方言进行比较，本书也拟从疑问语气词着手，描写吉安方言的语气词是非问的概况。

现代汉语里的疑问语气词主要有"吗、呢、吧"，吉安方言的疑问语气词主要有"麽、嘞（内）、吧"，其中能用于是非问句的疑问语气词则主要有"麽"和"吧"。

10.1.1.2.1 "麽"字是非问句

吉安方言的"麽"字是非问句是由陈述句的基本结构形式末尾添加疑问语气词"麽"构成的一种疑问句类型。从表达功能的角度来看，吉安方言的"麽"字是非问句主要有以下两类。

---

① 陈妹金：《北京话疑问语气词的分布、功能及成因》，《中国语文》1995年第1期。

② 方小燕：《广州话里的疑问语气词》，《方言》1996年第1期。

第一，一般询问式，也叫中心问，指的是发问者针对自己不知道的情况进行提问，发问时自己心中没有答案或任何倾向性的推测，发问的目的是期望从对方的回答中得到答案，解决心中疑惑。这类是非问句是为求知而问，是比较纯粹的询问句，主要出现在单动词谓语句和结构相对复杂但焦点仍在谓语动词之上的结构中。这类是非问句的答语一般是"VP"或"neg‐VP"。分别举例如下：

（16）A：小王回来哩，你晓得麽？小王回来了，你知道吗？

B：晓得哇。知道呀。/不晓得咯，渠好久间呢回来嗰咯。不知道哟，他什么时候回来的哟。

（17）A：你喜欢乡下麽？你喜欢乡下吗？

B：喜欢。喜欢。/不喜欢。不喜欢。

上述两个例子中，例（16）是单动词谓语句，例（17）中的谓语动词还带有宾语"乡下"，但句子的疑问焦点还是落在动词"喜欢"之上。两个问句的答语都可以是"VP"或"neg‐VP"，一般不用"嗯、对、是"之类。

第二，征询式，指的是发问人提出某种要求、建议或看法，发问的目的是希望得到对方的同意或支持，一般带有商量的语气。这类问句的主要功能不是询问，而是提出建议或看法，以期得到对方的肯定。虽然发问人提出疑问的目的是希望得到对方的同意或支持，但听话人对问题的回答可以是肯定式，也可以是否定式，可以是直接回答，也可以是通过解释或提出另一种建议或看法的形式间接回答。例如：

（18）A：坐下来喫杯茶麽？坐下来喝杯茶吗？

B：可以哇。可以呀。

（19）A：卬物明日一起去看下外婆麽？我们明天一起去看看外婆吗？

B：明日冇空，后日去可以麽？明天没空，后天去可以吗？

（20）A：嘎日日得屋下睏觉，舒服麽？现在每天在家睡觉，舒服吗？

B：a. 箇还有咋嗰话得。这还有什么说的。

b. 箇有咋嗰舒服咯，日日睏觉也会无聊嘞。这有什么舒服哟，每天睡觉也会无聊呀。

上述三个例子发问人都是以是非问句的形式提出的建议或看法，其中例（18）的答语是对发问人提出的建议表示同意，而例（19）的答语是通过解释表明自己的否定立场，例（20）则既给出了肯定式的答语，又给出了否定式的答语。

10.1.1.2.2 "吧"字是非问句

"吧"字是非问句是"带语气词'吧'的是非疑问句"[①]，即"吧"字是非问句是由一个非疑问形式（记作 W）后加语气词"吧"构成的。邵敬敏（2014［1996］：44）指出普通话的"吧"字疑问句可以分为两类：一类表示一种判断或一种事件，可记作 W_1；另一类表示希望施行的动作行为，可记作 W_2。吉安方言的"吧"字是非问句只有第一类，即吉安方言的"吧"字是非问句只能表示一种判断或一种事件。普通话用"吧"字是非问句提出某种征求对方支持的建议，吉安方言一般用"麽"字是非问句表达。试比较：

（21）普通话：大哥，找个大夫看看吧？
　　　吉安话：大哥，找个医生看下麽？
（22）普通话：我给您拿一杯冷水吧？
　　　吉安话：卬跟你拿杯冷水麽？

上述两例中，例（21）是说话人提出一种祈求性建议，例（22）是说话人提出一种服务性建议，吉安方言都是用"麽"字是非问句表达相应的意思。

下面，我们再来看吉安方言的"吧"字是非问句。

吉安方言的"吧"字是非问句是发问人心中对某件事情已有自己的判断或估测，但又不十分确定，所以会用"吧"字是非问句传达这样一种兼信兼疑的态度。说话人说出这样的话，虽然带有询问语气，但其心理预期是希望听话人证实自己的观点或者征求对方的意见。具体而言，当句子的主语是第二人称时，"吧"字是非问句的话语目的是说话人希望听话人证实自己的观点；当句子的主语是第一人称时，"吧"字是非问句的话语目的是说话人希望征求听话人的意见；当句子的主语是第三人称时，"吧"字是非问句的话语目的既可以是用来证实自己的观点，又可以是用来征求听话人的意见。例如：

（23）话哑时啁也回来哩咯，你晓得渠回来哩吧？说哑巴也回来了哟，

[①] 邵敬敏：《现代汉语疑问句研究》，商务印书馆2014年版，第43页。

你知道他回来了吧？

（24）卬精你一年可以吧？我养你一年可以吧？

（25）今年上半年会出吧，会脱奶渠就会出吧？今年上半年会出来吧，会断奶她就会出来吧。

（26）斌斌今晚跟外婆收了谷再去回吧？斌斌今晚给外婆收了稻谷再回去吧？

上述各例中，例（23）的主语是第二人称"你"，说话人说出整个"吧"字是非问句目的是希望听话人证实自己"你晓得渠回来哩"的观点；例（24）的主语是第一人称"卬"，说话人说出整个"吧"字是非问句目的是希望听话人对自己提出的建议发表意见；例（25）的主语是第三人称"渠"，说话人说出整个"吧"字是非问句目的是希望听话人证实自己"会脱奶渠就会出"的观点；例（26）的主语是第三人称"斌斌"，说话人说出整个"吧"字是非问句目的是希望听话人对自己提出的建议发表意见。

10.1.2　特指问句

特指问句可以分为有疑问代词的特指问句和无疑问代词的特指问句两大类。有疑问代词的特指问句是用疑问代词代替未知的部分进行提问，发问人期望答话人针对疑问代词所指代的内容进行回答。无疑问代词的特指问，是省略了疑问代词的特指问，省略的疑问代词可根据具体语境补出来。吉安方言的疑问句同普通话的疑问句一样，也可以分为有疑问代词的特指问句和无疑问代词的特指问句。

就目前关于特指问句的研究而言，对普通话的特指问句的研究主要是从有疑问代词的特指问句和无疑问代词的特指问句（也叫"特指问句的简略形式"）两方面展开，而对方言的特指问句的研究主要是以单点方言疑问代词的研究为侧重点，主要考察不同方言点疑问代词的表现形式及其历史来源。吉安方言特指问句的疑问代词，我们在本书第三章已有详细描述，所以本部分遵照普通话特指问句的研究范式，从有疑问代词的特指问句和无疑问代词的特指问句两方面描写吉安方言特指问句的概貌。

10.1.2.1　有疑问代词的特指问句

相比普通话有疑问代词的特指问句而言，吉安方言有疑问代词的特指问句的特色主要表现在疑问代词和句末语气词两方面。

10.1.2.1.1　疑问代词

吉安方言的疑问代词，从系统层面看，与普通话有相同之处，即都是以某几个疑问代词为基础形成互有交叉的若干配套形式。具体来看，吉安方言的疑问代词有"咋㖿、哪只、哪叽、哪个、哪哩、哪头、哪、好久、好久间呢、好、几、为咋㖿、做咋㖿、羌、怎麽样"等。这些疑问代词以及它们构成的疑问句在本书第三章已有详细介绍，这里不再重复，仅另再举几个例子：

（27）哪个拿哩卬㖿书包？谁拿了我的书包？

（28）哪叽东西是不要㖿？哪些东西是不要的。

（29）你家姆妈在哪哩？你妈妈在哪里？

（30）你明日好久间呢来学堂？你明天什么时候来学校？

（31）你物两个人有好久不能见面啦？你们俩有多久没见面呀？

（32）你买哩好多肉咯？你买了多少肉哟？

（33）你物羌嘎还在铺上瞓觉咯？你们怎么现在还在床上睡觉哟？

（34）明日去敦厚逛街怎麽样？明天去敦厚逛街怎么样？

10.1.2.1.2　句末语气词

普通话的特指问句如果用语气词，则主要有"呢、啊"。与普通话不同的是，吉安方言有疑问代词的特指问句，如要用语气助词，主要有"咯、啦、嘞"，且语气词"咯、啦"都有语音变体，分别为"诺、哪"。例如：

（35）买哩发咋㖿东西麽咯？买了点儿什么东西没哟？

　　　进去哩学得怎麽样诺？进去了学得怎么样哟？

（36）你物昨日到哪歇啦？你们昨天到哪玩呀？

　　　端咕兜还有好久养哪？端咕兜还要多久生呀？

（37）有感冒羌有咳嘞？没感冒怎么有咳嗽呢？

语气词的添加，使得问句语气比较缓和，显得亲切礼貌。但是，这类语气词并不是特指问句所必需的。因为它们并不表疑问，去掉它们，特指问句仍然能成立，只是句子语气有所区别。

10.1.2.2　无疑问代词的特指问句

吉安方言有一种疑问句没有出现疑问代词，其形式是由一个非疑问形式的语言成分加上语气词"嘞"构成，即这种疑问句具有是非问句的形式，但其语义是问人或事物的处所或去处等相关情况，相当于普通话的"非疑问形式＋呢"问句。李宇明《"NP 呢?"句式的理解》(1989) 也指出了这类问句语形与语义的错综性。陆俭明《由"非疑问形式＋呢"造成的疑问句》(1982) 将其看作特指问句，我们这里将其归入特指问句中的无疑问代词的特指问句，认为这种句型是省略了疑问代词等相关成分的特指问句。邵敬敏（2014［1996］:92）进一步指出，"疑问形式"是指含有疑问代词或者疑问结构以显示疑问焦点的句法结构形式，"非疑问形式"是指疑问形式以外的其他句法结构形式。李大勤《"WP 呢?"问句疑问功能的成因试析》(2001) 认为，"非疑问形式＋呢"问句中，"呢"的功能定性是该类疑问句负载疑问功能的内因，篇章距离和述位缺项提供了必要的条件，话语的组织策略以及特定的语用意图表达则起到了催化或强化的作用。吉安方言无疑问代词的特指问句的句法功能和普通话的"非疑问形式＋呢"问句基本相同，所不同的是，吉安方言这类疑问句是"非疑问形式＋嘞"。其中"嘞"有一语音变体"呐"，为方便起见，我们不加区分，统一记为"W＋嘞?"。其中，W 可以是体词或体词性结构，相应的疑问句记作"NP 嘞?"；也可以是谓词或谓词性结构，相应的疑问句记作"VP 嘞?"。下面分别介绍吉安方言这两类疑问句的结构形式、语法意义和语用功能以及这类问句的答语。

10.1.2.2.1　"NP 嘞?"特指问句

在结构形式上，"NP 嘞?"疑问句是特指问的简略格式，即是由相应的完整句式省略谓语动词和相关疑问代词而得来的，具体是省略什么样的疑问代词，是由其语法意义决定的，需要根据具体的语境来判断。

在语法意义上，"NP 嘞?"疑问句主要有两种语法意义：一是询问人或事物的处所，相当于问"NP 在哪儿?"；二是询问人或事物的处所之外的其他情况，相当于问"NP 怎么样/怎么办?"。

在其答语上，如果遵循合作原则，答话人需要根据具体语境，推测发问人的疑问点，然后作出相关回答。可以直接针对发问人的疑问点进行回答，也可以通过解释等其他蕴含发问人期望的答案的方式间接回答。答语有时候可以是只针对疑问的回答，有时候回答的信息也可以超过发问人的期望值。总之,"NP 嘞?"疑问句的答语比较灵活多变。

总而言之,吉安方言的"NP 嘞?"疑问句同普通话的"非疑问形式+呢?"疑问句一样,形式简洁、内涵丰富、风格含蓄、回答富于弹性。例如:

(38) A: <u>姆妈嘞?</u> 妈妈呢?

B: 在箇头哇。在这里呀。

(39) A: 你家吉水就不晓得喊个人来啦? 你们吉水就不知道叫个人来呀?

B: 喊哪个来咯? 叫谁来哟?

A: 喊你家婆子来嘞。叫你家婆婆来呗。

B: <u>嘎屋下只两个嘞?</u> 那家里那两个哩?

A: 羌发哩你养个人,总要把个人舞哇? 不管怎么说你生个孩子,总得安排个人来吧?

例(38)中的"姆妈嘞?"在结构形式上是由"姆妈在哪里?"特指问句简略而来,发问人说出这样的疑问句,主要是期望知道"姆妈"之所在,B 的答语也是简单、直接地回答"姆妈"所在地位置。例(39)中的"嘎屋下只两个嘞?"在结构形式上是由"嘎屋下只两个怎麽办?"特指问句简略而来,发问说出这样的疑问句等同于说"如果喊婆子来,屋下只两个(细伢哩)怎麽办?"而 B 所说的答语并没有直接回复发问人的疑问点,而是坚持自己的观点。这也能体现出"NP 嘞?"疑问句答语的灵活性。

普通话的"NP 呢?"疑问句,陆俭明、李宇明、李大勤、邵敬敏等先生都做过比较详细的研究和描写,吉安方言的"NP 嘞?"疑问句与之大致相当。这里需要说明的是,李宇明(1989)指出"NP 所代表的人或事物一定不在现场……起码问话人没有发现它在交际现场"[①],邵敬敏(2014)进一步指出"即使说话人能肯定 NP 在交际现场,但不知道其确切位置,就可以用'NP 呢?'提问"[②]。结合吉安方言"NP 嘞?"疑问句的事实,我们认为对 NP 的处所进行提问的"NP 嘞?"问句无所谓 NP 在不在交际现场,只要发问人不知道 NP 的确切位置,在

[①] 李宇明:《"NP 呢?"句式的理解》,《汉语学习》1989 年第 3 期。
[②] 邵敬敏:《现代汉语疑问句研究》,商务印书馆 2014 年版,第 94 页。

一定的语境下就可以用"NP 嘞?"提问。

10.1.2.2.2 "VP 嘞?"特指问句

在结构形式上,吉安方言的"VP 嘞?"疑问句也是特指问句的简略格式,即是由相应的完整句式省略主语和相关疑问代词得来的,具体省略什么样的疑问代词,也是由其语法意义决定的,需要根据具体的语境来判断。其中,VP 可以是动词及形容词或动词及形容词结构,也可以是主谓结构。如果"VP 嘞?"表达不够清晰,发问人往往会在其后继续补充提问。

在语法意义上,吉安方言的"VP 嘞?"疑问句主要有两种语法意义:一是询问 VP 的原因,表疑问的同时兼表一种惊讶的语气;二是"如果 VP,那么怎么办呢?"这一点要比普通话"VP 呢?"疑问句的表义丰富些。

在其答语上,同"NP 嘞?"问句一样,需要答话人根据具体语境推测发问人的完整意思再作出相关回答,其答语也是比较灵活多变,基本上只要和疑问点相关就可以,可以是直接回答,也可以是间接回答。例如:

(40) A: 渠不是在出呗谈哩啦? 她不是在外面谈了吗?

B: 谈哩? 卬不晓得哇,<u>不能听到话嘞?</u> 谈了? 我不知道呀,没有听说呢?

A: 不能听到话,日日看到渠跟只人去出歇嘞? 没有听说,天天看着她跟一个人出去玩呢?

(41) A: 去学堂老师冇教啦? 去学校老师不会教吗?

B: 有得。不会。

A: 冇得,嘎是自家看? 不会,那是自己看?

B: 嗯。嗯。

A: <u>嘎毕业嘞? 嘎学圆哩嘞?</u> 那毕业呢? 那学完了呢?

B: 学圆哩,毕哩业就自家找工作嘞。学完了,毕了业就自己找工作呗。

例(40)中的"不能听到话嘞?"在结构形式上是由"卬羌不能听到话嘞?"特指问句简略而来,发问人在表达自己的疑问的同时,更多的是表达自己的惊讶、疑惑之情。A 的答语则是间接回应了 B 的疑问。

例（41）中的"嘎毕业嘞?"在结构形式上是由"如果毕业哩，会怎麽样呢?"特指问句简略而来，这是存粹的询问，B 的答语是针对 A 的疑问点直接回答的。

李宇明《"NP 呢?"句式的理解》(1989)在研究普通话的"非疑问形式（W）+呢"问句时指出，当 W 为谓词性成分时，句子总含有假设意思。通过对吉安方言"VP 嘞?"问句的分析，我们可以发现吉安方言的"非疑问形式（W）+嘞"问句的 W 并不是总含有假设意思，有时候反而是既成事实，如例（40）。

此外，通过上述分析，我们也可以得知，吉安方言的"NP 嘞?"疑问句可以作始发问句，表示询问人或事物之所在，也可以作后续问句；而"VP 嘞?"疑问句必须依赖一定的上文，所以不能作始发问句。

10.1.3　选择问句

选择问句一般是由两个或两个以上的提问项目组成的疑问句，发问者提问的目的是期望答话人从中选择一项回答。邵敬敏（2014[1996]：130-150）指出，选择问句同是非问句、特指问句相比具有比较明显的特色，具体表现在：与一无所知的特指问句相比，选择问句体现出一定的范围性；与以整个句子作为疑问点的是非问句相比，选择问句又表现出某种选择性。邵先生从选择问的形式特点、前后选择项的语义关系、相同项的省略规则、变项与疑问点的内涵以及选择问的应用价值五方面详细讨论了现代汉语的选择问。丁力《列项选择问的选肢位次》(2000)从语用价值的角度将列项选择问分为探疑列项选择问、设疑列项选择问、反诘列项选择问和证知列项选择问四种。关于选择问句的内涵和分类，学界的看法一直不统一，本书采取黄伯荣、刘月华、邢公畹、范晓等学者主张的将现代汉语的疑问句分为是非问句、特指问句、选择问句和正反问句的"四分法"观点，即本节的选择问句不包括从正反两方面提出疑问的正反问句。

吉安方言的选择问的形式同普通话的选择问句的形式相比较而言，有同有异：同的一方面表现在吉安方言同普通话一样，可以通过关联词语"是"和"还是"连接各选择项；异的一方面表现在关联词语"是"与"还是"的搭配与省略规则不同，以及吉安方言还存在一类比较有地域特色的"X 麽 Y"选择问句。下面以吉安方言选择问句的不同形式为切入点，描写吉安方言选择问句的概况。

10.1.3.1 用关联词语连接的选择问句

邵敬敏（2014［1996］：131）将普通话的选择问句归纳为以下五种基本类型：①X（呢）（,?）Y（呢）?；②X（呢）（,?）还是 Y（呢）?；③是 X（呢）（,?）是 Y（呢）?；④是 X（呢）（,?）还是 Y（呢）?；⑤还是 X（呢）（,?）还是 Y（呢）? 例如：

（42）虎给吃了？跌死了？让散兵打黑枪了？

（43）他有小错，你说他，还是不说他呢？

（44）我们心里总有些说不明道不清的滋味，是欣喜？是尴尬？是别扭？

（45）老虎帽是为演戏的，还是你添了个胖孙子呢？

（46）到底还是木头？还是饭桶？

同普通话的选择问句相比，吉安方言用关联词语连接的选择问句形式要少一些，主要有"是……还是……"选择问句以及"……还是……"选择问句。例如：

（47）是小姑好还是大姑好？是小姑好还是大姑好？

（48）你去还是卬去？你去还是我去？

吉安方言用关联词语连接的选择问句与普通话用关联词语的选择问句相比，除关联词语的搭配和省略规则不同之外，其他方面大致相同，在此不再赘述。

10.1.3.2 用语气词连接的选择问句

吉安方言还可以用语气词"麽"连接两个选择项，构成选择问句，这是吉安方言不同于普通话的一个表现。例如：

（49）你在学堂麽在屋下咯？你在学校还是在家呀？

（50）是当渠箇哩做麽还是当卬箇哩做咯？是像她这样做还是像我这样做哟？

（51）不晓得麽羌咯？不知道还是怎么哟？

用语气词"麽"连接的选择问句，语气词"麽"是选择问句的关键成分和句法标志，具有传疑和连接选择肢的双重功能，不可省略；如果删除语气词"麽"，句子便不能成立。

丁力《列项选择问的选项论域》（2006）指出普通话的列项选择问的选项必须具有共同的选项论域，具体又可以分为聚焦论域和散焦论域。吉安方言用语气词连接的选择问句也必须具有共同的选项论域，可以以某一句法成分作为注意焦点，如例（49）；也可以是以整个选择肢作为注意焦点，如例（50）。

从现有研究来看，用语气词连接的选择问句不只存在于吉安方言中，在陕西、甘肃、宁夏、青海、新疆等西北地区也广泛存在着，其中语气词有"吗""嘛""麽"等不同写法。

张安生《宁夏同心话的选择性问句——兼论西北方言"X 吗 Y"句式的来历》（2003）在研究宁夏同心话的选择性问句时指出"X 吗 Y"选择问句的形成发端于元明时期，是近代金元系白话"X + M + Y"疑问句句式地域性演变的结果，并认为这可以从汉语疑问句系统的特点及发展本身探询成因，简单地将其归因于藏语的影响并不十分准确。

10.1.4 正反问句

正反问句，也叫反复问句，是选择问句的一种。不同于一般选择问句只是将处于同一论域的几个选择肢连接在一起供答话人从中选择一项作为回答，正反问句是将同一事情的正反两方面并列起来供答话人从中选择一方作为回答。朱德熙《"V‑Neg‑VO"与"VO‑Neg‑V"两种反复问句在汉语方言里的分布》（1991）指出汉语方言里有"VP 不 VP"和"可 VP"两种反复问句，并认为这两种反复问句互相排斥，不会同时出现在同一种方言里。吉安方言属于有"VP 不 VP"式正反问句、而没有"可 VP"正反问句的方言。吉安方言的正反问句主要有"V（麽）不 VP"和"V 麽 NP/VP"两种类型。

10.1.4.1 "V（麽）不 VP"正反问句

邵敬敏（2014[1996]）指出当普通话"X 不 X"正反问句中的 X 为双音节动词 AB 时，可以出现"A 不 AB？"的前缩略格式和"AB 不 A？"的后缩略格式。即普通话借助否定词"不"形成的正反问句"VP 不 VP？"，"不"的前后既可以是单音节动词，也可以是动词性结构。吉安方言与之不同的是"不"之前只能为单音节动词，不能是动词性结构。试比较：

（52）普通话：a. 去不去？　　　　b. 喝水不喝？
　　　吉安话：a. 去不去？　　　　b. *喫水不喫？
（53）普通话：a. 你愿不愿意？　　b. 你愿意不愿意？
　　　吉安话：a. 你愿不愿意？　　b. *你愿意不愿意？

吉安方言其他相关例子如：

（54）你到底喫不喫？你到底吃不吃？
（55）箇只题目你到底会不会做？这个题目你到底会不会做？
（56）你箇只学期交不交住宿费啦？你这个学期交不交住宿费呀？
（57）你还认不认得印？你还认不认识我？

此外，吉安方言的"V 不 VP"正反问句"不"前还可以再加上语气词"麽"，只是加上了语气词"麽"的正反问句否定词"不"的前后只能为单音节动词。试比较：

（58）无语气词"麽"：a. 去不去？去不去？
　　　　　　　　　　b. 你愿不愿意？你愿不愿意？
　　　有语气词"麽"：a. 去麽不去？去还是不去？
　　　　　　　　　　b. *你愿麽不愿意？

一般来说，有语气词"麽"的正反问句相对无语气词"麽"的正反问句而言，语气更为舒缓。

10.1.4.2　"V 麽 NP/VP"正反问句

温美姬《赣语吉安话的"V 麽 NP"式问句》（2019）中指出吉安方言存在一种别具特色的"V 麽 NP"式问句，大致对应普通话的正反问句。同时指出"助动词带动词性宾语也属于这种类型"[①]。根据我们的调查，这种由语气词"麽"构成的正反问句在吉安方言中以"V 麽 VP"更为常见。并且"V 麽 NP"和"V 麽 VP"具有不同的句法表现，所以我们不采取温美姬（2019）以"V 麽 NP"包含"V 麽 NP"和"V 麽 VP"两类的方式展开描写，而是从"V 麽 NP"和"V 麽 VP"两方面分开描述吉安方言这种由语气词"麽"构成的正反问句。

10.1.4.2.1　"V 麽 NP"正反问句

"V 麽 NP"式问句中，"麽"是嵌在 V 和 NP 中间，V 一般是单音

---

① 温美姬：《赣语吉安话的"V 麽 NP"式问句》，《中国语文》2019 年第 3 期。

节动词或助动词，VNP 可以是动宾、连谓或兼语结构，也可以是离合词。例如：

（59）锅兜还有麽饭？<small>锅里还有没有饭？</small>

（60）明日去麽敦厚逛街？<small>明天去不去敦厚逛街？</small>

（61）你到底带麽卬去咯？<small>你到底带不带我去哟？</small>

（62）你瞓麽觉？<small>你睡不睡觉？</small>

用"V 麽 NP"发问的正反问句，发问人是不确定是否 VNP，答话人一般用"V/不 V"回答。

10.1.4.2.2 "V 麽 VP"正反问句

吉安方言的"V 麽 VP"问句与"V 麽 NP"问句相比，主要有以下不同：①"V 麽 VP"问句中的"V"一般都是助动词；②语气词"麽"与助动词结合得更紧，"麽"之后一般会有较长的语音停顿；③"VP"一般是动词性结构，单音节动词不能进入此句式。

（63）你物今年有麽艾米果喫咯？<small>你们今年有没有艾米果吃呀？</small>

（64）外公是麽喫哩叽苹果嘎就好发哩咯？<small>外公是不是吃了苹果现在就好点儿了哟？</small>

（65）嘎文肉会麽打个电话回咯？<small>现在文肉会不会打个电话回来哟？</small>

（66）你敢麽捉蛇？<small>你敢不敢捉蛇？</small>

（67）万一卬家只要是回不得，你哪日要麽回来帮下忙咯？<small>万一我家那位要是回不了，你到时候要不要回来帮下忙哟？</small>

其实，以上"V 麽 NP/VP"问句，在吉安方言的理解中，既可以理解为是非问句，也可以理解为反复问句，都是表示不确定是否"VNP/VP"，其答语也可以从肯定和否定两方面择一回答。但是，从语表形式来看，"V 麽 NP/VP"问句并不具备是非问句"由陈述句的基本结构形式末尾添加疑问语调或疑问语气词语而构成"的形式特征；从语里意义来看，发问人也不像是非问句的发问人那样有一定的倾向性意见，我们认为将其归为正反问句更为合理。

此外，关于"V 麽 NP/VP"中"麽"的性质与本字以及该句式的来源，温美姬（2019）已有详细描述，本书不再赘述。

10.2 功能类疑问句

疑问句的功能类，根据邵敬敏（2014［1996］：171－258）的研究，主要包括回声问、附加问、反问句以及设问句四类。在此，结合吉安方言的实际情况，我们主要描写使用频率较高的反问句和附加问。

10.2.1 反问句

反问句，又叫反诘问，"是对其形式有所否定的无疑而问的问句"[1]，"是一种间接陈述并通过诱导受话人接受或遵从其隐含意义实施各种断言和指令行为的问句"[2]。反问句有"无疑而问""不需要回答"和"表示否定"三个基本特征。从答语方面来看，反问句对答语有十分明显的导向性，说话人的说话目的是要求听话人同意自己的观点。从语用价值来看，反问句主要有诱导、提醒和礼貌三种语用价值。反问句的标点符号可以是问号，也可以是感叹号。反问句的识别和理解需要结合具体的语境进行。反问句是疑问句的功能类，结合其不同的结构类型，可以分为是非型反问句、特指型反问句、选择型反问句和正反型反问句四大类。所以本书从反问句的结构类型着手，探讨吉安方言反问句的概况。

10.2.1.1 是非型反问句

是非型反问句是指具有是非问句的疑问形式但不表疑问的反问句。吉安方言的是非问句包括语调型是非问句和语气词是非问句，语调型是非问句分为低平语调是非问句和高升语调是非问句，语气词是非问句分为"麽"字是非问句和"吧"字是非问句。其中，"吧"字是非问句由于疑问程度浅，几乎相当于一个陈述句或祈使句，与反问句的功能相近或相通，所以不能构成反问句。丁天昱《现代汉语反问句研究》（2007）将是非型反问句分为无标记类和有标记类，吉安方言的是非型反问句也可以分为无标记和有标记两类。

---

[1] 殷树林：《现代汉语反问句研究》，博士学位论文，福建师范大学，2006年，第35页。

[2] 冯江鸿：《反问句的语用研究》，上海财经大学出版社2004年版。

无标记是非型反问句，是指没有反问标记的、与是非问句同形的反问句。这类反问句的识别与理解必须结合语境进行，例如：

（68）A：冇菜喫，喊舅母多买发菜回来哇！没菜吃，叫舅妈多买点儿菜回来呀！

B：渠会多买发菜？买发菜回来昨晚一餐就喫了哩。她会多买点儿菜？买点儿菜回来昨晚一餐就吃完了。

（69）你嘎箇哩就冇半个人照顾你咯，你一个人得箇哩舞得咯？你现在这里就没人照顾你哟，你一个人在这里行吗？

有标记是非反问句，是指有专门的反问标记的是非型反问句。殷树林《现代汉语反问句研究》（2006）将普通话的有标记是非反问句归纳为十一类："难道"类、"岂"类、"还"类、"又"类、"就"类、"也"类、"不"和"没有"类、"不是"类、"以为+陈述小句"类、"V得C"类、"好意思"类。上述十一类有标记是非反问句，吉安方言大多都有，例如：

（70）难先伢不能拿啦？难道以前没有拿呀？

（71）人家老师都开哩口，你还敢不买？人家老师都开了口，你还敢不买？

（72）你又来喊渠去打牌？你又来叫他去打牌？

（73）你去外婆家就冇饭喫？你去外婆家就有饭吃？

（74）前头不留发哩？前面不留点儿？

（75）卬不是早就跟你话过哩麼？我不是早就和你说过了吗？

（76）渠就冇话先跟你准备下哩？他就不会说先和你准备会儿？

（77）你以为卬跟屋下就好过啦？你以为我在家里就好过吗？

（78）你去出打工？你放得下你家箇两只孙崽麼？你去外面打工？你放心得下你这俩孙子吗？

（79）你好意思？你好意思卬还不好意思嘞？你好意思？你好意思我还不好意思呢。

其中，吉安方言常用的反问句主要有"难难道"字反问句和"不"字反问句。

我们首先来看"难"字反问句。吉安方言的"难"大致相当于普通话的"难道"，用于是非型反问句中，起加强反问语气的作用。吉安方言的"难"在反问句中，可以位于句首，也可以位于句中谓语之前。一般来说，当说话人急于表达一种反问语气时，他通常会将"难"放于句首。例如：

（80）带了去做检查不用你嘅钱，难你还会话要渠拿发钱？带了去做检查不花你的钱，难道你还会说要她那点儿钱？

（81）人家个个冇得嘞，难是姨姨一个人冇啦？人家人人都没有呀，难道是阿姨一个人没呀？

（82）开牛皮公司渠不要话去成立箇叽箇哩嘅啦，难渠话开牛皮公司就开牛皮公司啦？开牛皮公司他不要去成立那些呀，难道他说开牛皮公司就开牛皮公司呀？

（83）屋下做 B 超难会估算啦？家里做 B 超难道会估算吗？

（84）你家梦涵嘅照片印嘎难看过哩啦？好久冇看到，嘎长只咋嘅样子掉。你家梦涵的照片我现在哪里看过了呀？很久没见过，现在长什么样呀？

（85）渠抗体难渠抗得好久啦？抗体难道它能抗很久呀？

上述各例中，前三例，"难"位于句首，句子的反问焦点是整个句子所表述的事件；后三例，"难"位于句中，句子主语起到话题的作用，并不在反问的焦点范围内。

我们再来看"不"字反问句。吉安方言的"不"字反问句中的"不"字也可以位于句首或句中，虽然部分"不"字反问句疑问语气比较弱，但该类句式都是以否定形式表达肯定意义，所以我们将这类句式归为反问句。吉安方言的"不"字反问句可以单纯表示一种反问语气，也可以用来诱导或提出建议，还可以表示说话人认为某人应该怎么样，等等。例如：

（86）A：五块钱一斤哇？五块钱一斤呀？

B：不几块钱一斤？五块钱一斤。不几块钱一斤？五块钱一斤。

（87）A：发嘅啦？发的呀？

B：不发嘅？日日晚头有喫夜宵嘞。不发的？每天晚上会吃夜宵呀。

（88）前几工交渠嘅保险五千多块钱，不渠自家嘅钱？前几天交她的保险五千多块钱，不她自己的钱？

（89）不当你物样，你物先喫七月十四？不跟你们一样，你们以前吃七月十四。

（90）卬得屋下讨饭，卬得屋下不日日讨饭？我在家讨饭，我在家不天天讨饭？

（91）箇叽人不就是买发哩喫发哩，尝下口就是？这些人不就是买点儿吃点儿，尝一下就是？

（92）前头不留发哩？前面不留点儿？

（93）不摘哩去卖嘞？不摘了去卖呢？

10.2.1.2 特指型反问句

特指型反问句，是指具有特指问句的疑问形式但不表疑问的反问句。吉安方言的特指问句包括有疑问代词的特指问句和无疑问代词的特指问句。其中，有疑问代词的特指问句主要表现在各式各样的疑问代词上，无疑问代词的特指问句包括"NP 嘞？"特指问句和"VP 嘞？"特指问句。吉安方言的特指型反问句只能是有疑问代词形式的特指型反问句，无疑问代词的特指问句不能成为吉安方言特指型反问句的形式。殷树林《现代汉语反问句研究》（2006）将普通话的特指型反问句归纳为十三类："哪"类、"哪里"和"哪儿"类、"谁"类、"什么"类、"何"类、"怎么"类、"干什么"类、"为什么"类、"多少"类、"几"类、"焉"类、"凭什么"类、"怎么着"类。吉安方言的特指型反问句简单举例如下：

（94）卬上半工班哪有箇多钱咯？我上半天班哪里有这么多钱哟？

（95）难渐哆有好到哪哩去啦？难道渐哆会好到哪里去吗？

（96）你日日好喫懒做，哪个会喜欢你？你天天好吃懒做，谁会喜欢你？

（97）渠嘎来箇哩咋嗰啦？嘎禾也割了哩，嘎有来□ [tɕʰin⁴²] 看。他现在来这里做什么呀？现在水稻也割完了，现在不会来看一下。

（98）箇就让渠安排，你去操箇多心做咋嗰啦？那就让他安排，你操这么多心干什么哟？

（99）渠趁倒得渠抗得好久啦？它一直难道它抗得很久呀？

（100）卬好久间呢跟你话哩咯？我什么时候跟你说了呀？

10.2.1.3 选择型反问句

邵敬敏（2014）根据选择型反问句选择项的肯定和否定的情况将其分为全项否定式、前项否定式和后项否定式，吉安方言的选择型反问句虽然出现频率较低，但也具备这三种形式的反问句。

（101）你是生哩卬还是精哩卬咯？一个月拿 5000 块钱得你？你是生了我还是养了我哟？一个月拿 5000 块钱给你？

（102）你是老大还是卬是老大？你是老大还是我是老大？

（103）你是看电视还是写作业咯？不写跟卬不要写。你是看电视还是写作业哟？不写给我不要写。

例（101）是妻子向丈夫索要每月5000元的生活费时丈夫的回应，是一个全项否定式的选择型反问句。例（102）是老二在家庭会议上对各兄弟姐妹指指点点、分派任务时，老大的回应，是一个前项否定式的选择型反问句。例（103）是孩子摊着作业本看电视时父亲的回应，是一个后项否定式的选择型反问句。

10.2.1.4　正反型反问句

根据邵敬敏（2014）的研究，正反型反问句可以分为前项否定式和后项否定式。例如：

（104）有一个人会听你啁话，你还当不当箇只班长？没一个人会听你的话，你还当不想当这个班长？

（105）喫哩叽牙齿撕起来，你话苦不苦？吃得牙齿都酸掉了，你说苦不苦？

上述两例中，例（104）想表达的意思是"没一个人会听你的话，你肯定不想当班长"，是一个否定前项、肯定后项的正反型反问句。例（105）想表达的是这样东西很苦，是一个肯定前项、否定后项的正反型反问句。

10.2.2　附加问

附加问，是指"在某个句子（S）后面附加上一定的'表疑部分'，如'好不好''是吧'等，并具有特定语用功能的疑问句"①。从非疑问结构方面来看，主要包括陈述句、祈使句、感叹句和反问句②；从表疑部分来看，主要有三类：①判断词"是、对"类；②表态词"好、行、成、怎样"；③叹词"啊、嗯"。具体又表现为七种格式："X不X"式、"X吗（么）"式、"不X吗（么）"式、"X吧"式、"怎样（怎么样）"式、"叹词"式、"简略"式。

与普通话相比，吉安方言的附加问没有"X不X"格式，与之相对应的附加问形式一般是"X麼"，常见的有"是麼、可以麼、做得麼"，"好麼、行麼、成麼"基本不说。疑问语气词"麼"有时可以换作语气

---

① 同亚平.《现代汉语附加问句的句法形式与语用功能》，《语文研究》2015年第3期。
② 邵敬敏（1989）认为反问句也包括在这里所谓的非疑问结构方面，因为"反问句在形式上是疑问句，而在语义上说话者实际上已有明确态度了"。

词"哇"。例如:

（106）你明日跟卬一起去外婆家，是麽？你明天跟我一起去外婆家，是不是？

（107）你跟箇哩等下，卬去德生家买只西瓜来，可以麽？你在这里等一会儿，我去德生家买个西瓜来，可以吗？

（108）箇叽把得卬喫，做得麽？这些给我吃，行吗？

（109）你是拿手机看到嘓哇，是哇？你是用手机看到的吧，是吧？

（110）下是在叽自费底呗写哩是哇？都是在自费里面写了是吧？

此外，吉安方言还有一类在非疑问结构后面单用一个语气词表示的附加问，非疑问结构与语气词之间一般会有语音停顿，语气词主要是"嚯"和"麽"，均为升调。在语义上，前面的非疑问结构主要是陈述一个说话者认为的事实，但由于不是很确定，句末单用一个语气词加升调的疑问形式进行进一步的确认，以期听话者对其陈述的内容进行进一步的确定。例如:

（111）渠藏箇叽事渠藏得住啦，嚯？她藏这些事她藏得住哟，是不是？

（112）嘎是嘎冇喫嘞，先伢在厂底呗打工，日日一包，嚯？是现在没吃哟，以前在厂里打工，每天一包，对不对？

（113）是嘞，渠一个人喜欢喫就喫，喜欢喫咋嘓就买咋嘓，麽？是呀，她一个人喜欢吃就吃，喜欢吃什么就买什么，对不对？

（114）卬物早就完成哩任务，麽？我们早就完成了任务，是不是？

10.3 小结

本章根据邵敬敏先生对现代汉语疑问句的分类研究，从结构类和功能类两方面描写了吉安方言疑问句概况。其中，疑问句的结构类主要包括是非问句、特指问句、选择问句和正反问句四种类型，疑问句的功能类主要描写了吉安方言使用频率较高的反问句和附加问。

吉安方言的是非问句有语调型是非问句和语气词是非问句两种类型。语调型是非问句可以分为低平语调问句和高升语调问句。语气词是非问句可以分为"麽"字是非问句和"吧"字是非问句。吉安方言的特指问句包括有疑问代词的特指问句和无疑问代词的特指问句。有疑问代词的特指问句的特色表现在具有吉安地域特色的疑问代词和句末语气词上。无疑问代词的特指问句可以分为"NP 嘚?"特指问句和"VP 嘚?"特指问句。吉安方言的选择问句有用关联词语连接的选择问句和用语气词连接的选择问句。其中，用关联词语连接的选择问句同普通话一样，主要是通过关联词语"是"和"还是"连接各选择项，只不过在关联词语的搭配和省略规则方面与普通话有所差异。用语气词"麼"连接的选择问句是吉安方言的一大特色。吉安方言的正反问句有"V（麼）不 VP"和"V 麼 NP/VP"两种形式。

吉安方言的反问句有是非型反问句、特指型反问句、选择型反问句和正反型反问句四种。吉安方言的附加问没有"X 不 X"格式，与之相对应的附加问形式一般是"X 麼"。此外，吉安方言还有一类在非疑问结构后面单用一个语气词（"嚯/麼"）表示的附加问。

第 11 章 结语

11.1 本书的基本认识

通过本书对吉安方言语缀、指代、性状、体貌、双宾句、处置句、被动句、否定句和疑问句九个语法专题的详细分析和描写，我们可以知道吉安方言语法与普通话语法相比，既有一致的一面，又有独特的一面。

吉安方言的语缀首先根据所处的位置分为前缀、中缀和后缀，又可根据语缀语义的虚化程度分为典型语缀和类语缀。吉安方言的典型前缀有"老、初、第、阿"，类前缀有"小、禁"，中缀有"哩、啦、咕"，典型后缀有"仔、子、哩"，类后缀有"气、头、呗、崽、骨、牯、佬、牯佬、精、包、匠、巴、物、嗰、色（哩）、味（哩）"。由此可见，吉安方言在语缀方面的地域特色主要表现在丰富多样的类后缀上。

吉安方言的指代同普通话一样可以分为人称代词、指示代词和疑问代词三个子系统。与普通话相比，吉安方言指代系统的特色主要表现在各具体代词的形式、意义和用法上。吉安方言的人称代词主要有单数的第一人称代词"卬"、第二人称代词"你"和"信"、第三人称代词"渠"，复数的第一人称代词"卬物"、第二人称代词"你物"和"信物"、第三人称代词"渠物"，复称代词"自家"，旁称代词"人家、别嗰、旁人"以及总称代词"大家"。吉安方言的人称代词有单复数变易、人称变易、游动称代等变通用法。吉安方言的指示代词系统是一个二分系统，主要有指代人或事物的"箇/个""箇叽/个叽""箇只/个只""箇咕/个咕""箇个/个个"，指代处所的"箇哩/个哩""箇头/个头""箇边/个边""箇呗/个呗""箇兜/个兜",指代性状的"箇能（啯）/个能（啯）""箇子（啯）/个子（啯）""箇样子/个样子""箇",指代时间的"箇时间呢/个时间呢""箇下/个下",指代数量的"箇发（哩）/个发（哩）"以及指代程度的"箇"。此外,吉安方言的远指"个"系列代词还可以通过延长"个"的音长表示更远指、最远指。吉安方言的指示代词有游移指别和统括指代等变通用法。吉安方言的疑问代词系统主要有询问对象的"咋啯""哪只""哪叽",询问事物的"哪个""哪叽""咋啯",询问人的"哪个""哪叽""咋啯",询问处所的"哪哩""哪头""哪",询问时间的"好久""好久间呢",询问数量或程度的"好""几",询问原因的"为咋啯""做咋啯"以及询问方式的"羌""怎麼样"。吉安方言的疑问代词有任指、虚指和游移指等变通用法。

  吉安方言的性状范畴可以分为性质形容词和状态形容词两部分。其中,性质形容词可以分为单音节性质形容词和双音节性质形容词,状态形容词分为加缀式、重叠式、错综式和四字式。吉安方言的加缀式状态形容词又有前缀式状态形容词和后缀式状态形容词,前者主要有 cA 式和 ccA 式两种形式,后者主要有 Acc 式。吉安方言的重叠式状态形容词可以分为单音形容词重叠式和双音形容词重叠式,前者只有 AA 式一种形式,后者则有 AABB 式和 cAcA 式两种形式。吉安方言的错综式状态形容词主要有"A 哩 AB、c 咕 cA、A 麼 A 却、A 打 A"四种形式。此外,吉安方言还存在大量的具有吉安地域特色的四字格式的状态形容词。

  吉安方言的体貌系统可以通过紧紧围绕吉安方言各具体体貌的语法形式和语法意义确立和区分各具体的体貌类型。吉安方言的完成体的语法形式是"V+哩/了/了哩",进行体的语法形式有"在+V"和"在/跟/得箇哩+V",持续体的语法形式有"V+倒""V_1+倒+V_2""V+紧""紧+V""趁倒+V"以及"VVVV",经历体的语法形式是"V+过1",将行体的语法形式有"V+掉""V+来掉""V+来哩""快/要+来+V+掉""V+了嗟",起始体的语法形式有"V+起来,V+起+O+来",继续体的语法形式是"V+下去",已然体的语法形式是"V+咯",反复貌的语法形式有"V 来 V 去""V 方1V 方2""V 箇 V 个"

"V哩又V""V₁（一）下V₂（一）下""一下V₁，一下V₂""你V卬，卬V你""V₁哩V₂，V₂哩V₁"，短时貌的语法形式是"V（一）下（哩）"，尝试貌的语法形式是"V（一）下（哩）看"，重行貌的语法形式有"再/重（新）/又+动词+宾语/补语""V+过2""V+添"。

吉安方言狭义的双宾句只有典型双宾式（V+O间+O直），广义的双宾句还包括介宾补语式，吉安方言没有双宾B式（V+O直+O间）。能进入典型双宾式的动词主要有包含"取得、述说、结果、差欠、称呼"义的动词，能进入介宾补语式的动词主要有包含或临时包含"给予"义的动词。此外，包含"取得"义的动词以及既可表"取得"又可表"给予"的动词两种格式都能进入。在语义关系方面，双宾句的双宾语可以分为双宾同指和双宾异指两大类，部分双宾语之间还有领属关系。吉安方言双宾句的直接宾语可以是数量名结构、指量名结构、量名结构、光杆动词以及小句，吉安方言双宾句的间接宾语可以是人称代词、表人名词、与人相关的处所名词、"人称代词+家+名词"或"卬/你/渠物+名词"构成的名词性短语以及"卬/你/渠物+两/三个"等形式。吉安方言双宾句的介引成分"得、跟"比较有地域特色。

吉安方言处置句可以分为狭义处置句和广义处置句。狭义处置句在类型上主要是"把"字处置句，此外还有"拿"字处置句、"将"字处置句和"捉倒"处置句，只是后三者使用范围有限且都有各自所强调的处置之外的意义。各处置句的处置标记语法化程度不同，所表达的处置义强度也不同，具体表现在语法化程度越高的处置义越弱，依次为"把"<"拿"<"将"<"捉倒"。吉安方言中只有"把"字处置句后可以加第三人称单数代词"渠"，复指受事成分构成混合型处置句，估计也和"把"字处置句的处置义最弱有关。同是用"把"字表示的处置句，宾语同样都要求是指定的，吉安方言的实现形式与普通话有所不同，主要是通过在NP₂前加量词表现。广义处置句还包括一部分受事前置句和一般动宾句。吉安方言处置句的否定式有否定词置于处置词前和至于处置词后两种情形，以前者最为常用。

吉安方言的被动句可以分为有标记被动句和无标记被动句两大类。吉安方言的被动句是非常有地域特色的一种句式，主要表现在被动标记上。吉安方言的有标记被动句主要有"把"字被动句和"把得"被动句，后者的使用频率远低于前者。吉安方言的"把"字被动句，在句法结构方面，有"S+把+O+V""S+把+O+V+哩""S+把+O+V+了哩""S+把+O+V+哩/了/得+C""S+把+O₁+V+哩/了+O₂"五种简单格式以及和连动句套用、用于分句、插入状语、否定式、疑问式等复杂格式；在语义特征方面，有受动性、已然性、歧义性、意外性、消极性等语义特征。由于吉安方言处置句和"把"字被动句共用标记"把"，当动词的施事和受事都出现且动词结构具有"完结"义时，"把"字句就非常容易产生歧义，我们可以通过结合背景知识和逻辑判断、根据语境判断、通过句式变换判断等方法分析和化解歧义。吉安方言的"把得"被动句，在句法结构方面，主要是"S+把得+O+VP"格式；在语义特征方面，主要有句子语义的规定性、主语遭受的强调性两个语义特征。被动标记"把得"是非常具有吉安地域特色的语法现象。通过借鉴已有研究成果和查阅相关语料，我们认为吉安方言的被动标记"把得"大概经历了以下几个阶段：第一，"把得"只是动词"把"和能性补语"得"形式上的线性粘连，二者并没有凝固成一个词，其后往往还会再接补语；第二，当"把得"和补语之间还有名词性成分出现时，"把"的动词性增强，"得"的可能意味减弱，充当能性补语的功能也被削弱，在这种句法结构的强弱对比下，"得"受到给予义的影响，逐渐重新分析为引进对象的介词"得"；第三，引进宾语的介词"得"和"把"组合而成的"把得"在"把得+N+V"格式中重新分析为被动义"把得"。此外，吉安方言还有无标记被动句，主要有"S+V+(O)""S+S小+V""S+是……V嗰""S+（还）在+V"等句法结构。吉安方言的无标记被动句，相对有标记被动句而言，除了表达一种被动意义之外，并没有其他凸显的语义，其对事件的描述接近于一般主动句的客观描述，只是存在主动语态和被动语态之分。

吉安方言的否定句有"不"类否定句和"冇"类否定句，前者包括"不"字否定句和"不能"否定句，后者包括"冇"字否定句和"冇得"否定句。其中，"不能"否定句，大致相当于普通话的"没（有）"否定句，是具有吉安地域特色的一类否定句。"不能"和"冇、冇得"相比，"不能"大致相当于普通话的否定副词"没（有）"，只有副词的用法，主要是位于动词前，否定某个动作的发生或性状的存在。"冇、冇得"有副词和动词两种用法，不仅可以用于动词前否定动作的发生或性状的存在，还可以用于名词性成分前否定其领有或存在，还可以用于否定某种估量或程度。当"不能"和"冇、冇得"都位于动词性成分前时，"不能"主要是用于对过去和现在的否定，是带有时体意义的否定；"冇、冇得"只是单纯的否定。吉安方言的"冇"和"冇得"的区别比较小，所表语法意义基本相同，主要是在一些具体的句法搭配上有所区别。

吉安方言的疑问句可以分为结构类和功能类两大类别。其中，疑问句的结构类主要包括是非问句、特指问句、选择问句和正反问句四种类型，疑问句的功能类主要描写了吉安方言使用频率较高的反问句和附加问。吉安方言的是非问句有语调型是非问句和语气词是非问句两种类型。语调型是非问句可以分为低平语调问句和高升语调问句。语气词是非问句可以分为"麽"字是非问句和"吧"字是非问句。吉安方言的特指问句包括有疑问代词的特指问句和无疑问代词的特指问句。有疑问代词的特指问句的特色表现在具有吉安地域特色的疑问代词和句末语气词上。无疑问代词的特指问句可以分为"NP嘞?"特指问句和"VP嘞?"特指问句。吉安方言的选择问句有用关联词语连接的选择问句和用语气词连接的选择问句。其中，用关联词语连接的选择问句同普通话一样，主要是通过关联词语"是"和"还是"连接各选择项，只不过在关联词语的搭配和省略规则方面与普通话有所差异。用语气词"麽"连接的选择问句是吉安方言的一大特色。吉安方言的正反问句有"V（麽）不VP"和"V麽NP/VP"两种形式。吉安方言的反问句有是非型反问句、特指型反问句、选择型反问句和正反型反问句四种。吉安方言的附加问没有"X不X"格式，与之相对应的附加问形式一般是"X麽"。此外，吉安方言还有一类在非疑问结构后面单用一个语气词（"嚯/麽"）表示的附加问。

11.2　有待研究的问题

吉安方言语法与赣方言语法相比，不但研究总量少，甚至还有很多语法现象没有专篇论文描写和论述，如介词、重叠、否定句、处置句、

第 11 章 结语

比较句、祈使句等。此外,第一期中国语言资源保护工程江西省项目也没有涉及吉安县。结合以上背景和个人实际情况,本书对吉安方言比较有地域特色的语缀、指代、性状、体貌、双宾句、处置句、被动句、否定句和疑问句九个语法现象进行专题研究。通过重点描写具有吉安地域特色的几个语法范畴,一方面希望充实吉安方言语法的研究内容,另一方面希望向学界展示吉安方言语法的概貌并为进一步的比较研究提供具有吉安地域特色的语料。

但是,本书还有很多不足之处:一是研究范围有限,不能对吉安方言的语法做到比较全面的描写,还有一些比较有特色的语法现象如语气词、量词、副词、介词、亲属称谓、小称、重叠、比较句、祈使句以及部分特殊结构等都没有涉及;二是研究深度有限,本书对涉及的九个语法范畴大多数是进行概况性的描写和分析以及同普通话比较,对一些非常具有吉安地域特色的语法现象难以做到解释清楚,如人称代词的复数标记"物"、双宾句的介引成分"得、跟"、处置句和被动句共用标记"把"以及被动标记"把得"的来源等;三是没有充分与邻近方言及其他方言进行横向比较,没有充分与古代汉语语法进行纵向比较,如果能将吉安方言语法充分地置于"普—方—古"人三角中进行全方面的比较,或许有利于很多语法现象的解释。以上三方面的不足之处,都是本书作者今后努力的方向。

今后的吉安方言语法研究,一方面要将吉安方言的语音、词汇和语法统一起来进行研究,另一方面要将吉安方言置于"普—方—古"的大三角中进行纵横多方面的比较,从而发现吉安方言与普通话和其他方言之间的共性与个性。

参考文献

蔡旺:《湖南湘阴话的双音节被动标记及其类型学价值》,《中南大学学报》(社会科学版) 2018 年第 3 期。

曹跃香:《与"词缀"有关的术语使用情况考察》,《内蒙古师范大学学报》(哲学社会科学版) 2009 年第 1 期。

曹志耘:《汉语方言地图集·语法卷》,商务印书馆 2008 年版。

陈才佳:《广西贺州桂岭本地话的代词》,《方言》2018 年第 3 期。

陈昌仪、蔡宝瑞:《吉安市方言的指示代词》,《吉安师专学报》2000 年第 1 期。

陈昌仪:《赣方言概要》,江西教育出版社 1991 年版。

陈昌仪主编:《江西省方言志》,方志出版社 2005 年版。

陈凤华:《商丘话体貌系统研究》,硕士学位论文,江西师范大学,2018 年。

陈妹金:《北京话疑问语气词的分布、功能及成因》,《中国语文》1995 年第 1 期。

陈前瑞:《汉语体貌系统研究》,博士学位论文,华中师范大学,2003 年。

陈淑梅:《鄂东方言"把得"被动句》,《湖北师范学院学报》(哲学社会科学版) 2005 年第 4 期。

陈小荷:《丰城赣方言语法研究》,世界图书出版公司北京公司 2012 年版。

陈晓云:《阳新方言被动句研究》,硕士学位论文,华中师范大学,2007 年。

陈瑶:《"给予"义动词兼做处置标记和被动标记的动因》,《福建师范大学学报》（哲学社会科学版）2011 年第 5 期。

程从荣:《浠水话双宾语句的特点》,《中南民族学院学报》（哲学社会科学版）1998 年第 1 期。

戴耀晶:《赣语泰和方言语法的完成体（上）》,《语文研究》1995 年第 1 期。

戴耀晶:《赣语泰和方言语法的完成体（下）》,《语文研究》1995 年第 2 期。

戴耀晶:《论现代汉语的体》,博士学位论文,复旦大学,1990 年。

戴耀晶:《现代汉语短时体的语义分析》,《语文研究》1993 年第 2 期。

戴耀晶:《现代汉语时体系统研究》,浙江教育出版社 1997 年版。

戴昭铭:《汉语方言语法研究和探索——首届国际汉语方言语法学术研讨会论文集》,黑龙江人民出版社 2003 年版。

刁晏斌:《海峡两岸及港澳地区现代汉语差异与融合研究》,商务印书馆 2015 年版。

丁力:《列项选择问的选肢论域》,《陕西理工学院学报》（社会科学版）2006 年第 3 期。

丁力:《列项选择问的选肢位次》,《湖北大学学报》（哲学社会科学版）2000 年第 4 期。

丁声树:《方言调查词汇手册》,《方言》1989 年第 2 期。

丁声树:《关于进一步开展汉语方言调查研究的一些意见》,《中国语文》1961 年第 3 期。

董思聪:《汉语语缀：理论问题与个案研究》,北京大学出版社 2019 年版。

范晓:《关于"被"字句谓语动词的语义特征》,载邵敬敏、张先亮编《汉语语法研究的新拓展 21 世纪第三届现代汉语语法国际研讨会论文集 3》,东北师范大学出版社 2007 年版。

方小燕:《广州话里的疑问语气词》,《方言》1996 年第 1 期。

冯桂华、曹保平:《赣语都昌方言初探》,西南交通大学出版社 2012 年版。

冯江鸿:《反问句的语用研究》,上海财经大学出版社 2004 年版。

傅欣晴:《抚州方言研究》,文化艺术出版社 2006 年版。

甘于恩:《试论现代汉语的肯定式与否定式》,《暨南学报》(哲学社会科学版) 1985 年第 3 期。

甘于恩:《再论现代汉语的肯定式、否定式及有关问题》,《暨南学报》(人文科学与社会科学版) 1989 年第 3 期。

高名凯:《汉语语法论》,商务印书馆 2011 年版。

龚千炎:《汉语的时相时制时态》,商务印书馆 1995 年版。

龚千炎:《谈现代汉语的时制表示和时态表达系统》,《中国语文》1991 年第 4 期。

郭利霞:《九十年代以来汉语方言语法研究述评》,《汉语学习》2007 年第 6 期。

郭利霞:《山西方言的语调问句》,《语言研究》2014 年第 2 期。

郭锐:《过程和非过程——汉语谓词性成分的两种外在时间类型》,《中国语文》1997 年第 3 期。

郭锐:《现代汉语短时体的语义分析》,《语文研究》1993 年第 2 期。

韩陈其:《汉语词缀新论》,《扬州大学学报》(人文社会科学版) 2002 年第 4 期。

韩丹:《认知视角下的双宾句式生成研究》,博士学位论文,复旦大学,2008 年。

何洪峰、程明安:《黄冈方言的"把"字句》,《语言研究》1996 年第 2 期。

贺巍:《汉语方言研究的现状与展望》,《语文研究》1991 年第 3 期。

胡明扬:《汉语方言体貌论文集》,江苏教育出版社 1996 年版。

胡松柏、林芝雅:《铅山方言研究》,文化艺术出版社 2008 年版。

胡松柏:《赣东北方言调查研究》,江西人民出版社 2009 年版。

黄伯荣:《陈述句、疑问句、祈使句、感叹句》,上海教育出版社 1959 年版。

黄晓雪:《方言中"把"表处置和表被动的历史层次》,《孝感学院学报》2006 年第 4 期。

黄晓雪:《宿松方言语法研究》,中国社会科学出版社 2014 年版。

黄雪贞:《客家话的分布与内部异同》,《方言》1987 年第 2 期。

江蓝生:《说"麼"与"们"同源》,《中国语文》1995年第3期。

兰玉英等:《泰兴客家方言研究》,文化艺术出版社2007年版。

雷冬平、胡丽珍:《江西安福方言表复数的"物"》,《中国语文》2007年第3期。

雷冬平:《江西安福话的"准"字被动句——兼论使役动词表被动的动因》,《萍乡高等专科学校学报》2009年第5期。

雷立娜:《常用双音节形容词与其后置名词搭配研究》,硕士学位论文,北京师范大学,2008年。

李大勤:《"WP呢?"问句疑问功能的成因试析》,《语言教学与研究》2001年第6期。

李冬香:《岳阳柏祥方言研究》,文化艺术出版社2007年版。

李凤吟:《双音节性质形容词ABAB式的重叠——兼与AABB式比较》,《集美大学学报》(哲学社会科学版)2006年第2期。

李劲荣、杨欣桐:《双音节性质形容词对"比"字句的适应性》,《语言教学与研究》2015年第3期。

李劲荣:《双音节性质形容词可重叠为AABB式的理据》,《上海师范大学学报》(哲学社会科学版)2004年第2期。

李蓝:《汉语的人称代词复数表示法》,《方言》2008年第3期。

李蓝:《汉语方言中的处置式和"把"字句(上)》,《方言》2013年第1期。

李蓝:《汉语方言中的处置式和"把"字句(下)》,《方言》2013年第2期。

李临定:《现代汉语动词》,中国社会科学出版社1990年版。

李娜:《扬中方言"把"字被动句刍议》,《现代语文》(语言研究版)2016年第9期。

李泉:《单音形容词原型特征模式研究》,商务印书馆2014年版。

李荣:《现代汉语方言大词典》,江苏教育出版社2002年版。

李思明:《〈水浒全传〉〈红楼梦〉中人称代词复数表示法》,《安庆师范学院学报》(社会科学版)1985年第1期。

李小凡:《汉语方言语法研究九十年》,载刘丹青、邢向东、沈明编《方言语法论丛(第7辑)》,商务印书馆2016年版。

李小凡:《苏州方言的体貌系统》,《方言》1998 年第 3 期。

李小凡:《苏州方言语法研究》,北京大学出版社 1998 年版。

李小凡:《现代汉语体貌系统新探》,载商务印书馆编辑部编《21 世纪的中国语言学（一）》,商务印书馆 2004 年版。

李小芬:《夏县方言的体貌系统》,硕士学位论文,湖南大学,2017 年。

李小华:《印尼客家方言与文化》,华南理工大学出版社 2014 年版。

李宇明:《"NP 呢?"句式的理解》,《汉语学习》1989 年第 3 期。

李宇明:《论"反复"》,《中国语文》2002 年第 3 期。

李宇明:《双音节性质形容词的 ABAB 式重叠》,《汉语学习》1996 年第 4 期。

李珠:《意义被动句的使用范围》,《世界汉语教学》1989 年第 3 期。

林华勇、李敏盈:《从廉江方言看粤语"佢"字处置句》,《中国语文》2019 年第 1 期。

林杏光:《现代汉语动词大词典·人机通用》,北京语言学院出版社 1994 年版。

林艳:《汉语双宾构式句法语义研究》,北京语言大学出版社 2013 年版。

蔺璜:《状态形容词及其主要特征》,《语文研究》2002 年第 2 期。

刘丹青:《汉语方言语法调查问卷》,《方言》2017 年第 1 期。

刘丹青:《汉语给予类双及物结构的类型学考察》,《中国语文》2001 年第 5 期。

刘丹青:《语法调查研究手册》,上海教育出版社 2019 年版。

刘海章:《荆门方言研究》,华中师范大学出版社 2017 年版。

刘鸿勇、张庆文、顾阳:《反复体的语义特征及其形态句法表现》,《外语教学与研究》2013 年第 1 期。

刘立恒、练春招:《河源水源音的体貌系统》,载甘于恩编《南方语言学（第 2 辑）》,暨南大学出版社 2010 年版。

刘纶鑫:《贵溪樟坪畬话研究》,文化艺术出版社 2008 年版。

刘纶鑫:《客赣方言比较研究》,中国社会科学出版社 1999 年版。

刘纶鑫:《芦溪方言研究》,文化艺术出版社 2008 年版。

刘培玉:《现代汉语把字句的多角度探究》,华中师范大学出版社2009年版。

刘泽民:《瑞金方言研究》,文化艺术出版社2006年版。

龙安隆:《永新方言研究》,中国社会科学出版社2013年版。

卢继芳:《都昌阳峰方言研究》,文化艺术出版社2007年版。

卢小群:《湘语语法研究》,中央民族大学出版社2007年版。

卢英顺:《从凸显看"了"的语法意义问题》,《汉语学习》2012年第2期。

陆俭明:《关于现代汉语里的疑问语气词》,1984年第5期。

陆俭明:《由"非疑问形式+呢"造成的疑问句》,《中国语文》1982年第6期。

罗昕如:《湘语与赣语比较研究》,湖南师范大学出版社2011年版。

吕叔湘:《丹阳方言的指代词》,《方言》1980年第4期。

吕叔湘:《汉语语法分析问题》,商务印书馆1979年版。

吕叔湘:《汉语语法论文集(增订本)》,商务印书馆1984年版。

吕叔湘:《现代汉语八百词(增订本)》,商务印书馆1999年版。

吕叔湘:《指示代词的二分法和三分法》,《中国语文》1990年第6期。

吕叔湘:《中国文法要略》,商务印书馆1942年版。

吕嵩雁:《台湾诏安方言研究》,文化艺术出版社2008年版。

马庆株:《现代汉语的双宾语构造》,载马庆株编《语言学论丛(第10辑)》,商务印书馆1983年版。

孟淑娟:《淄博方言体貌系统及相关虚词研究》,硕士学位论文,汕头大学,2001年。

聂建民、李琦:《汉语方言研究文献目录》,江苏教育出版社1994年版。

彭小川:《关于是非问句的几点思考》,《语言教学与研究》2006年第6期。

乔全生:《晋方言语法研究》,商务印书馆2000年版。

邱斌:《〈江西安福方言表复数的"物"〉记音献疑》,《中国语文》2009年第1期。

任学良:《汉英比较语法》,中国社会科学出版社1981年版。

任燕平:《吉安市吉州话中形容词的生动形式》,《井冈山师范学院学报》2002年第1期。

阮桂君:《五峰方言研究》,华中师范大学出版社2014年版。

杉村博文:《从日语的角度看汉语被动句的特点》,《语言文字应用》2003年第2期。

杉村博文:《汉语的被动概念》,载邢福义编《汉语被动表述问题研究新拓展》,华中师范大学出版社2006年版。

邵敬敏、任芝锳、李家树:《汉语语法专题研究》,广西师范大学出版社2003年版。

邵敬敏:《现代汉语疑问句研究》,商务印书馆2014年版。

邵敬敏:《疑问句的结构类型与反问句的转化关系研究》,《汉语学习》2013年第2期。

施其生:《方言论稿》,广东人民出版社1996年版。

石锓:《从叠加到重叠:汉语形容词AABB重叠形式的历时演变》,《语言研究》2007年第2期。

石汝杰:《明清吴语和现代方言研究》,上海辞书出版社2006年版。

石毓智、王统尚:《方言中处置式和被动式拥有共同标记的原因》,《汉语学报》2009年第2期。

石毓智:《汉语语法演化史》,江西教育出版社2016年版。

石毓智:《论现代汉语的"体"范畴》,《中国社会科学》1992年第6期。

孙立新:《关中方言语法研究》,中国社会科学出版社2013年版。

孙叶林:《邵东(火厂坪镇)方言的体貌表达》,《内江师范学院学报》2008年第5期。

孙英杰:《现代汉语体系统研究》,黑龙江人民出版社2007年版。

索振羽:《语用学教程》,北京大学出版社2000年版。

太田辰夫:《中国语历史文法》,蒋绍愚、徐昌华译,北京大学出版社1987年版。

唐爱华:《宿松方言研究》,文化艺术出版社2005年版。

涂光禄:《贵阳方言动词的体和貌》,载戴庆厦编《中国民族语言文学研究论集 2·语言专集》，民族出版社 2002 年版。

涂光禄:《贵阳方言动词的体貌、情态、状态格式》，《贵州大学学报》（社会科学版）1997 年第 4 期。

万群:《关于处置、被动同形标记"给"和"把"的相关问题》，《湖北工程学院学报》2013 年第 2 期。

汪国胜:《大冶方言的"把"字句》，《中国语言学报》2001 年第 1 期。

汪国胜:《大冶方言的双宾句》，《语言研究》2000 年第 3 期。

汪国胜:《大冶方言语法研究》，湖北教育出版社 1994 年版。

汪国胜:《大冶话里的状态形容词》，《湖北师范学院学报》（哲学社会科学版）1994 年第 2 期。

汪国胜:《谈谈方言语法研究》，《华中师范大学学报》（人文社会科学版）2014 年第 5 期。

汪国胜:《新时期以来的汉语方言语法研究》，《华中师范大学学报》（人文社会科学版）2000 年第 3 期。

汪化云:《鄂东方言研究》，巴蜀书社 2004 年版。

王还:《"把"字句和"被"字句》，上海教育出版社 1984 年版。

王宏佳:《湖北咸宁方言的语缀》，《咸宁学院学报》2006 年第 2 期。

王宏佳:《咸宁方言研究》，华中师范大学出版社 2015 年版。

王力:《汉语史稿》，中华书局 2004 年版。

王力:《中国现代语法》，商务印书馆 1943 年版。

王启龙:《现代汉语形容词计量研究》，北京语言文化大学出版社 2003 年版。

王松茂:《汉语时体范畴论》，《齐齐哈尔师范学院学报》（哲学社会科学版）1981 年第 3 期。

魏钢强:《萍乡方言词典》，江苏教育出版社 1998 年版。

魏钢强:《萍乡方言志》，语文出版社 1990 年版。

温爱华:《新余方言三片形容词重叠式 AA 的比较研究》，《萍乡学院学报》2017 年第 1 期。

温美姬:《赣语吉安横江话的持续体》，《嘉应学院学报》2017 年第 1 期。

温美姬:《赣语吉安横江话的两个完成体标记:哩、刮》,《嘉应学院学报》2017年第9期。

温美姬:《赣语吉安话的"V 麽 NP"式问句》,《中国语文》2019年第3期。

温美姬:《江西吉安横江话表复数的"禾"》,《中国语文》2012年第3期。

温美姬:《江西吉安县横江话表方式状态的"物 = 哩"》,《嘉应学院学报》2015年第10期。

温锁林:《现代汉语语用平面研究》,北京图书馆出版社2001年版。

吴福祥:《从"得"义动词到补语标记——东南亚语言的一种语法化区域》,《中国语文》2009年第3期。

伍云姬:《湖南方言的动态助词》,湖南师范大学出版社2009年版。

向熹:《简明汉语史(下)》,商务印书馆1993年版。

项梦冰、曹晖:《大陆的汉语方言语法研究》,《云南师范大学学报》(哲学社会科学版)1992年第6期。

项梦冰:《连城客家话语法研究》,语文出版社1997年版。

肖方远:《吉安县志》,江西人民出版社2008年版。

肖萍、肖介汉:《江西吴城方言词典》,商务印书馆2017年版。

谢文芳:《嘉鱼方言双宾句的配价研究及认知分析》,《咸宁学院学报》2010年第3期。

邢福义、李向农、丁力、储泽祥:《形容词的 AABB 反义叠结》,《中国语文》1993年第5期。

邢福义、汪国胜:《现代汉语(第二版)》,华中师范大学出版社2011年版。

邢福义:《从研究成果看方言学者笔下双宾语的描写》,《语言研究》2008年第3期。

邢福义:《归总性数量框架与双宾语》,《语言研究》2006年第3期。

邢福义:《汉语被动表述问题研究新拓展》,华中师范大学出版社2006年版。

邢福义:《汉语语法学(修订本)》,商务印书馆2016年版。

邢福义:《论"不"字独说》,《华中师院学报》(哲学社会科学版)

1982 年第 3 期。

邢福义:《说"句管控"》,《方言》2001 年第 2 期。

邢福义:《小句中枢说》,《中国语文》1995 年第 6 期。

邢福义:《形容词动态化的趋向态模式》,《湖北大学学报》1994 年第 5 期。

邢向东:《神木方言研究》,中华书局 2002 年版。

邢向东:《谈汉语方言语法的调查研究》,《中文自学指导》2008 年第 6 期。

熊顺喜:《新洲方言中表被动的"把"及其扩展形式"把得"探析》,《文教资料》2013 年第 30 期。

熊正辉:《南昌方言词典》,江苏教育出版社 1995 年版。

徐慧:《益阳方言语法研究》,湖南教育出版社 2001 年版。

徐杰:《词缀少但语缀多——汉语语法特点的重新概括》,《华中师范大学学报》(人文社会科学版)2012 年第 2 期。

徐烈炯、邵敬敏:《上海方言形容词重叠式研究》,《语言研究》1997 年第 2 期。

徐奇:《江西境内赣方言动词完成体考察》,硕士学位论文,南昌大学,2010 年。

徐英:《汉语方言"把"字被动标记词的地理分布特点研究》,《西藏大学学报》(社会科学版)2016 年第 4 期。

许德楠:《双宾同指与双宾异指》,《语言教学与研究》1988 年第 2 期。

闫亚平:《现代汉语附加问句的句法形式与语用功能》,《语文研究》2015 年第 3 期。

颜森:《黎川方言的仔尾和儿尾》,《方言》1989 年第 1 期。

杨冬梅:《赣语安义方言的完成体》,《语文学刊》2010 年第 9 期。

杨佳璐:《咸丰方言体貌研究》,硕士学位论文,华中师范大学,2018 年。

杨素英:《当代动貌理论与汉语》,载中国语文杂志社编《语法研究和探索 9》,商务印书馆 2000 年版。

殷树林:《现代汉语反问句研究》,博士学位论文,福建师范大学,

2006年。

尹蔚:《介词"把"和"将"的应用思考》,《安徽工业大学学报》(社会科学版)2001年第3期。

游舒:《现代汉语被字句研究》,北京语言大学出版社2016年版。

于天昱:《现代汉语反问句研究》,博士学位论文,中央民族大学,2007年。

袁家骅:《汉语方言概要(第2版)》,语文出版社2006年版。

袁毓林:《论元角色的层级关系和语义特征》,世界汉语教学2002年第3期。

袁毓林:《一套汉语动词论元角色的语法指标》,《世界汉语教学》2003年第3期。

岳佳:《耀县方言体貌系统》,硕士学位论文,陕西师范大学,2011年。

曾海清:《莲花方言若干句式研究》,江西高校出版社2016年版。

曾莉莉、陈小荷:《丰城方言研究》,江西人民出版社2016年版。

曾献飞:《汝城方言研究》,文化艺术出版社2006年版。

曾毓美:《湘潭方言语法研究》,湖南大学出版社2001年版。

詹伯慧主编:《汉语方言学大词典》,广东教育出版社2017年版。

张安生:《宁夏同心话的选择性问句——兼论西北方言"X吗Y"句式的来历》,《方言》2003年第1期。

张伯江:《现代汉语的双及物结构式》,《中国语文》1999年第3期。

张国宪:《现代汉语形容词的体及形态化历程》,《中国语文》1998年第6期。

张国宪:《状态形容词的界定和语法特征描述》,《语言科学》2007年第1期。

张俊阁:《后期近代汉语方言处置式类型学考察》,山东人民出版社2016年版。

张黎:《关于汉语的"体"——以"着"、"了"为例》,载邢福义编《汉语语法特点面面观》,北京语言文化大学出版社1999年版。

张美兰:《〈祖堂集〉语法研究》,商务印书馆2003年版。

张敏:《汉语方言双及物结构南北差异的成因:类型学研究引发的新

问题》，载纪念李方桂先生中国语言学研究学会、香港科技大学中国语言学研究中心编《中国语言学集刊（第 4 卷第 2 期）》，中华书局 2011 年版。

张清源:《现代汉语知识辞典》，四川人民出版社 1990 年版。

张双庆:《动词的体》，香港中文大学中国文化研究所吴多泰中国语文研究中心 1996 年版。

张小克:《长沙方言的介词》，《方言》2002 年第 4 期。

张秀:《汉语动词的"体"和"时制"系统》，载中国语文杂志社编《语法论集（第一集）》，中华书局 1957 年版。

张亚明:《湖北郧西话的体》，《郧阳师范高等专科学校学报》2014 年第 2 期。

张燕娣:《南昌方言研究》，文化艺术出版社 2007 年版。

张义:《钟祥方言研究》，华中师范大学出版社 2016 年版。

张悦:《基于对外汉语教学的双音节性质形容词与名词的搭配研究》，硕士学位论文，南京师范大学，2015 年。

张振兴、聂建民、李琦:《中国分省区汉语方言文献目录（稿）》，中国社会科学出版社 2014 年版。

张志公:《现代汉语（试用本）》，人民教育出版社 1982 年版。

赵春利:《现代汉语形名组合研究》，暨南大学出版社 2012 年版。

赵国祥主编:《峡江县志》，中共中央党校出版社 1995 年版。

赵葵欣:《武汉方言语法研究》，武汉大学出版社 2012 年版。

赵元任:《北京、苏州、常州语助词的研究》，《清华大学学报》（自然科学版）1926 年第 2 期。

赵元任:《中国话的文法》，学海出版社 1980 年版。

郑宏:《近代汉语"把"字被动句及其在现代汉语方言中的地域分布》，《西北大学学报》（哲学社会科学版）2012 年第 3 期。

郑怀德、孟庆海:《汉语形容词用法词典》，商务印书馆 2003 年版。

中国社会科学院语言研究所:《中国语言地图集（第 2 版）·汉语方言卷》，商务印书馆 2012 年版。

中国社会科学院语言研究所词典编辑室:《现代汉语词典（第七版）》，商务印书馆 2012 年版。

中国社会科学院语言研究所方言组:《方言调查词汇表》,《方言》1981 年第 3 期。

周玉洁:《毕节方言体貌范畴与语气范畴》,硕士学位论文,贵州大学,2009 年。

周芸:《句容方言的"把"字被动句》,《唐山师范学院学报》2007 年第 3 期。

朱德熙:《"V－Neg－VO"与"VO－Neg－V"两种反复问句在汉语方言里的分布》,《中国语文》1991 年第 5 期。

朱德熙:《潮阳话和北京话重叠式象声词的构造——为第十五届国际汉藏语言学会议而作》,《方言》1982 年第 3 期。

朱德熙:《汉语方言里的两种反复问句》,《中国语文》1985 年第 1 期。

朱德熙:《现代汉语形容词研究》,《语言研究》1956 年第 1 期。

朱德熙:《与动词"给"相关的句法问题》,《中国社会科学》1980 年第 1 期。

朱德熙:《语法讲义》,商务印书馆 1982 年版。

朱德熙:《朱德熙文集(第一卷)》,商务印书馆 1999 年版。

朱建颂:《武汉方言研究》,武汉出版社 1992 年版。

邹崇理:《自然语言逻辑研究》,北京大学出版社 2000 年版。

邹海清:《从语义范畴的角度看量化体与体貌系统》,《汉语学报》2010 年第 3 期。

左林霞:《孝感方言的标记被动句》,《语言研究》2004 年第 2 期。

左思民:《现代汉语中"体"的研究——兼及体研究的类型学意义》,《语文研究》1999 第 1 期。

Li Xuping, A Grmmar of Gan Chinese：The Yichun Language, Berlin：De Gruyter Mouton, 2018.

后　　记

　　本书是在博士论文的基础上修改完善而成。现写作和修改终于暂告一段落，回首来时路，心中满怀感恩。

　　首先诚挚地感谢我的导师汪国胜教授。汪老师对我论文的指导是全方位的，大到论文选题、框架设计、研究方法等，小到具体问题、细节修改等，方方面面都倾注了汪老师的心血。我从研究生开始就投到汪老师门下，跟随汪老师学习的这六年，是我个人成长最快的六年。六年来，我从一个对学术懵懂无知的本科生成长为如今找到了自己研究方向的博士生，再到如今的高校教师，这些都离不开先生的指引和教诲。先生不仅仅是我学习上的导师，也是我人生的导师。未来的六年，六十年，我都会谨记先生的谆谆教导，以先生为楷模，不忘初心，砥砺前行。

　　本书的写作还得到语言所各位老师的关心和指导，在此我要以最诚挚的心意感谢匡鹏飞教授、谢晓明教授、姚双云教授、苏俊波教授、罗进军副教授、沈威副教授，他们在论文写作过程中向我提出了不少宝贵的修改意见，在我有困惑之时也多次伸出援手为我指点迷津。尤其是匡鹏飞教授，因为在所里能够经常碰见，匡老师经常关心我的近况，聊聊我的学习与生活，有时候匡老师的只言片语就能轻松化解我心中萦绕已久的困惑。还有苏俊波教授，在论文的一些具体问题上给了我很多指导与建议。同时还要感谢语言所的欧阳老师和肖敏老师，为我们的学习和生活等方面提供了很多便利与帮助。欧阳老师每天都按时甚至提早为我们打开资料室的大门，并维持好资料室的环境和卫生，为我们营造了一个非常舒适的学习环境。我们有什么资料查找方面的问题，欧阳老师都会尽力帮我们解决。语言所的各位老师，不仅是学习上的老师，也是生活上值得效仿的老师。

感谢同门的几位师兄师姐，感谢武汉大学阮桂君师兄在论文开始之前教授我语料转写的方法以及后来在生活、学习上的各种帮助，感谢华师国际文化交流学院的张义师姐为我提供一些方言语法调查的资料、方法以及建议，感谢华师国际文化交流学院李孝娴师姐对我在汉语教学上的指导以及生活上的关心，感谢湖北大学张鹏飞师兄耐心地解答我的一些困惑与咨询。还有穆亚伟师姐、候冬梅师姐、李罂师姐、刘大伟师姐、崔晋苏师姐、武梅琳学姐、吴胜伟学长等，他们在我的博士生活阶段提供了很大的帮助。

三年的博士生活，还要感谢一路陪伴我的 2017 级同学。感谢班长赵嘉祥三年来为我们的付出，感谢我的同门别尽秋和聂有才，感谢陪伴我学习的万晓丽、张怡天、刘华林、田咪等同学，还有陈建彬、鲁湘珺、刘人宁、李珺、殷志纯、郑靖而、张建华、丛天落等同学。写论文的日子里，因为有了他们的关心与陪伴，才不至于太枯燥与单调。能与他们成为同学，是我的荣幸。

此外，还要特别感谢邢福义教授。我从本科开始接触邢老师的著作与论文，学习先生的学术成果，了解先生的学术路径，感悟先生的人生历程。先生的学术思想、治学之道、教育理念与为人处事，无不让人心生仰慕。"抬头是山，路在脚下"，是先生的座右铭，是语言所的所训，也是我的座右铭。如今，我已踏上学术之路，未来我将铭记语言所各位老师凝聚的学术精神继续前行，"年年岁岁，春夏秋冬"。

感谢母校华中师范大学和工作单位江西财经大学对本书的共同资助。感谢工作以来学院领导和同事对我的关心和指导，让我能够迅速熟悉工作环境，逐渐从一个学生转变为老师，完成工作任务。

感谢我的家人，感谢父母对我的养育，感谢哥哥姐姐对我的陪伴与帮助。感谢爱人对我读博的支持与帮助、生活上对我的陪伴与容忍以及家庭方面的分担与付出。他们的支持，是我前行的动力。

感谢中国社会科学出版社和责任编辑为本书出版所做的工作。书稿的撰写和修改过程也是个学习的过程。由于个人能力有限，书中难免存在不足和谬误，真诚地欢迎各位读者批评指正。

裴足华
2022 年 1 月 31 日

《汉语方言语法研究丛书》书目

安陆方言语法研究
安阳方言语法研究
长阳方言语法研究
崇阳方言语法研究
大冶方言语法研究
丹江方言语法研究
高安方言语法研究
河洛方言语法研究
衡阳方言语法研究
辉县方言语法研究
吉安方言语法研究
浚县方言语法研究
罗田方言语法研究
宁波方言语法研究
武汉方言语法研究
宿松方言语法研究
汉语方言持续体比较研究
汉语方言完成体比较研究
汉语方言差比句比较研究
汉语方言物量词比较研究
汉语方言被动范畴比较研究
汉语方言处置范畴比较研究
汉语方言否定范畴比较研究
汉语方言可能范畴比较研究
汉语方言小称范畴比较研究
汉语方言疑问范畴比较研究

石城方言语法研究
山西方言语法研究
固始方言语法研究
海盐方言语法研究
临夏方言语法研究
祁门方言语法研究
宁都方言语法研究
上高方言语法研究
襄阳方言语法研究
苏皖方言处置式比较研究